京师史学书系

元明
北京建都与粮食供应

王培华 著

社会科学文献出版社
SOCIAL SCIENCES ACADEMIC PRESS (CHINA)

引　言

自辽太宗耶律德光会同元年（938）升幽州为南京，为辽五京之一始，北京成为辽、金、元、明、清五朝帝都，已经千年。本书从自然条件与人类社会发展的互动关系这一历史理论的重要视角切入，研究元明北京建都及其粮食供应问题。当年先人选中燕京建都，看中燕地的地理形胜，即虎踞龙蟠，形势雄伟，南控江淮，北连朔漠。天子居中，道里适中，四方易于供应，又受四方朝觐。但建都北京的主要困难在于，因气候、水源、热量等因素，北方粮食产量低，不能满足京师的粮食需要。为此，元明清三朝创行漕运，运粮东南。但是，连带问题随之出现：运河与淮河、黄河方向冲突，为确保每年四百万石漕粮进京，必须确保运河畅通无阻，河政因之突显。但北方有限的水源，转以济运，不仅形成漕运与民争水的局面，而且更加剧治河的难度。漕难，河难，海运与河运之争，因之继起。漕运既加重江南赋税，造成东南富民破产，使南方人心生不满，又影响运河沿线农业发展。因此发展华北西北水利，就近解决京师粮食供应，摆脱东南赋重民贫、漕运艰难的呼声，绵绵不绝，如此等等。这些问题，在时间上覆盖了元明清三朝；在空间上显然已大大超出了京师的范围，而具有全国的意义，生动地展现了时人受自然条件制约的历史场景。本书三章，即分别研究元明都燕的地理观念及其变化、北方农业与京师仰食东南的矛盾及意识、漕运海运与地理条件的关系及认识。历史问题，今天仍然存在，首都北京人口众多，城市空间，资源环境压力严重，如何解决北京城市人与自然的矛盾，这是一项千年大事，国家大计，正待今日。

中文提要

本书从人们的认识与实践两个角度，研究元明北京建都与粮食供应问题。全书包括绪论、第一章、第二章、第三章、结语共五部分。

绪论，回顾自清代至20世纪的研究成果，简要说明本书的任务。

第一章，关于京师地理条件的观念及变化。包括：元明两都（京）制的确立及其认识基础，关于京师地理位置具有联系南北两大区域的共同认识，明朝人们对京师战略位置与京师安全的忧虑，对京师和北边粮食供应的议论。元明人们的认识，有其产生的客观历史基础，因此有合理的地方。作者认为，都燕主要是出于地理形势与政治需要的考虑。自然地理条件是促成元、明两朝都燕的一个条件，但不是唯一的条件。中国历史发展格局的变化，辽以燕为南京，金迁都燕京的历史传统，人们的认识特别是统治者的认识也起了一定的作用。

第二章，关于北方农业生产与京师仰食东南的矛盾及意识。包括：关于京师、畿辅发展农田水利的实践和正反两种认识（支持和批评），国家管理西北农田水利法典化意识的恢复和淡漠，京师粮食供应依赖东南的基本国策，江南籍官员学者之江南赋重意识和发展西北水利主张，北方官员反对发展西北水利的意见。作者认为，北方五省农业水平落后有多种因素，但对北边粮草供应负担不轻；京师粮食仰给东南之国策，得在于使京师百官军队得到粮食，失在于造成东南和西北区域经济和生态环境更加不平衡，造成运河沿线生态环境破坏，造成江南籍官员学者思想意识上的不满和批评。江南籍官员学者发展西北水利主张有合理性，即揭示了区域经济不平衡发展与国家财政政策关系，但没有认识到北方五省发展农田水田的水源不足。

第三章，关于漕运海运与地理条件的关系及认识。包括：对运河（主要是通惠河和会通河）水源不足的认识，国家维护运河漕运的法典化意识的形成和强化，对海运漕运保证京师粮食供应的肯定，对运河违背自然条件特性的认识，对明朝关于海运的三种意见。作者认为，运河和海运是人们认识、改造、利用自然的成果，但运河违背自然特性和受自然条件限制较多。建都与运河、海运关系密切，都城应该接近财赋区，或者海运粮食；既然建都北京，就应该利用接近天津港和山东海运通衢的自然条件，而不应该仅恃运河一衣带之水。

以上三章在阐述元明人们关于北京建都与粮食供应问题上的认识与实践，同时回顾追溯元明以前人们在相关问题上的认识与实践，以便做比较研究和相对准确的评价。

结语，总结元明人们的认识与实践在历史理论上的价值，及其对今日政治经济生态建设的启示意义。理论价值在于，元明人们的认识的主要成就，如人们有意识地去反省改造利用自然（运河）的负面后果，最高统治者认识到运河水源不足而产生了强化漕运的法典意识与政策，等等，都丰富了古代历史理论的内容，扩展了历史理论研究的领域。实践价值在于，作者从元明人们关于建都北京与粮食供应的认识与实践，得出了三点结论：保证粮食安全，既要依靠国家的调控，也要依靠市场；变西北粮食生产的劣势为生态建设的优势；建设开放的交通运输系统。

英文提要

On the Relationships between Beijing, its economic zone and the natural conditions in the Yuan & Ming Dynasties an analysis of people's perceptions during that period.

The Leitmotiv of the dissertation is, through the analysis of people's perceptions of the relationships between Beijing, its economic zone and the natural conditions, to summarize the achievements of people's perceptions of the relationships between the natural conditions and the development of economy and politics. There are five Parts: Introduction expounds the meanings and values of this subject, introduces history and present situation of the research work in this field, puts forward the main viewpoints, innovations and research methods of the dissertation.

Chapter One analyses people's perceptions of the relationships between Beijing and the natural conditions, which includes the basic reasons of establishing Beijing as the capital of the Yuan & Ming Dynasties, the consensus that the position of Beijing can service as a bridge between Southern and Northern China, people's worries about the strategic position of Beijing and the state security in Ming Dynasty, and the remarks on the provision for Beijing and Northern frontier areas, and on the security of foodstuff in Beijing.

Chapter Two analyses people's perceptions of the relationships between economic situation and the natural conditions of Beijing and its environs and its economic zone. That is, the consciousness of making use of the natural conditions and developing the projet of Northern irrigation and water conservancy, the resume and fade off of the awareness that the state must enact some laws to regulate the project of northwest irrigation and water conservancy, the critical opinions about the natural conditions of Beijing and its environs and the effects of the project of the irrigation and water conservancy, the state's awareness that the taxes of Beijing rely on southeast areas, the violent reactions and arguments of officials from Jiang-nan areas against the heavy taxes there, the ideas of these officials of developing the project of northwest water conservaney and the practical effects, and the opposite opinions of officials from northern areas against it.

Chapter Three analyses people's perceptions of the relationships between the artificial alteration and the use of the natural conditions and Beijing's provision-ment, along with the effets, that is, the awareness of the fact that the canal can not meet the demands of foodstuff transportation, the come into being and rein-force of the consciousness that the state should institute laws regarded with the use of man – made watercourse to transport foodstuff, people's positive appraises of the relations between the use of waterways and the provisionment of Beijing, the in-tensive consciousness of offcials from Jiangnan areas of the passive effects as a result of the use of waterways, and two opinions about whether or not to restore sea transportation in Ming Dynasty. Each of them has its historical foundations for its popularity, and has its rationality, as well as its limitations.

Epilogue sums up the importance of people's perceptions to the theory of history and the significance to today's construction of politics and economy. The importance lies in the fact that people's perceptions, which involved aspects of the relationships between the natural conditions and the development of politics and economy, conduce to deep understanding of the theory of history. As far as today's construction of politics and economy is concerned, the significance consists in: Firstly, to ensure the security of foodstuff depends not only on the regulating and control of state, but on the refor-mation of the system of circulation in market. Secondly, to transform the disadvantages of northwest food production into advantages of the ecological construction. Finanly, it is necessary to establish an open traffic and transportation system.

序　言

郑师渠

　　王培华同志在其新作《元明北京建都与粮食供应》付梓前，邀我作序。我于古代史外行，作序显然不合适。但培华持之甚坚，理由是我早年曾写过有关方面的文章。盛情难却，勉为是序。

　　在历史研究中，关注自然条件与人类社会的关系，是一个重要的视角。它实际上也构成了历史理论的基本原理之一。在西方，孟德斯鸠被认为是近代资产阶级社会学中地理学派的理论先驱。他在著名的《论法的精神》一书中，将各国不同的社会政治制度，多归结为具体的地理环境制约的结果。马克思将同一问题的认识提升到了真正科学的层面，他说："任何人类历史的第一个前提无疑是有生命的个人的存在。因此第一个需要确定的具体事实就是这些个人的肉体组织，以及受肉体组织制约的他们与自然界的关系。""任何历史记载都应当从这些自然基础以及它们在历史进程中由于人们的活动而发生的变更出发。"[1] 西方资产阶级社会学中地理学派的理论在 20 世纪初传入中国，曾为许多学者所津津乐道。梁启超于 1902 年就发表了《地理与文明之关系》一文，他说："英儒洛克曰，地理与历史之关系，一如肉体之于精神。有健全之肉体，然后活泼之精神生焉。有适宜之地理，然后文明之历史出焉。"[2] 章太炎、刘师培更据以去说明中国学术史尤其是清代学术流派区域性分布的特点。例如，章太炎就戴震皖派朴学与桐城派的对立解释说：太湖之滨，其民佚丽，喜为文辞，故江淮间以文章见称的

---

① 《马克思恩格斯选集》第一卷，人民出版社，1972，第 24 页。
② 《饮冰室文集》第 11 册，中华书局，1989，第 106 页。

方苞、姚鼐、刘大櫆诸人，"皆产桐城"。戴震起休宁，其地于江南为高原，其民勤苦耐劳，故其求学多深邃，皖派朴学起于斯。"夫说经尚朴质，而文辞贵优衍；其分涂自然也。"① 刘师培撰有《南北经学不同论》《南北理学不同论》《南北考证学不同论》《南北文学不同论》《论美术援地区而论》等文，复将其理论扩展到了整个中国学术史。梁启超诸人的观点是否确当，并不重要；重要在于，他们关注从自然条件与人类社会的关系上去观察社会历史文化现象的新视角，有助于开拓时人的思维空间，显然都具有自己的合理性。不过，梁启超诸人于此着力都不多，不仅如此，迄今学术界相关的研究成果，也不多见。

对古都北京史的研究，已有包括通史性与专题在内的许多成果问世。现有的成果多取角于北京自身的历史发展过程，从自然条件与人类社会历史发展的互动关系，这一历史理论的重要视角切入的研究，尚付阙如。北京建都800多年，当年先人所以选中此地建都，首先自然是看中了它的地理形胜。元朝蒙古贵族霸突鲁对忽必烈说："幽燕之地，龙蟠虎踞，形势雄伟，南控江淮，北连朔漠。且天子必居中，以受四方朝觐。大王果欲经营天下，驻跸之所，非燕不可。"② 按本书作者用今天的话语说，就是：北京位于北纬40度，即400毫米降水线，干旱半干旱交界线、农牧交错带上，具有交会南北、控驭全国，得天独厚的地理优势。但建都北京的一个主要困难，在于因气候的原因，北方粮食产最低，不能满足京师的粮食需要。为此，统治者既建都北京，复决策借粮东南，创行漕运。但是，连带的问题随之出现了：为不误漕运，运河就必须确保畅通无阻，河政因之凸显。但以北方有限的水源，转以济运，不仅形成了与民争水的局面，而且加剧了治河的难度。漕难，河亦难。海运与河运的纷争因之继起；漕运既加重了江南赋税，发展北方及西北水利，另谋京师粮食供应，以摆脱漕运重负的呼声，绵绵不绝，如此等等。这些问题，在时间上覆盖了元、明、清三代；在空间上也显然已大大超出了京师的范围，而具有了全国的意义，生

① 《清儒》，《章太炎全集》第3册，上海人民出版社，1984，第133页。
② 《元史》一一九卷《木华黎传附霸突鲁传》。

动地展现了时人受自然条件制约的历史场景。需要指出的是，马克思主义肯定自然条件在人类发展中的基础性作用，但不赞成自然主义的历史观所倡导的"地理环境决定"论，认为它是片面的观点，"它认为只是自然界作用于人，只是自然条件到处在决定人的历史发展，它忘记了人也反作用于自然界，改变自然界，为自己创造新的生存条件"。① 这就是说，自然条件与人类间存在着互动的关系，前者对于后者的制约不是绝对的，随着人类社会的不断进步，此种制约势必日趋减弱。人类的活动也改变着自然界，从而为自身的生存不断扩展人文的空间。此种自然条件与人类的互动过程，正是人类文明不断发展的过程。正是从这个意义上说，元、明、清三代围绕北京粮食供应虽存在着迁延数百年的纷争，统治者却始终固守祖制，抱残守缺，致使漕、河弊政积重难返，祸国病民，同时有力地反映出处于中国封建社会末期的封建皇朝，已缺乏历史的创新活力，日趋衰朽。以海运为例。海运优于河运，显而易见。但清朝嘉庆帝明令禁议海运，说："漕运由内河行走已阅数百年，惟有谨守前人成法，将河道尽心修治，……断不可轻议更张。"② 道光四年，洪湖高堰溃决，运道梗阻，道光帝被迫接受大学士英和等人的请求，允许试行海运。次年海运大获成功，一百六十余万石漕米安然抵津，节省银十多万两，米十多万石。"是役也，国便、民便、商便，河便，漕便，于古未有"。③ 组织者希望能推而广之，使海运垂为定制，但道光帝看到清口创灌塘法，河运得以苟且，竟下令停止海运。有识之士无不扼腕叹息。海行虽优不行，端在河运黑幕层上，久成官吏上下其手、侵帑受贿的渊薮。所以，毫不奇怪，内外众多既得利益者要竭力阻挠。作为此次海运组织者的贺长龄诸人不平地写道："非海难人而人难海，非漕难人而人难漕。本是推之，万物可知之。不难于去百载之积患，则难于去人心之积利。反是正之，百举可举也。"④ 这是怎样的愤懑之词！京师粮食的供应问题，不是孤立的事项，这里所谓"难于去人心之积利"，是在指斥

---

① 《马克思恩格斯选集》第三卷，人民出版社，1972，第551页。
② 刘锦藻：《清朝续文献通考》第三十七卷，浙江古籍出版社，1988，第8352页。
③ 《魏源集》上册，中华书局，1976，第406页。
④ 贺长龄等：《江苏海运全案·序》道光六年（1826）刻本。

清朝统治之腐朽。此后除道光二十八年（1848）被迫又行一次海运外，终道光一朝海运被禁阻。有清一代，漕河积弊，积重难返，进一步加剧了清朝统治的危机。鸦片战争后，随着西方资本主义侵略势力东来，中国被迫开放，社会结构开始发生了深刻的变动。同时，咸丰以后，又苦于黄河决口、运道堵塞和太平天国起义，清政府祸不单行，因之只好被迫减少漕运数额，并改征实为折银。时东北经济有所发展，也已能就近部分解决京师粮食的供应。故漕运一直处于苟延残喘的境地。光绪二十七年（1901），漕运最终被废止。北京的粮食供应终归于市场运作。但此时离清皇朝寿终正寝，已是馀日无多了。足见自定都北京始，封建统治者实际上都未能真解决北京的粮食供应这一大问题。

培华同志有很好的学术基础，善于思考问题，重视科学研究，已发表了不少学术成果。1996 年她申报北京市"九五"规划青年项目的课题"元明北京粮食供应与生态环境变化"，和教育部"九五"规划青年项目的课题"元明北方农田水利与生态环境变化"，都因取角新颖获得立项。两个课题都明确提出了北京粮食供应的问题。其后，她进一步开拓思路，在整合两个课题的基础上，提出了"元明北京建都与粮食供应——略论元明人们的认识和实践"，作为博士学位论文的选题。2003 年她完成了总计 25 余万字学位论文的写作，并顺利通过了答辩，获得了历史学博士学位。现在获北京市社科规划办资助出版的这本书，是在博士学位论文的基础上，作进一步修改与补充后完成的。

本书有三大特色。其一，选题富有创意。作者将北京建都与粮食供应的问题相联系，从自然条件与人类社会互动的视角切入，具体考察元明时期人们的认识与实践。全书除绪论、结语外，共三章："关于京师地理条件的观念及变化"；"关于北方农业生产与京师粮食仰食东南的矛盾及意识"；"关于漕运、海运与地理条件的关系及认识"。全书的建构展示了开阔的视野和尖锐的问题意识，应当说，选题是富有创意的。其二，富有现实的意义。简单强调历史研究为现实服务固然不妥，但是，历史研究与一切学术研究一样，直接或间接，总是具有现实的意义，否则，便不可能发展。历史研究中选题的现实意义，源于作者对历史与现实内在联系的深刻思考。

在现实评价中，它为人们所关注是很自然的。当年我有机会参加北京市社科规划办历史组"九五"规划项目的评审，培华的"元明北京粮食供应与生态环境变化"的选题所以能脱颖而出，顺利获得立项，优势就在于它取角新颖，现实性的意义明显。本书在结语部分，专设有"前人实践与认识对现实政治经济建设的借鉴意义"一节，围绕北京粮食供应问题，进一步提出了三条现实性的建议：第一，"要保证粮食安全，既要依靠国家的调控，也要靠市场流通体制的改革"；第二，"变西北地区粮食生产的劣势为生态建设的优势"；第三，"为保证粮食或其他物资的有效供应，要建设开放的交通运输系统"。作者从学术研究的层面，引申出并强调了国家粮食安全与西北生态建设的概念，其现实性的意义愈加显著。其三，资料丰富。全书参考文献达 300 余种，资料翔实，足见作者用力之勤。

培华同志是从事史学史研究的，但本课题实际上已经超出了史学史的范围，这反映了作者可贵的学术勇气与开拓精神。本书的出版，无疑将进一步拓展和丰富北京史的研究，对于元明清史研究也是一种很好的启示。

如前所述，北京的粮食供应问题一直延续到了有清一代，它所引起的社会矛盾与冲突，实际上更具有典型性。就北京建都及其粮食供应的问题所涵盖的时空而言，元明清是一个完整的历史过程。也许是时间的原因，本书断限在元、明两朝，于清朝虽有涉及，但语焉不详。这是个遗憾。希望作者有机会能作进一步的拓展。

培华同志正年轻，已经取得了很好的成绩。相信在此基础上，定能更上一层楼。

2004 年 12 月 5 日

目　录

绪　论

第一节　基本问题概述

一　选题缘起

关于中国历史时期自然条件与政治经济发展关系的理论，可以从多方面、多角度进行研究。在专家们的支持下，我于 1996 年 6 月申请并获准了两个省部级研究项目，一是国家教育委员会哲学社会科学"九五"规划青年项目"元明北方农田水利与生态环境变迁"，二是北京市哲学社会科学"九五"规划青年项目"元明北京的粮食供应与生态环境变迁"。这两个项目，实际是一个问题。当时，系主任郑师渠教授建议我把两项目合并研究。

1997 年 9 月，我考上北京师范大学史学研究所史学史与历史理论专业在职博士研究生。因为我在 1984—1987 年考上史学所研究生，跟从白寿彝先生、瞿林东教授学习，故此次是第二次师从瞿林东教授学习。由于是在职学习，时间紧，任务重，导师建议我把博士学位论文的选题，与以上两个省部级研究项目结合起来。以上两个项目，研究的是客观历史过程，而博士学位论文必须是中国古代历史理论。从学科分类上讲，它们分别属于历史学一级学科下的中国古代史、历史地理、史学史与历史理论等二级学科，又涉及许多专门史，如农业史、经济史、水利史、生态环境史、都城史、思想史等，所以结合起来相当困难。几年中，我与导师反复商量，2001年确定的博士学位论文选题是：元明时期北京、畿辅的自然条件与政治经济发展关系——略论元明人们的认识与实践。2003 年 5 月完成博士学位论文写作，全文 25 万字，并于 6 月 29 日通过答辩。答辩委员会一致认为这是一篇较为优秀的博士学位论文。2003 年 8 月申报北京市社会科学理论著作出版基金资助时，瞿林东教授建议修改书稿题目为"元明北京建都与粮食供应"。

二 基本问题概述

元明时期，人们认为，北京具有建都的地形优势和联系南、北两大区域的位置优势；同时认为，京师切临北边，战略位置不当，影响到统治安全，并且京师、北边粮食供应有很大的困难。作者认为，从自然条件、经济类型和政治制度看，北京处于南北两个自然条件、经济类型、政治制度交错带的中心位置，即处于农业、牧业交错带的交会处，地理条件是促成元、明都燕的因素之一，但不是唯一的因素，多种因素促成北京成为元、明都城。

元明初期，统治者认为，京师及畿辅地区有不少荒闲土地，可以发展农业，确立了以农桑立国和开垦北方荒地的策略和基本国策。人们反思发展北方农田水利的实际效果，认为京师、畿辅乃至北方农业水平低下，不足以为京城提供大量的粮食等物资，不能满足政治中心发展的需要。为了解决京城的粮食等物资的需求，统治者认识到，必须从山东、河南和江南等地区调运粮食，以弥补畿辅农田水利发展水平的不足。为此，统治者确立了京师粮食供应依赖东南的基本国策，并长期执行下去，而且在东南粮食中，江浙税粮甲天下。这种国策的执行，产生了两个实际后果——一方面是江南赋重民贫，另一方面是北方农业状况更加落后，也产生了两个认识上的后果——一方面，江南官员学者认为江南赋重民贫，产生了江南赋税之重的认识，并由此产生了批判封建专制主义的思想；另一方面，江南官员学者产生了发展西北水利的思想主张，并在京东地区有所实践，但遭到了北方官员的强烈反对。

元明时期，为运输南方粮食以供应京师及北边，人们探索了海道，并进行海运；兴修并使用了运河，进行漕运。元代，通惠河指从京师至于通州张家湾（今通县张家湾），全长一百六十里；济州河指从山东济州（今山东济宁）鲁桥至须城安山（今山东东平县），长一百五十里；会通河指从须城安山至临清（今山东临清），约二百五十里。明代，会通河包括济州河和会通河两段，全长四百里。清代，会通河也叫山东运河。人们认识到运河的自然特性，从而加强了漕运管理的法典化意识；人们在高度评价海运、漕运的积极作用时，也强烈意识到运河利用中违背自然特性的问题，并分析造成漕运弊端的自然条件因素。

本书从认识和实践两个层面，研究元明时期北京地区的地理条件与建都和粮食供应的相互关系，同时，也追溯元明以前人们的相关认识与实践。

三 研究价值

京师和畿辅的政治经济发展与自然条件的关系，是自然条件与历史进程中的一个很重要的问题。研究元明时期人们对京师和畿辅政治经济发展与自然条件关系的认识成就，是历史理论中的一个重要方面。

元、明、清定都北京，中华人民共和国仍定都北京。人们改造自然条件、利用自然条件时，引起了自然条件的新变化。变化了的自然条件，对政治经济又发生影响作用。研究人们这方面的认识，既有助于深化历史理论的认识，也有助于人们从中吸取历史经验教训，为现实的政治经济活动提供借鉴。

第二节 学术史回顾

一 清人研究概述

辽、金立国于燕，元、明定都于北京，清兵入关后，仍定都北京，仍要从江南漕运粮食等生活必需物资，因此，清代面临的问题，仍同元明一样。清代政治家、思想家、史学家在论述建都、畿辅农田水利、海道运河、海运漕运、江南赋税之重等当代重要的国计民生问题时，往往回顾元明的历史，得出一些有价值的结论。这些结论是关于自然条件与政治经济发展关系理论的阐述。特别是清代江南经济文化的发展，士人多通过科举等途径进入政治领域，往来南北为官，他们对于建都、北直隶农业、河患、漕运、西北水利、八旗生计等关系国计的大问题，多所留心、关注，形成了他们对这个问题的认识。鸦片战争以后，出现了更多的港口，以及火轮船等新的运输工具，东北、台湾开垦了许多土地，国内贸易发展了，他们对如何解决京师粮食供应，对畿辅、对江南地区自然条件的变化之认识，有了进一步发展，形成了对这一问题的看法。下面分几个专题，概述清代的研究成果。

（一）对元明人们关于都城地理条件与政治安全经济发展关系问题上的认识与实践之评价

清代定都北京，而以奉天为根本。清人在谈到京师，或者都城建置时，往往追述辽、金、元、明时期人们对北京地理条件的看法，并加以评价。这种评价分几种。

第一种追述辽、金、元、明时期人们对燕京地理条件的分析，而肯定了清代建都北京的正确性，从而肯定了辽、金、元、明时期人们对燕京地势的认识。例如，康熙二十七年，朱彝尊《日下旧闻》刊行，朱彝尊自序，姜宸英、徐元文、高士奇、冯溥等在序中，都评价了前人的实践和认识。朱彝尊："今之京师，范镇以为地博大以爽垲，绳直砥平；梁襄则谓北倚山险，南压区夏，王业根本，京都之首选。粤自轩辕氏于涿鹿之阿，周以蓟封，其后北燕都之，慕容燕又都之，迨至辽曰南京，金曰中都，元曰大都，明曰北京，皇朝因之，以统万国。宫殿井邑之繁丽，仓廪府库之充实，《诗》所云'四方之极'者也。"① 姜宸英："余考自古帝王建都之地，多且久者，莫如关中，今则燕京而已。……若燕创都于辽，历金元及明，迄今七百余年，其名虽旧燕，而西自恒山、滹沱、易水以属之；邯郸为赵地，西南漳、卫为魏及邢、卫之境，东南自大河附之海，为齐接壤，盖奄有数

---

① 《日下旧闻·朱彝尊自序》，见于敏中等纂《钦定日下旧闻考》卷一六〇，《杂缀》，北京古籍出版社点校本，1985。

国之封略。"① 高士奇："燕自辽、金、元、明定都于此，……尝思我朝声名文物之盛，据天下形势之雄，控制中外，遐迩向化，梯航万邦，时集都下。"② 冯溥："昔汉娄敬言形势，首关中，次三齐，而他不与焉。金源梁襄则以燕京为京都之选首。其地左辽海，右太行，后倚关塞，南面而临区夏，壮哉！度越东、西秦远矣。"③ 以上几篇《序》，以为燕京之附属区域辽阔，控制中外，倚关塞，临区夏，为辽金以来帝王建都之选首，虽没有明确提到元明人对京师地理条件的分析，但梁襄的言论为元明人所继承，而控制中外、倚关塞、临区夏的描述则更是元明人所经常使用的。这是肯定了辽、金、元、明对燕京地理条件的分析。

雍正《畿辅通志》则盛称燕京为建都之首选：

> 自古建都之地，论者皆曰洛不如关，关不如蓟，诚哉是言也。盖洛阳虽居中土，道里均，贡赋便，而无形势可凭。关中地势足以临制山东，而西北则无高山广川以为之限，又漕更砥柱，前世以为难。我朝光有天物，定都于顺天，实古燕地，而畿辅封域，半跨晋疆，旁延于齐、卫，东则永平，南则河间、天津，北则宣化，西则保定，又西南则正定、顺德、广平、大名。其山镇曰恒岳而伊、祁、马耳，西界封龙，皆名山也；其泽薮曰昭余，而滹沱、漳、卫、涞、易，皆名川也。左俯沧海，右倚太行，紫荆、居庸、山海诸关耸峙，环拥南向，以临天下，臂指雍梁，控抱豫、青、徐、兖，河、济交会，江、汉朝宗，荆扬之漕，按程而至，五岭之贡。计日无淹，是谓天府之国。圣人首出，统驭垓埏，天作地成，以为四方之极者与？④

作者认为畿辅区域广大，可以使荆扬之漕、五岭之贡，都按程而至，为建

---

① 《日下旧闻·姜宸英序》，见于敏中等纂《钦定日下旧闻考》卷一六〇，《杂缀》，北京古籍出版社点校本，1985。
② 《日下旧闻·高士奇序》，见于敏中等纂《钦定日下旧闻考》卷一六〇，《杂缀》，北京古籍出版社点校本，1985。
③ 《日下旧闻·冯溥序》，见于敏中等纂《钦定日下旧闻考》卷一六〇，《杂缀》，北京古籍出版社点校本，1985。
④ 雍正《畿辅通志》卷十五，《形胜疆域》，文渊阁四库全书电子版。

都之首选，是洛阳、关中无法相比的。这是看到了自辽、金以后建都之地的变化，而总结了元、明关于燕京地理优势的认识。《畿辅通志》的作者认为，蓟有建都的自然资源条件："古者建国邑，必依于山川。盖以天地成而聚于高，归物于下。高者，山之聚。下者，川泽之归。材用于是乎出，衣食于是乎生。……自古帝工之都，必择形胜。而无若渤碣之间，为两戒山川所总会者。其山则太行东来，环神京之北，而恒山镇其西，二山连延，限河北道之东西，以为天下脊，信乎，其天作地成也。其川则卫、白二河为要，合卫之川漳沱为大，合白之川桑干为大，而漳、滏入于漳沱，滋、沙、滱、易、濡、涞、徐雹并入于桑干，滦河及宽、渝、恒、漆诸川，自入于海。其泽则在畿南者为广阿也，即《禹贡》之大陆也，土人呼为泊。泊之南，群水入焉者十，泊之北，群水入焉者十有二。近海有东西二淀，或云即古笥沟，旧有九十九淀，支相灌输，今京畿州县皆古淀是也。……五种咸宜，六扰并硕，转漕便利，百货阜通，诚所谓原大则饶，气厚而聚多者也。"[1] 五种，即五谷，麻、黍、稷、麦、菽。六扰，即六畜，六牲，马、牛、羊、鸡、犬、豕。燕山以南，太行山以东，渤海以西，有平原，有大川，适宜农牧业。这是认为燕京有充足的衣食资源。

第二种认为，元、明以燕为都，畿辅自然条件，不足以供给其粮食等物资需求；从南方漕运粮食，又使东南民力衰竭，因而就特别赞同元、明时期江南官员学者批评元明都燕的观点。徐元文也给朱彝尊《日下旧闻》作序，但只说作地理书之难、朱书之博雅。其实他早在为顾炎武《历代宅京记》所作《序》中，就发表了他对明代建都北平的不同意见："自古帝王维系天下，以人和不以地利，而卜都定鼎，计及万世，必相天下之势而厚集之。周之盛也，元公营洛以备时巡，而丰、镐之故都未之有易，洎乎宜、幽，王灵不替。至于平王，举祖宗之故地，而弃之秦……古之帝王必居上游，其以此哉。汉娄敬之言，赖张良力赞成之。唐武德中，遣使按行樊、邓，将徙都焉，因秦王之谏而止。宋都洛阳，谋徙而弗果也。太祖曰：不出百年，天下民力竭矣。其后果致偏安。有识之士谓：明成祖不迁北平，

___

[1] 雍正《畿辅通志》卷十七，《山川》，文渊阁四库全书电子版。

则南都未所以二百四十年而无事。由是言之，天下之势，自西而东，自北而南，建瓴之喻，据古如兹，于今为烈矣。……余曩者大廷对策，谬荷先帝国士之知。先生勘语，必有体国经野之心，而后可以登山临水，必有济世安民之识，而后可以考古论今。……呜呼！在德不在险，自古言之。而冀都好风水之说，故出自朱子，则先生是编，固俟后圣而不惑也夫。"① 此序认为帝王建都必据上游，天下之势自西而东，自北而南，明代不宜迁都北平，居南京则省东南民力。徐元文委婉地批评了元明都燕而依赖江南漕粮，实际也是批评了主张都燕的看法。

顾祖禹不批评都燕，但认为都燕必须重视东南的交通地位。他说："京师地偏东北，迫近藩篱，自近代以来，言者呹呹以肩背为忧。故议大宁、议开平、更远而议丰胜。呜呼，孰知灭秦者非胡也。即今日而论，吾姑置其西北而较其东南，则广平、河间之际，实首冲也；临清、天津至渔阳，皆海运通衢。"② 顾祖禹不同意明人的肩背之忧，即担忧辽东、宣府以及居庸关等的防卫失当，对京师安全的隐患，而是认为国家都燕，应重视山东和江南，因为"漕渠中贯于山东，江淮四百万粟，皆取道焉"，山东之境"为储运通衢"，"德州一隅，尤为川陆之要会，畿辅之咽喉，而济宁、临清之间犹为次焉"。③ 而江南则因其为京师财赋渊薮，"以东南之形势，而能与天下相权衡者，江南而已"④。这说明顾祖禹注意到了元、明、清都燕后，以山东为沟通京师与江南经济区联系的储运通衢的重要地位。

嘉庆、道光时，黄河冲决，运河梗塞，许多江南官员学者明确地指出都燕的经济条件不足，实际上也是批评都燕的主张。任源祥说："元、明都燕以来，京边仰食江南，而漕运尤重。"⑤ 陆陇其说："夫以京师之重，而仰

---

① 顾炎武：《历代宅京记·序》，中华书局点校本，1984。
② 顾祖禹撰，贺次君、施和金点校：《读史方舆纪要》附《舆图要览》卷一《京师第一》，中华书局，2005，第5533页。
③ 顾祖禹撰，贺次君、施和金点校：《读史方舆纪要》卷三十《山东》《方舆纪要序》，中华书局，2005，第1434页。
④ 顾祖禹：《读史方舆纪要》卷十九，《江南第二》《南直方舆纪要》，中华书局，2005，第867页。
⑤ 贺长龄、魏源：《清经世文编》卷四十六，《户政二十一·漕运上》，任源祥：《漕运议》，中华书局，1992年影印本。以下凡引用此书，均为此版本。

给于遐方。天下无事，则有侵渔迟误之弊；天下有事，则有咽喉中梗之虞，此甚非所以久安长治也。……裕国之本，则其必垦西北之闲田，而宽东南之输挽乎！"① 任源祥、陆陇其都指出京边粮食仰给江南的客观事实，以及利用运河漕运南粮的艰难与隐患。

第三种是赞同明代两京制的制度以及这种思想认识。工益朋说："历代建都不一。明洪武都金陵，永乐迁北平，以金陵为南京。虽各功臣随迁于燕，而所赐田产，皆委家人、庄头，在彼耕种，收获租粮，供送本主。原非罄国而迁，置旧都于偏废也。我朝定鼎燕京，则辽阳发祥之地，实犹昔之南京也。"② 这虽说是要重视辽阳兴王之地的开发地利，但也肯定元明两京并重制度及思想认识。

（二）对元明人们关于京师畿辅地理条件与农业发展问题的认识与实践之回顾

元明时期江南官员学者提倡西北水利，以就近解决京师粮食供应，而减缓对江南财赋区的粮食需求。他们所说的西北，分三个范围，即京东、畿辅、西北。清代官员学者继承了元明时期的这一思想遗产，继续倡导西北水利，但更重视畿辅水利。在论述畿辅乃至西北水利中，他们回顾并评价了元明人关于京师及畿辅自然条件与经济状况的认识。这方面的论著颇多，从康熙时起以至晚清，粗略统计，有二十几种。康熙年间的论著有：御史徐越《畿辅水利疏》（作于康熙十一年）、陆陇其《论直隶水利兴除事宜疏》和《畿辅水利》、李光地《饬兴水利牒》、蓝鼎元《论北直水利疏》。雍正年间有：怡贤亲王允祥《请设营田疏》、朱轼《京东水利情形疏》和《京西水利情形疏》（作于雍正四年）、逯选《畿辅水利志略》。乾隆年间有：山西道监察御史柴潮生《水利救荒疏》（作于乾隆九年）、工部左侍郎范时纪《京南洼地种稻疏》、山东道监察御史汤世昌《西北各省疏筑道沟疏》、吏部尚书史贻直《西北水利疏》、河南巡抚胡宝泉《豫省开田沟路

---

① 《清经世文编》卷四十六，《户政二十一·漕运上》，陆陇其《漕运》。
② 《清经世文编》卷三十五，《户政十八·八旗生计》，王益朋《全地利重根本疏》。

疏》、沈梦兰《五省沟洫图说》、许承宣《西北水利议》、陈黄中《京东水利议》、沈联芳《邦畿水利集说总论》。嘉庆、道光、咸丰年间有：御史陈鸿《条陈兴修水利营田疏》、御史陈沄《疏陈畿辅水利》、唐鉴《畿辅水利备览》、潘锡恩《畿辅水利四案》（道光三年编成）、吴邦庆《畿辅河道水利丛书》（作于道光四年）、蒋时《畿辅水利志》（道光五年进呈）、林则徐《畿辅水利议》、冯桂芬《校邠庐抗议》、包世臣《安吴四种》，等等。这些论著，在提出发展畿辅水利和西北水利时，都毫无例外地回顾并评价元明时期人们关于京师、畿辅江南财赋区自然条件与农业发展关系的论述。

这里仅举二例。一是安徽泾县人潘锡恩《畿辅水利四案》之《案补·案语》，一是福建侯官人林则徐《畿辅水利议·序》。

潘锡恩说：

> 北方水利之议，自宋何承矩倡之，元郭守敬、虞集益推广之，明徐贞明、汪应蛟皆试之有效，而行不获久，论者惜之。然率出自一二荩臣拳拳谋国为长计远虑，其君概视为无足重轻，未有若我朝列圣勤恤民艰永图利赖如是之专且挚者也。论者谓雍正间肇兴此举，其时利多于害；乾隆间则利害参半；至今日而兴利之举，不胜其除害之思矣。夫五方风气各殊，北土类多高燥。曩者，十年之中，忧旱者居其三四，患涝者偶然耳。自嘉庆六年以来，约计十年之中，涝者无虑三四。以天时言之，所亟宜兴举者，一已。……以地势言之，所亟宜兴举者，二已。……以民情言之，所亟宜兴举者，三已。……
>
> 锡［恩］承乏史馆，伏读列圣实录、先臣章疏，仰见谟谋宏远擘画精详，谨缮录以备省览。……睹是编者，其亦晓然于直隶水皆有用之水，土皆可耕之田，成案具存，率循有自，随时通变，因地制宜，以一省之河淀，容一省之水，而水无弗容；以一省之人民，治一省之河淀，而河淀无弗治。目前以除害为急，害除而利自可以徐兴；异时之兴利可期，利兴而害且可以永去，其于畿辅民生未必无小补云。[①]

---

①　潘锡恩：《畿辅水利四案·附录》，道光三年刻本。

潘锡恩先在京师任文职后任南河总督兼漕运总督的经历，使他熟识档案，深知江南赋重和漕运艰难，故转而关心畿辅水利。自嘉庆六年以来，气候失调，直隶各河淀淤塞不通，天津三岔口入海不畅；永定河多决口，东淀至天津汇为巨浸，漂没民田庐舍，民生艰难。他认为从天时、地利、人情三方面看，嘉庆时国家应继承雍乾时重视直隶水利的传统。他在论述这个问题时，追述元明时期的思想资料，作为其理论的历史认识根据；他含蓄地表达了发展畿辅农田水利，以缓解京师对东南的粮食压力的思想。①

林则徐说：

> 窃维国家建都在北，转漕自南，京仓一石之储，常糜数石之费。奉行既久，转输固自不穷，而经国远猷，务为万年至计，窃愿更有进也。恭查雍正三年命怡贤亲王总理畿辅水利营田，不数年，垦成六千余顷，厥后功虽未竟，而当时效有明征，至今论者慨想遗踪，称道弗绝。盖近畿水田之利，自宋臣何承矩，元臣托克托、郭守敬、虞集，明臣徐贞明、邱濬、袁黄、汪应蛟、左光斗、董应举辈，历历议行，皆有成绩。国朝诸臣章疏、文牒，指陈直隶垦田利益者，如李光地、陆陇其、朱轼、徐越、汤世昌、胡宝泉、柴潮生、蓝鼎元，皆详乎其言之。以臣所见，南方地亩狭于北方，而一亩之田，中熟之岁，收谷约有五石，则为米二石五斗矣。苏松等属正耗漕粮年约一百五十万石，果使原垦之六千顷，修而不费，其数即足以当之。又尝统计南漕四百万石之米，如有二万顷田，即数所出。倘恐岁功不齐，再得一倍之田，亦必无虞短绌。而直隶天津、河间、永平、遵化四府州可作永田之地，闻颇有余，或居洼下而沦为沮洳，或纳海河而延为苇荡，若行沟洫之法，似皆可作上腴。……直隶地方，若俟众水全治而后营田，则无成田之日，前于道光三年举而复辍。职是之故，如仿雍正年间成法，先于官荡试行。兴工之处，自须酌给工本，若垦有功效，则花息年增一年。譬如成田千顷，即得米二十余万石，或先酌改南漕十万石折征银

---

① 王培华：《清代江南官员开发西北水利的思想与实践——潘锡恩〈畿辅水利四案〉及其学术价值》，《江海学刊》2004年第4期。

两解京，而疲帮久运之船便可停造十只。此后年收北米若干，概令核其一年之数折征南漕，以为归还原垦工本及续垦佃立之用。行之十年，而苏、松、常、镇、太、杭、嘉、湖八府州之漕，皆得取给于畿辅。如能多多益善，则南漕折征岁入数百万。而粮船既不需报运，凡漕务中例给银米，所省当亦称是，且河工经费因此更可大为撙节。上以裕国，下以便民，皆成效之可卜者。至漕船由渐而减，不虑骤散水手之难，而漕弊不禁自绝，更无调剂旗丁之苦。我朝万年至计似在于此。谨荟萃诸书，择其简明切要可备设施者，条列事宜，折为十二门……凡所钞辑，博稽约取，匪资考古，专尚宜今。冀于裕国便民至计，或稍有裨补云。①

林则徐在道光二十年以前的经历，与潘锡恩颇为相似。但他明确地宣称，发展畿辅水利的目的，是就近解决京师粮食供应，缓解对南漕的依赖。他在论述这个问题时，引用秦汉元明至清前期主张发展畿辅水利的思想资料，说他们"历历议行，皆有成绩"，肯定了元明人们关于发展畿辅水利的思想主张和实践，以为发展畿辅水利的思想认识根据和历史根据。潘锡恩和林则徐等的论述，评价了元明时期人们关于京师、畿辅及江南财赋区自然条件与粮食供应的关系问题的认识。

（三）对元明时期人们在漕运海运与地理条件关系问题上的认识与实践之评价

清代定都北京，仍漕运江南粮食，当运河梗塞时又议论试行海运，所以他们在讨论清代漕运海运问题时，结合元明漕运海运的历史资料以及人们的认识，形成了清人对元明人们关于改造利用自然条件与京师粮食供应关系及其后果之认识的认识。

道光六年，贺长龄、魏源编成《清经世文编》，其中第四十六、四十七、四十八卷是关于漕运海运的，共收录论漕运的文章三十六篇，有关海

---

① 林则徐：《畿辅水利议》，光绪丙子三山林氏刊本。

运的文章十七篇。这些文章代表了道光六年以前清人在这个问题上的看法。这些文章，一般是批评漕运弊端的，如徐旭龄《厘剔漕弊疏》、王命岳《漕弊疏》、姚文田《论漕弊疏》、包世臣《剔漕弊》、尹继善《厘剔漕事疏》、孙玉庭《恤丁除弊疏》、杨锡绂《论漕弊与各省粮道疏》、赵之符《驳船困民疏》等，都指出了漕运的制度性弊端。

有些论者注意了漕运在利用自然条件上所造成的弊端。一是山东运河自然条件即水源条件严重不足。雍正时，蓝鼎元说："京师民食专资漕运，每岁转输东南漕米数百万石……但山东北直运河水小，输挽维艰……为力甚劳而为费甚巨，大抵一石至京，靡十石之费不止。臣思民食关系重大，千万苍黎家室之所资，仅恃运河二三尺之水，似宜多方筹划，广其途以致之。"① 他委婉地批评了明乃至清漕运的劳费，以及京师民食"仅恃运河二三尺之水"，认识到了山东至北直水源条件的不足。任源祥说："会通河者，运河之咽喉也，南属黄河，北属卫河。自沽头至漳御，凡四百五十余里。中以南旺河为脊，而激汶水以注之。分流而北，至漳御，地降九十尺；分流而南，至沽头，地降百十有六尺。地之高下，势如建瓴，所恃者闸耳。……虽或遇旱有艰涩之虞……而黄河则运河之大利害也，淮徐间八百余里，资黄河以通，可谓大利，而黄河迁徙倏忽，未有十年无变者。……黄河者，运河之贼也。"② 任源祥意思是说，会通河有违自然条件的特点，因为山东运河地势中间高，南北低，水源短缺。又加以黄河的迁徙溃决，使山东运河漕运十分困难。

二是漕运制度对江南经济的依赖，完全超出了江南自然条件的承受能力。陆世仪说："闻之官军运粮，每米百石，例六十余石到京，则官又有三十余石之耗。是民间出米三百石，朝廷止收六十石之用也。朝廷岁漕江南四百万石，而江南则岁出一千四百万石，四百万石未必尽归朝廷，而一千万石常供官旗及诸色蠹恶之口腹，其为痛苦可胜道邪。是以江南诸县无县不逋钱粮……江南诸县且日就贫瘠，小民逋负不已，势必逃亡。"③ 由于制度弊端，江南实际北运漕粮超过正粮三四倍，这完全超出了江南自然条件

---

① 《清经世文编》卷四十八，《户政二十三·漕运下》，蓝鼎元《漕粮兼资海运输》。
② 《清经世文编》卷四十六，《户政二十一·漕运上》，任源祥《漕运议》。
③ 《清经世文编》卷四十六，《户政二十一·漕运上》，陆世仪《漕兑揭》。

的承载能力。

三是人工运河的修建，与黄河纵横交贯，有违自然特性，利用很困难。《清经世文编》卷一〇四和一〇五都是关于运河工程的，有些文章论述了黄运关系，指出了运河在与黄河交贯时，违背自然特性。《山东通志》："运道自南而北，河流自西而东，一纵一横，脉非同贯。论者谓漕渠水涩，宜分河之支流，以助灌输。然而河处高原，经疏壤，性悍易决，质浊易淤，分引微涓，颇资其利，而节宣稍失，则全河奔注。运不能容，势必冲溃东堤，挟众流以趋于海，即使旋加塞治，而沙停土壅，故道悉湮，是获利无几而滋害实多也。"① 自明代以来，以黄济运成为治运的重要方略之一，《山东通志》则指出以黄济运的困难。以上三条关于运河在利用自然条件上的不足，虽没有明确提到明代，但如魏源所说："我朝之胜国曰明代，凡中外官制度、律例、赋额、兵额，大都因明制而损益之。故其流极、变迁、得失、切摩之故，莫近于明。"② 在漕运上，清代完全继承明代，故这些对运河违背自然条件特性的认识，也可以说是对明代这方面认识的总结。

《清经世文编》关于海运的文章，都是主张海运而对河运持商榷态度的。嘉庆时浙江巡抚阮元《海运考》充分肯定元代利用海运的优越，认为海运较河运费用少："今试以其费与河运较之。……海舟一载千石可当河舟三，用卒大减，河漕视陆运费省什三，海运视陆运费省什七。……如以明末漕运正米四百万石计之，河运公私费米八百万，如以海运，止给耗米月粮一百六十万石，岁省六百四十万石矣。其便利较然矣。……使海运行之而效，以其余力宽东南之财赋，其得益岂专在国哉?!"③ 阮元赞扬了元代利用海运，而为明清不行海运感到惋惜。魏源说："海运之事，其所利者有三：国计也，民生也，海商也。所不利之人有三：海关税侩也，天津仓胥也，屯弁运丁也。"④ 这是对海运优势和漕运劣势的较高概括。陶澍是道光五年试行海运的组织者，他认为"明则由胶莱内河转般登州，实为劳费。惟元代海运最久，寻

① 《清经世文编》卷一〇四，《工政一〇·运河上》，《山东通志·防河保运议》。
② 魏源：《明代食兵二政录叙》，见《魏源集》，中华书局，1976年点校本，第168页。
③ 《清经世文编》卷四十八，《户政二十三·漕运下》，阮元《海运考跋》。
④ 《清经世文编》卷四十八，《户政二十三·漕运下》，魏源《复魏制府询海运书》。

因其路险恶，别开生道。""元代海运最多"，但行之七八年，犹只运米数十万石，而道光五年一次试行就运一百六十余万石，是清代海运优于元代。"使苏属海运遂行，岁省费不啻十之四五，东南民力庶由救乎？"① 行海运，体现的是元代的国家政策，那么清代人们对元代海运的评论，就是肯定了元代利用海道运输南粮的国家政策。

清代关于元明时期人们对京师、畿辅、江南政治经济发展与自然条件关系的认识之认识，有时较为系统，有时则颇为零散，但还是能看出其思想脉络，可以说清人较早接触了这些问题。

二 20 世纪的主要研究成果

关于元明时期人们对京师、畿辅及江南财赋区自然条件与政治经济社会发展关系的认识，不仅是一个历史问题和认识问题，而且在元、明、清时代有实际的政治意义。20 世纪，虽然大部分时间国家首都仍在北京，但由于商业、海运和铁路运输的发展，原来困扰元、明、清三代京师和北边的粮食供应问题已不复存在，人们对这个问题的重视程度大不如清代，只是成为史学和历史地理学关注的学术问题。

（一）关于京师粮食供应与地理条件的关系

1934 年，海宁冯柳堂《中国历代民食史》第二十六章"漕运与京畿民食之关系"，研究了清代漕运与京师皇粮民食关系、漕运弊端、海运等问题，较早涉及京师的粮食供应问题②。1935 年，冀朝鼎教授《中国历史上的基本经济区与水利事业的发展》第一章"基本经济区的概念及其与水利事业的关系"、第五章"作为基本经济区的黄土地区与黄河中游"、第六章"由黄河流域向长江流域的转移"和第七章"长江流域在经济上的统治地位"等，作者以高度的概括力，通过对我国古代水利事业发展过程的阐释，提出了中国历史上基本经济区这一重要概念，并论述了中国历史上基本经

---

① 《清经世文编》卷四十八，《户政二十三·漕运下》，陶澍《进呈海运图疏》。
② 冯柳堂：《中国历代民食史》，商务印书馆，1993 年影印本，第 212～215 页。

济区的转移，即由汉唐的黄河流域，向元、明、清时期的长江流域转移，将海河流域发展成基本经济区的尝试，以及基本经济区与水利事业的关系，漕运的作用，统一与分裂的经济基础等。所说基本经济区，就是指"其农业生产条件与运输设施，对于提供贡纳谷物来说，比其他地区要优越得多，以致不管是哪一集团，只要控制了这一地区，它就有可能征服与统一全中国。这样的一种地区，就是我们所要说的'基本经济区'"①；"这一概念着重强调中国经济的局部性和地区性。"② 冀朝鼎关于基本经济区的理论和历史叙述，揭示了中国地区关系的特征，触及了元、明、清时期京师及其基本经济区的关系问题。1958 年，赖家度教授提出"大都财政和食粮仰给于东南"的观点。③ 瞿林东教授重视研究政治中心和生产生活资源区之地理条件的关系，1989 年，他在《中国通史·导论卷》第二章中，概括地提出了两种"统一政权的建立和巩固与地理条件的关系"，其中一种是"统一皇朝的中心所在地并不是丰腴的地区，但由于能够比较好地控制了重要的运输渠道，从而掌握了必要的生活资源和生产资源，因而也能使统一得以存在和发展，如唐代后期，尤其是元、明、清三朝即是。"④ 总结了元、明、清都燕而控制运河以掌握南粮的客观历史，意识到元、明、清因政治中心自然条件不足而依赖遥远的经济富裕区。1995 年，鲍彦邦教授在《明代漕运研究》中研究了漕粮、漕折、运输、运费等问题，指出了漕运的赋役性和掠夺性⑤，是研究明代漕运的重要著作。1996 年，萧立军教授说："从上述国库的分布中可以看出，明朝在都城北迁以后，南粮北运，所费不赀，极不经济。况且，国库所存越来越向京师附近集中，在一定程度上反映了明代高度中央集权的财政体制。"⑥ 这指出了京师粮食供应依赖南方的历史特点。

① 冀朝鼎：《中国历史上的基本经济区与水利事业的发展》，中国社会科学出版社，1981，第 10 页。
② 冀朝鼎：《中国历史上的基本经济区与水利事业的发展》，中国社会科学出版社，1981，第 4 页。
③ 赖家度：《元代的河漕和海运》，《历史教学》1958 年第 5 期。
④ 白寿彝主编《中国通史·导论卷》，上海人民出版社，1989，第 145 页。
⑤ 鲍彦邦：《明代漕运研究》，暨南大学出版社，1995，第 1~37 页。
⑥ 李治安主编《唐宋元明清中央与地方关系》，南开大学出版社，1996。

（二）关于漕运海运与地理条件的关系

20 世纪 50 年代，也许是受政治风气的影响，赖家度极力肯定运河在漕运和兴起商业城市上的积极作用。[①] 20 世纪 80 年代，邹逸麟教授专门研究了元、明、清运河的历史地理问题，他揭出山东运河违背或破坏自然条件的问题，主要有三点：

第一，山东运河的根本问题是水源问题。运河沿线地区的气候条件决定了运河水源上的种种不利因素，历史上曾采取过多种人工设施，如引汶会泗、引泉济运、南北分水、水柜和闸门设置等等，企图解决水源问题，但都仅在一定时期内使运河的水源条件有所改善，始终未能根本上改变水源缺乏、年内分配上又极不均的基本特点。相反，这种人工设施破坏了原有的天然水系，导致沿运地理环境的变化。

第二，黄河泛决是影响运河变迁的重要因素，为避开黄河的干扰，运河河道一再东徙；但黄河的水沙还是不断灌淤到运河的河床，同时还影响到运河沿线的湖陆变迁。

第三，山东运河的兴建严重影响了鲁西南地区沥水的宣泄。在运河兴建以前，这一带的沥水在今黄河以北有徒骇、马颊诸河，今黄河以南有汶、济、泗、淮等水宣泄入海。山东运河兴建以后，就象一道堤防阻隔在东，而高出地面的黄河（今淤黄河）拦截在南，北面又有卫河阻碍，因此，鲁西南地区的沥水往往入海无路，更兼明清二代将鲁中山地的山泉都拦截入运河。每逢暴雨季节东西来水交汇，河溢湖满，洪涝水到处汹涌回荡，使鲁西南地区成为洪涝碱不断的常灾区。[②]

邹逸麟教授从运河与山东中部地区泉源的关系、运河与黄河的关系、运河与山东西南地区沥水的宣泄等角度，论述了山东运河即会通河在地理方面存在的主要问题。1982 年，邹逸麟教授又撰文探讨运河的历史作用和消极

---

① 赖家度：《元代的河漕和海运》，《历史教学》1958 年第 5 期。
② 邹逸麟：《山东运河历史地理问题初探》，《历史地理》1981 年第 1 辑，上海人民出版社，1981。

影响，他指出，运河"其作用主要表现为政治方面，经济方面固然有，相比之下，居于次要地位"①。这两篇文章，从自然条件的角度分析了运河的历史地位和影响，指出了运河违背或破坏自然条件的特点，是认真反思运河作用的开创之作。这种观点，也表现在同时代的其他著作中，如王育民教授认为"明清两代的统治者，为了保障南北大运河的畅通，以维持皇室漕运，曾进行了一系列加重淮河灾害的措施"②。姚汉源教授《中国水利史纲要》中专列"京杭运河的副作用"③。这说明20世纪80年代，人们在肯定大运河的历史作用时，也在反思运河违背自然条件的特性。

史念海教授重视研究中国古都形成的地理因素等问题。他认为古代国家在选择都城时，不仅重视都城自身的地理条件，还要考虑其周边广大地区的地理条件，如进行农业生产所需要的水土条件，运输物资所需要的交通包括陆路水路海道条件。他说：

> 都城是人口容易聚集的地方……这就要解决社会生活所必需的物资的谋得的问题。……须有一定的自然条件，使所必需的物资能够在都城附近就地取得，而不假于外来的主力。从遥远的地区运输粮食，供应都城的军糈民食并非易事，其间的困难亦复不少。举其要者，约有三点。第一，自然水道的艰险。运输粮食一般都是利用自然水道，元明诸代更始进而注意海运。海上多风波，粮船的沉溺是时有所闻的。由河流运输虽可减少这样的灾患，可是河流也有艰于运输的段落。在北京建都的皇朝由长江三角洲和太湖流域向北京运输粮食，就可以利用黄河水道。利用这段黄河水道可以避免砥柱之险。可是黄河中的险阻并非仅指砥柱一处。在徐州附近的吕梁洪所沉溺的漕舟，并不太少于砥柱。第二，人工水道开凿的不易。无论咸阳、长安或是北京，和当时富庶产粮地之间，并不是完全可由天然水道运输的，因而不能不开凿人工水道，一些皇朝在这方面确实是多所致力。开凿人工水道本

---

① 邹逸麟：《从地理环境的角度考察我国运河的历史作用》，《中国史研究》1982年第3期。
② 王育民：《中国历史地理概论》，人民教育出版社，1987，第80页。
③ 姚汉源：《中国水利史纲要》，水利电力出版社，1987，第547页。

来就不是容易措手的大事，开凿成功之后如何维护，使它长期存在下去，也还是比较费力的。泥沙的壅塞往往阻碍漕舟的通行，尤其是所衔接的两条河流之间高低不平的地势，必需提高或降低水位才能够顺利通过。这样一些周折，必然会多堰时日，贻误事机；更有甚者，当这些皇朝或政权趋于衰弱，难以控制各地时，地方势力就可阻遏运道。运道不通，外地粮食无由运到都城，则中枢的皇朝或政权就难免濒于危殆，而不能支撑下去。

为了减少或避免这样的困难，一些皇朝或政权采取迁就富庶的粮食产地的办法，在选择都城时使它更接近于这样的地区。西汉都于长安，东汉继起，就把都城改建洛阳。长安漕运的艰辛，尤其是砥柱的险阻，又无由得以克服，也未尝不是其中一个原因。洛阳距离当时富庶的产粮地区较近，又远在砥柱的下游，不用考虑黄河汹涌的波涛，这一点是优于长安的。后来五代石晋时，都城又向东迁徙，直到汴河岸上的开封，其实则是为了更接近富庶的粮食产区。①

史念海教授概括了利用原有自然条件和改造了的自然条件之不易，认识到沟通都城与基本经济区的联系的自然条件问题。史念海先生的论述是一般性的，有助于帮助我们认识运河运输在自然条件上的困难。

(三) 关于西北（畿辅）水利

1935 年，冀朝鼎论述了自宋代开始"对北方水利的忽视"和元、明、清时期"将海河流域发展成基本经济区的尝试"的历史②。从 20 世纪 80 年代开始，出现了多种探讨中国水利包括畿辅水利的论著。有些论著指出了研究中国水利的理论指导问题，农史学家王毓瑚教授说：我国农业是在水的条件很不利的情况下发展起来的，马克思主义经典大师所讲的东方，实

---

① 史念海：《中国古都形成的因素》，见《中国古都与文化》，中华书局，1998，第 190～195 页。
② 冀朝鼎：《中国历史上的基本经济区与水利事业的发展》，中国社会科学出版社，1981，第105、116 页。

质上并不包括中国在内，谈中国水利不能引用他们的话[①]。有些论著叙述了明清畿辅水利的过程，如李晓娥等《明徐贞明西北兴修水利和垦荒思想初探》[②]、张芳研究员《清代雍正年间畿辅地区的水利营田》[③]；有些论著则探讨了元、明、清畿辅水利乃至整个西北水利主张产生的历史根源和认识根源，西北水利的成效，西北水利失败的经济根源和认识根源。董恺忱指出，明清畿辅水利包括漕运、灌溉和防洪三件事，畿辅水利成效甚微的原因有二，一是"统治者关心的是漕运和确保都城安全"，二是"不同阶级和集团之间经济利益的冲突"[④]。在前人研究成果的基础上，王培华提出了自己的看法，认为，元、明、清时期，是江南籍官员学者提倡发展西北水利，并在个别地区有所实践，目的是使京师就近解决粮食供应，缓解京师、北边粮食供应问题对江南的压力；其所谓西北水利，分京东、畿辅、西北三个步骤和范围，西北包括今天的华北和西北；西北水利失败，有政治、经济、认识根源和自然条件因素。[⑤] 王培华较早分析了元、明、清时期人们关于京师、畿辅及江南财赋区自然条件与政治经济发展的关系。此外，王玲研究员指出北京缺乏作为京师的土壤条件和经济优势；"北京的……土壤条件并非十分有利"[⑥]，"综观古代历朝都城，大概北京的经济优势最差"[⑦]。

（四）关于江南的自然条件问题

1935 年张家驹教授提出：中国社会中心的转移、两宋经济重心的南移。1983 年，谭其骧、邹逸麟、葛剑雄指出，从三国、两晋、南北朝开始，长江流域及其以南特别是长江下游的经济发展速度超过了黄河中下游。这除

---

①　王毓瑚：《中国农业发展中的水和历史上的农田水利问题》，《中国农史》1981 年第 1 期。

②　李晓娥等：《明徐贞明西北兴修水利和垦荒思想初探》，《干旱区农业研究》1996 年第 14 卷第 2 期。

③　张芳：《明清农田水利史研究》，中国农业科技出版社，1998。

④　董恺忱：《明清二代的"畿辅水利"》，《北京农业大学学报》1980 年第 3 期。

⑤　王培华：《元明清时期的"西北水利议"》，《北京师范大学学报》1996 年第 6 期；《明中后期至清初江南学者的民生思想与实践》，《史学论衡》1997 年第 3 期，北京师范大学出版社；《元明清江南官员学者开发西北水利的思想与实践》，《河北学刊》2001 年第 4 期。

⑥　王玲：《略论北京古代经济的几个特点》，《北京史苑》第一辑，北京出版社，1983。

⑦　王玲：《从中华民族大环境考察中国古代都城演变规律》，《中国古都研究》第八辑，中国书店，1993。

了人为因素（如战乱及人口迁移等）以外，地理环境的缓慢变化也是因素之一。长江流域及其以南的气候从过去的炎热潮湿变得更适合人类居住和农业开发。随着人口的增长和农业技术的进步，垦田面积明显增加，这一带地区在降水、温度、总热量等方面的优势充分显示出来。主要种植的高产粮食作物水稻特别是双季稻的普及，更在全国经济中占了优势。反之，黄河流域气候渐趋寒冷，水体大为减少，气候干燥，水利灌溉日益困难，黄土高原植被被破坏，水土流失加剧，土壤肥力下降，水利灌溉日益困难，由此引起了水旱灾害。再加上北方地区是全国政治军事重心，战乱较南方多，周边民族南下，造成破坏，影响了经济发展。上述种种因素使得黄河流域经济的发展从唐宋以后陷于停滞、缓慢的状态，而长江流域及其以南则取代了黄河中下游，成为全国的经济重心。① 1991 年，施和金教授论述了唐宋经济重心南移的地理基础有三条：土地的开发和高效利用，水利的兴修和土地灌溉，优越的气候、丰富的物产及发达的交通。②

以上，较为粗略地概述了 20 世纪的研究成果。

三 有益的启示和存在的问题

综观清代研究概况和 20 世纪的研究，我们可以得到如下的认识，前人的研究对本选题有启发意义，但也有需要进一步研究的地方。

一是从历史理论角度研究自然条件与历史发展的研究成果，直接对本选题的研究提供方法论启示。有些观点如瞿林东教授关于"地理条件的复杂性与经济发展的不平衡性"和"地理条件的变化及其对社会的影响"等，是本选题研究的理论基础或者起点。对历史理论的研究可以有不同的方法和途径，瞿林东教授主要是谈他本人对"中国地理条件的特点及其与中国历史发展的关系"的认识，我主要分析总结元明时期政治家思想家史学家等各种人物对建都北京、及粮食供应的认识成就，并做初步的辨析与评价。

二是清代学者对西北水利的研究，20 世纪学者对中国历史、历史地理、

---

① 谭其骧、邹逸麟、葛剑雄：《在马克思主义指导下开创我国历史地理研究的新阶段》，见《沿着马克思的理论道路前进》，上海人民出版社，1983。

② 施和金：《唐宋时期经济重心南移的地理基础》，《南京师大学报》1991 年第 3 期。

生态环境史的研究，有的提出了问题，有的提供了可以参考的研究角度和方法，有的启发对漕运的重新评价。如邹逸麟教授认为运河"这种人工设施破坏了原有的天然水系""山东运河的兴建严重影响了鲁西南地区沥水的宣泄"。王育民教授认为"明清两代的统治者，为了保障南北大运河的畅通，以维持皇室漕运，曾进行了一系列加重淮河灾害的措施"。姚汉源教授《中国水利史纲要》中专列"京杭运河的副作用"。这些研究，从历史和地理的角度第一次说明运河的负面影响，改变了以往完全肯定运河积极作用的观点，但这样的观点可能有悖于人们以往对运河的高度评价，人们也许不愿意接受这样的评价。

需要进一步研究的问题：一是以往的研究，或就都城的自然条件谈自然条件，或就运河谈运河的违背自然条件的特性，或就畿辅水利谈畿辅水利，每个人谈到的都是真实的，而综合的、深入的讨论，似尚未能展开；二是以往的研究，多是叙述客观历史过程，较少注意研究元明时期人们主观上是怎样认识这些问题的。本书一方面致力于综合研究，一方面则十分注重研究人们的思想认识。

第三节　本书的任务

一　研究对象的时空范围

本书从认识和实践两个层面，研究"元明北京建都与粮食供应"，同时，也追溯元明以前人们的相关认识与实践。

本书所说的畿辅地区，与元朝的腹里（今山东、河北、山西等广大地区）、明朝直隶（又称畿辅）范围稍微相同，有时又兼及北方广大地区。

追溯元明以前人们的相关认识。这是出于以下几种考虑。

其一，元明建都北京，人们关注京师及其基本经济区与自然条件的关系；元明以前各朝建都地不同。西汉以长安为京师；东汉都洛阳，称洛京，以长安为西京、西都；隋都长安；唐因之，号京师，称西京、西都、上都；隋唐又以洛阳为东都、神都、东京。后晋先都洛阳，后迁都汴州，改称东京；宋以汴州为京师，号东京；辽以燕为五京之一，号南京；金海陵王迁都燕京，号中都，又称燕京。当时人们所论，具体地点不同，但都是关于京师与相关地区的关系问题。其认识问题的角度及利害得失，与本课题有相通之处。

其二，元明——特别是明朝——人们在论及京师、畿辅的政治经济发展与自然条件的关系时，往往回顾元明以前人们对当时京师及其基本经济区与自然条件的关系，并跟明朝京师、畿辅的政治经济发展与自然条件的关系相比较。从军事防卫上，丘濬、周弘祖、劳堪等人，都以汉唐京师与明代京师比较；从京师周围土地的生产条件上，明朝户部官员、江南官员学者，都把汉唐京师跟关中的关系与明朝京师跟畿辅的关系相比较；从京师与漕运的关系上，王宗沐、徐光启等人，都把汉、唐、宋京师跟漕运的关系与明代京师跟漕运的关系相比较。总之，元明时期，人们的历史比较意识很强烈。

其三，元明时期，京师、畿辅的自然条件与政治经济发展关系，是自秦汉以来人们关注的大问题，故本书虽然讨论元明为主，但同时也追溯了元明以前人们的相关认识，以便作历史的考察和认识。

二 研究重点难点

一是关于京师的自然条件与政治经济发展的关系。元明建都于燕，但明朝一直有迁都南京的议论，有时也几乎见诸实践。这是实践与认识的矛盾。研究产生这种矛盾的客观基础和认识基础，是本课题研究的重点之一。元明时期，人们认为北京具有建都的地势险要和处于联系南北两大区域的交会点的位置优势；又认为，京师切临北边，对于统治安全，以及京师和北边的粮食供应，有很大的隐患。这些认识，有其产生的客观基础，因此有合理的地方。

二是关于秦、汉、隋、唐、宋之建都，与辽、金、元、明、清之建都之变化问题。秦、汉、隋、唐、宋建都于关中的咸阳、长安，或中原的洛阳、汴梁。辽、金开始立国于燕，元、明、清，都定都于燕。这是一个很重要的历史变化。研究产生这种变化的自然条件因素和社会发展因素，是本选题研究的重点之二，也是难点之二。北京处于北纬 40 度，长城东西线的中心位置。北京之南北，由于自然条件（如土壤、温度）的差异，形成了南北不同的生产、生活类型和生活习俗。自然条件的差异，导致了经济类型和生活习俗的差异，最终导致了政治统治类型的差异。而北京正处于这两种类型的交会点，这是北京成为辽、金、元、清都城的很重要的自然条件。自然条件是促成北京成为元明京师的一个条件，但不是唯一的条件，历史变化格局，辽金以燕京为政治中心的历史传统，人们的认识，即有关北京以北至于漠北草原的知识传播，促成了元代都燕，特别是最高统治者的认识，也起了一定的作用。

三是元明初期，最高统治者具有利用北方自然条件发展农田水利的自觉认识，并且具有以法规管理西北农田水利的意识和政策；但同时，最高统治者制定并长期执行了京师、北边粮食供应依赖东南的基本国策。这是最高统治者在农业生产与粮食供应问题上的矛盾。研究这种认识上、实践上的矛盾产生的历史根源和认识根源，这种政策的得失和后果，是本课题重点之三。这种国策的长期执行，产生了两个实际后果——一方面，加重南方的经济负担，另一方面也使北方更加落后，也产生了两个认识后果——一方面，江南官员学者认为江南赋重民贫，产生了江南赋税之重的认识并加以论证，另一方面，他们又产生了发展西北水利的主张，并在一定地区有所实践，但因遭到北方官员的反对而失败。

四是由于政治中心不具有经济优势，国家利用自然海道、改造并利用人工水道，海运、漕运江淮粮食等物资。元明时期，人们认为，海运、漕运对京师的粮食供应起了很大作用；同时，江南官员学者认识了改造、利用自然条件之负面后果，如对运河利用中违背自然特性的认识，分析漕运弊端中的自然条件因素等。此外，明代对是否恢复海运的几种意见，实际涉及了建都与粮食运输的关系问题。

三 创新点

（一）选题创新

无论清人的研究还是 20 世纪的研究，未对此作过专门的研究。具体论述元明时期自然条件与历史发展的过程，学术界已经做了一些工作，有些项目正在进行。这里，还有一个重要方面，即元明时期人们对京师和畿辅的自然条件与经济社会发展关系的认识成果，尚缺少专门研究。本书第一次提出研究 13 ~ 17 世纪人们对京师和畿辅的政治经济发展与自然条件关系的认识，这是选题的创新。阐明元明时期人们对京师和畿辅的自然条件与政治经济发展关系的认识，有助于深化关于自然条件与历史发展关系理论的认识。

（二）观点创新

本书研究、总结元明时期人们关于京师和畿辅的政治经济发展与自然条件关系的认识成就，并做初步辨析与评价，得出了一系列新观点。

一是分析了元明都燕与反对都燕这种实践与认识矛盾的客观基础，指出都燕是因为北京以北有几个险要雄关，和北京处于联系南北两个区域交汇点的位置等因素的作用，而反对都燕也是因为京师切临北边，不利于统治安全和京边粮食供应。

二是研究了秦、汉、隋、唐、宋与辽、金、元、明、清建都之地发展变化的自然条件因素和社会因素，指出是唐宋以后北方东北方民族的发展壮大这个社会因素，和燕京处于联系南北两个区域交会点的位置这个自然条件因素之结合，促成了北京成为元明都城。

三是提出了唐、宋、元、明时期国家西北农田水利管理法规化意识和政策的论点并加以论证。阐明了唐、宋、元、明、清时期，京师粮食供应依赖东南的基本国策之起因、得失和后果。

四是在作者前期研究成果的基础上，进一步探讨并指出了元、明、清时期江南官员学者具有江南赋税之重的意识观念和发展西北农田水利的主张，以及北方官员反对发展西北水利的认识根源和经济根源，并指出了江南官员学者发展西北水利主张的合理性与局限性。

五是总结了历史上人们对于改造、利用自然水道和人工水道与京师粮食供应关系问题的认识成果，即人们既肯定改造利用水道开通漕运的积极效果，也分析人工运河自然条件之不足、运河利用中存在违背自然特性、造成漕运弊端的自然条件因素，同时也指出了由于认识到运河自然条件之不足等问题，元明时期统治者产生并强化了漕运管理的法典化意识和政策。

（三）借鉴意义

今天中华人民共和国仍定都北京，元明时期人们的认识与实践，对今天的政治经济建设仍有借鉴意义。

一是要保证粮食安全，既要依靠国家的调控，也要靠市场流通体制的改革。

二是变西北地区粮食生产的劣势为生态建没的优势。

三是要保证粮食安全，或其他资源的有效运输，不能依靠单一的运输途径，而要建设开放的交通运输系统。

四　研究方法

自然条件与政治经济发展的关系，是历史理论问题之一。回顾元明时期人们关于京师、畿辅地区政治经济发展与自然条件关系的认识成就，并作初步辨析与评论，是研究自然地理与历史发展这个历史理论问题的途径之一。

研究这个问题，需要讲究方法。

一是既要总结人们的认识成果，又要兼顾客观历史过程，不能割裂实践与认识的联系。

二是既要总结元明时期人们的认识，也要回顾元明以前人们的认识，不能割断元明与前代的联系。

三是试图运用辩证的、比较的、历史主义的方法。瞿林东教授在新中国史学的成就与未来研讨会上的讲话，给我提供了启示。他说：辩证的方法、比较的方法和历史主义的方法，是我们最常用的、行之有效的方法。辩证的方法帮助人们全面地看问题，在总结成就中看到存在的问题，在揭露错误时还能看到与之同时存在的成绩。比较的方法可以帮助人们在比较中判断是非，估量得失。历史主义的方法可以帮助人们从一定的历史条件和当事人的际遇去分析问题，不以今人之见强加于前人或苛求前人。总之，有了正确的方法，回顾和反思才能够接近历史的本来面目，接近科学的认识，才可能在不同见解充分交流的基础上和在一定范围内达到共识，促进史学的整体进步。① 讲话中提出的辩证的方法、比较的方法和历史主义的方法，虽然是针对回顾新中国史学成就这个问题说的，但同样是适合总结中国古代历史认识成果的。

最后，有必要说一说表达方式的问题。对历史理论的认识和表述可以有多种方式，可以是"六经注我"式的，也可以是"我注六经"式的。换言之，可以借人讲话，或自己讲话，即可以借研究前人的撰述而表达理论，可以直接表达作者理论。刘梦溪教授说："借人讲话与借符号讲话问题，我是指学问的两种建构方式。当然学问的建构，有各种途径和方法，所谓借人讲话与借符号讲话，更多的是对人文学术写作方式的表达。哲学家，特别是那种纯哲学家，他们往往用符号讲话。对他们而言，最重要的是范畴、概念。西方这种学者比较多，因为西方有思辩的传统。史学家一般借人讲话。因为历史是人物的活动，离开人物的活动，就无所谓历史。"② 刘梦溪所讲的借人讲话似乎很适合我的写作特点。

我的理论水平不高，十五六年来，一直担任中国历史文选等课程的讲授，多以讲解字词、阐释句意、挖掘史实为主；写文章，多论述一个一个具体的客观历史问题，特别是关于水利、生态和气候变化的问题，很少有宏观的理论的研究，离原先学习的史学史专业越来越远了。现在，由于专业方向的原因，需要较多的理论探讨，这对于我，难度很大。导师瞿林东教授在《中国通史·导论卷》第二章中对于中国地理条件与历史发展关系的两种表述方法，是我写作的模式，《诗》有之："高山仰止，景行行止。""虽不能至，然心向往之。"③ 用司马迁的这句话来形容我的心情是最合适的。

---

① 许殿才、史硕彦：《新中国史学的成就与未来研讨会纪要》，《史学研究》2003 年第 1 期。
② 刘梦溪：《人文与社会科学研究的几个问题》，《文汇报》2002 年 7 月 10 日，《新华文摘》2002 年第 10 期。
③ 《史记》卷四十七，《孔子世家》。

第一章　关于京师地理条件的观念及变化

第一节　元明以前人们的观念

一　汉、唐、北宋时期人们对都城地理优势的认识

（一）对关中地理形势险要之利的看法

秦国最后定都于咸阳。西汉高祖先都洛阳，后迁都长安。人们认为关中周围地势险要、物产丰富、长安东郊有水道以漕运江淮粮食，是关中能成为秦汉京师所在地区的几个比较重要的自然条件。

汉代人认为咸阳、长安有山河之固，易守难攻，宜于建都。贾谊说："秦地被山带河以为固，四塞之国也。……秦小邑并大城，守险塞而军，高垒毋战，闭关据阸，荷戟而守之"。"秦人开关延敌，九国之师逡巡遁逃而不敢进"[1]。秦国地势易守难攻，是促使秦成就统一大业的地理基础。

汉初，高祖先都洛阳，后娄敬、张良劝说，高祖乃迁都长安，司马迁《史记》记载了这段重要事实：

> 娄敬曰："……夫秦地被山带河，四塞以为固，卒然有急，百万之众可具也。因秦之故，资甚美膏腴之地，此所谓天府者也。陛下入关而都之，山东虽乱，秦之故地可全而有也。……今陛下入关而都，案秦之故地，此亦扼天下之亢而拊其背也。"高帝问群臣，群臣皆山东

---

① 《史记》卷六，《秦始皇本纪》。

人，争言周王数百年，秦二世即亡，不如都周。上疑未能决，及留侯
明言入关便，即日车驾西都关中。①

娄敬、张良劝汉高祖定都关中，都重视了关中的地理条件，如地势险要、
水陆交通便利，以及经济条件，如沃野千里、物产丰富等。"过去中国史
学家一方面认为地理条件跟政治上的兴亡得失有密切的关系，另一方面也
认为地理条件的作用不是孤立的、绝对的"②，娄敬对建都的地理条件的看
法是有辩证因素的。汉初人们对关中自然条件的看法，后世并无多大改变。

班固《西都赋》指出，长安不仅周围地理险阻，而且封畿之内沃野千
里，郑白之渠为衣食之源，"东郊则有通沟大漕，溃渭洞河，泛舟山东，控
引淮湖，与海通波"，具有各种自然条件之优势。同时，长安又聚居了各地
州郡豪杰，天下之物产，具有人文和经济优势③。班固是第一个充分论证长
安自然条件优势的学者。值得注意的是，他在历述长安自然条件与政治经
济优势时，特别注意了长安与关东、江淮的漕河制度。这说明，班固意识
到西汉长安的富庶并不主要源自八百里秦川陆海天府，关东、江淮的粮食
对此也做出了巨大贡献。唐懿宗时，李庾也作有《西都赋》盛赞长安自然
条件的各种优势④，其实，唐朝早在高宗、武后、玄宗时就经常就食东都，
对西都的赞美，只是代表了对唐朝盛世的向往。

杜佑说，长安，"周、秦、汉、晋、西魏、后周、隋，至于我唐，并为
帝都。其间王莽、更始、刘曜、苻坚、姚苌，亦都于此。今号西京"。关中
能在自周秦至唐前后一千年中成为许多皇朝（王朝）建都之地，是有其地
理形势险要和资源物产优势的："雍州之地，厥田上上，雩杜之饶，号称陆
海。四塞为固，被山带河，秦氏资之，遂平海内"⑤。"秦川是天下之上腴，
关中为海内之雄地。巨唐受命，本在于兹。若居之则势大而威远，舍之则

---

① 《史记》卷九十九，《刘敬叔孙通传》。
② 白寿彝主编《中国通史·导论卷》，上海人民出版社，1989，第105页。
③ 《后汉书》卷四十上，《班固传》。
④ 《全唐文》卷七四〇，李庾《两都赋并序》，中华书局，1959年排印本。以下凡引本书，
　不再另注版本。
⑤ 《通典》卷一七三，《州郡典三》。

势小面威近，恐人心因斯而摇矣，非止于危乱者哉，诚系兴衰，何可轻议。"① 杜佑肯定了长安作为京师的资源优势和地理优势，而反对迁都的意见。

（二）关于洛阳便于转漕东南物资的论证

东汉建都洛阳。隋、唐以长安为京城，又称西京、上都，以洛阳为东都，又称东京、东都和神都等。大致在唐高宗、武后和玄宗之后，皇帝越来越重视东都，武后多居东都，唐高宗、玄宗多次就食东都。人们认为，洛阳无险阻可依，但洛阳为天下之中，地理位置居中，有水陆交通条件，便于转漕关东粮食等物资，是洛阳能成为京师的主要自然条件优势。

东汉都洛阳，光武帝刘秀没有论述其理由，今有学者认为这"显示出有迁就经济地区的企图"②。汉明帝时，班固"上《两都赋》，盛称洛邑制度之美"③。班固《东都赋》说：光武帝刘秀中兴是"系唐统，接汉绪。……迁都改邑，有殷宗中兴之则焉；即土之中，有成周隆平之制焉"。班固的观点是洛邑居于天下之中，周边民族向往中原皇朝；地势险阻虽不如长安，但关乎政治稳定、文化发达等之制度建设，颇有气象。

隋、唐帝王颇能认识东都洛阳位置适中和水陆交通便利的自然条件。仁寿四年（604）隋炀帝诏书说："洛邑自古之都，王畿之内，天地之所合，阴阳之所和。控以三河，固以四塞，水陆通，贡赋等。"④ 隋炀帝认识到"作洛之制"的必要和可能，除了现实政治斗争的因素外，主要是洛阳地理位置适中和水陆交通方便。唐高宗《幸东都诏》、玄宗《幸东都诏》《幸东都制》都反映了唐盛世时最高统治者对关中和东都洛阳与江淮漕运关系的看法：

> 顷年关辅之地，转输实繁，重以河塞之役，兵役屡动，千金有费，

① 《通典》卷一七四，《州郡典四》，中华书局，1988年点校本。
② 史念海：《中国古都和文化》，中华书局，1998，第233页。
③ 《后汉书》卷四十上，《班固传》。
④ 《隋书》卷三，《炀帝纪上》。

九载未储。……故因时以巡幸，卜洛万方之隩，维嵩五岳之中，风雨之所交，舟车之所会，流通江沔之漕，控引河淇之运。利俗阜材，于是乎在。今欲省其费务，以实关中。即彼敖庾，少留河邑。……宜以明年正月十五日幸东都。①

天下大定，河洛为会同之府。周公测景，实是土中。总六气之所交，均万方之来贡。引渔盐于淮海，通粳苴于吴越。瞻彼洛纳，长无阻饥。自中宗入关，于今八载，省方之典，久而莫修，遂使水漕陆挽，方春不息。劳人夺农，卒岁何望。关东嗟怨，朕实闻焉。思欲宁人而休转运，馆谷而就敖庾；加以暑雨作害，灾沸秦川；岁星有福，祥归豫野。……以今年十一月行幸东都。②

以上制书诏书，反映了起草制书诏书的官员们以及唐高宗、玄宗对长安洛阳与江淮漕运关系的认识。主要意思有三：一是，关中粮食不足，"转输实繁"；二是，洛阳居天下之中，交通便利，"流通江沔之漕，控引河淇之运""引渔盐于淮海，通粳苴于吴越"；三是崤函有金汤之固，建国时宜以长安为都；河洛为会同之府，天下大定时宜以洛阳为都。看唐人的议论，这与秦汉时代人们对关中与洛阳的看法迥然不同。这说明，从汉到唐，以皇帝为首的统治者已经越来越认识到，从漕运山东和江淮米粟来说，洛阳具有便于转漕关东江淮粮食的便利条件。

唐懿宗时李庚作《两都赋》，比较长安与洛阳优劣。其《东都赋》说：洛阳"径山东之贡赋，扼关外之诸侯，直齐梁而驾辖，引淮汴而通舟，太行枕甸，发址崇垓，覃怀镇封"。覃怀，今河南沁阳、温县所辖地域。每州名山之殊大者为镇山。洛阳，以太行山为枕，以覃怀为镇山。洛阳地理优势在于，陆路连接齐与中原交通，水道上沟通淮河、汴河的交通，扼守函谷关外诸侯西进的要道，山东和东南贡赋直接运输到中原。他认为，东周、东汉、魏、晋都建都洛阳，但国势兴盛不一，主要原因在政治得失。"是四

---

① 《全唐文》卷二十八，唐玄宗《幸东都诏》。
② 《全唐文》卷二十，唐玄宗《幸东都制》。

者各以其故，权与势移，运随鼎去。从古如斯，谓之何如。世治则都，世乱则墟。时清则优偓，政弊则戚居"①。李庾《两都赋并序》主要从政治统治的得失考虑东周、东汉、魏、晋的国力不强，而不过高强调都城的地理条件对国家盛衰强弱的作用。李庾对长安与洛阳地理优势与国家盛衰强弱关系的认识，比班固《东都赋》"盛称洛邑制度之美"具有更深刻的历史盛衰意识。这主要是二人所处时代使然。唐末，随着国势的衰弱，朱朴提出长安不宜于建都的看法："古王者不常厥居，皆观天地兴衰，随时制事。关中，隋家所都，我实因之，凡三百岁。文物资货，奢侈僭伪，皆极焉。广明巨盗，陷覆宫阙，局署帑藏，里闾井肆，所存十二，比幸石门、华阴，十二之中又亡八九，高祖、太宗之制荡然矣。……自古中兴之君，去已衰之衰，就未王而王。……臣视山河壮丽处多，故都已盛而衰，难以兴已"②。朱朴的议论透露出，由于地理条件的变化，社会的动乱，政治的腐败，关中已经逐渐失去了经济优势，长安已不再具有盛唐气象。

（三）关于建都汴梁的认识和实践

后晋、后汉、后周、北宋建都于汴梁。从水陆运输条件说，关不如洛，洛不如汴。人们认为汴梁水陆运输条件比洛阳更便利，更适宜建都。

后晋天福二年（937）三月高祖石敬瑭下诏东巡汴州，诏书比较了洛阳和东京的运输条件与漕运难易：洛阳"馈运顿亏，支费殊阙"，而汴梁"水陆交通，舟车必集"③。这是对洛阳和汴州交通条件的概括说法。天福三年（938）十月改汴州为东京，诏书更详细论述建都原则和汴州的交通条件优势：

> 为国之规，在于敏政：建都之法，务要利民。……当数朝战伐之余，是兆庶伤残之后，车徒既广，帑廪咸虚。经年之挽粟飞刍，继日而劳民动众，常烦漕运，不给供须。今汴州水陆要冲，山河形

---

① 《全唐文》卷七四〇，李庾《两都赋并序》。
② 《新唐书》卷一八三，《朱朴传》。
③ 《旧五代史》卷七十六，《晋书二·高祖纪第二》。

胜，乃万庾千箱之地，是四通八达之郊。爰自按巡，益观宜便，俾升都邑，以利兵民。汴州宜升为东京，置开封府。……其洛京改为西京。①

诏书提出建都原则是："建都之法，务要利民"②，这里所说的"利民"指便利的水陆交通条件有利于转输粮食；并且再次比较了洛阳和汴州水陆运输条件和漕运难易；洛阳仓廪空虚，经年转漕不仅劳民动众，而且供不应求；汴州处于水陆要冲，利于转漕。这说明后晋君主认识到了漕运条件与京师粮食供应的直接关系。这也是自唐代以来位于关中或中原的都城越来越依赖关东漕运的客观历史，在人们认识上的反映。

宋太祖开始认为西京地形势得天下中正，有留都之意。李怀忠进言曰："东京有汴渠之漕，岁致江淮米数百万斛，禁卫数十万人仰给于此，帑藏重兵皆在焉。根本安固已久，一旦遽欲迁徙，臣实未见其利。"③ 宋太祖接受其建议，建都于汴梁，就是看重其渠漕之利。张洎、张方平都对汴梁的交通优势有比较概括的说法，至道元年（995）张洎说："至国家膺图受命，以大梁四方所凑，天下之枢，可以临制四海，故卜京邑而定都。"④ 张方平说："今之京师，古所谓陈留，天下四冲八达之地，利漕运而赡师旅"⑤。张洎、张方平都认为宋都汴京，实乃由于汴京处于四通八达的交通枢纽地位。

从汉、唐、宋时期人们的议论可以看出，关中的农业生产日益衰落，不足以供应都城所需。这样，接近关东、处于水陆交通要道的汴梁，就日益提高了政治地位，成为五代北宋的都城。也可以看出，自唐以来，由于关中经济地位的下降，关中作为政治中心的格局已经发生变化，而开封由于处于接近关东的交通要道，其政治地位逐渐取代长安和洛阳。南宋郑樵《通志·都邑略·序》总结历代建都与地险的关系：

---

① 《旧五代史》卷七十七，《晋书三·高祖纪第三》。
② 《旧五代史》卷七十七，《晋书三·高祖纪第三》。
③ 《宋史》卷二六〇，《李怀忠传》。
④ 《宋史》卷九十三，《河渠志三》。
⑤ 《宋史》卷一七五，《食货志上三》。

　　建邦设都，皆凭险阻。山川者，天之险阻也。城池者，人之险用也。城池必依山川以为固。大河自天地之西而极天地之东，大江自中国之西而极于中国之东。天地所以设险之大者，莫如大河，其次莫如大江。故中原依大河以为固，吴、越依大江以为固。中原无事则居河之南，中原多事则居江之南。自开辟以来，皆河南建都，虽黄帝之都，尧、舜、禹之都，于今皆为河北，在昔皆为河南。大河故道自碣石入海，碣石今平州也，所以幽蓟之邦，冀都之壤，皆为河南地。周定王五年以后，河道埋塞，渐移南流，至汉元光三年，徙从顿丘入渤海，今滨、沧间也。自成周以来，河南之都，惟长安与洛阳，或逾河而居邺者，非长久计也。自汉晋以来，江南之都，惟有建业，或据上流而居江陵、武昌者，亦非长久计也。是故定都之君，惟此三都是定，议都之臣，亦惟此三都是议。此三都者，虽曰金汤之固，屡为车毂之场，或历数百载，或禅数十君，高城深池，堑山埋谷，斫土既多，地绝其脉，积污复久，水化其味，此隋人所谓不甚宜人者也。而况冲车所攻，矢石所集，积骸洒血，莽为荆榛，断垣坏壁，鬼鳞灭没，由兹鸠集，能必其蕃育乎！……

　　臣窃观自昔帝王之都，未有建宸极于汴者，虽晋之十六国遍处中州，亦未有据夷门者，何哉？盖其地当四战之冲，无设险之山，则国失依凭，无流恶之水，则民多疾病。……宋祖开基，大臣无周公宅洛之谋，小臣无娄敬入关之请，因循前人，不易其故。逮至九朝，遂有靖康之难，岂其德之不建哉，由地势然尔。六飞南巡，驻跸吴越……而臣邻未闻以定鼎之谋启陈者，毋亦以残都废邑，土脉绝，水泉卤，不足复兴，而夷门之痛，况未定也。……①

郑樵是从全国的地理形势和以往的历史经验出发，对地理条件与建邦设都的关系和政治上兴亡得失的关系作总的考察。他论述了历史上都关中、都洛、都建业与地险的关系，并指出这三都经过战争的破坏和数百年的居民

①　郑樵著《通志二十略》，王树民点校，中华书局，1995。

生活，地下水受到污染，"在新的历史条件（包括地理条件和政治条件）下，长安、洛阳、建业所谓三都已不是理想的建都所在"；但是他对北宋建都于汴梁的看法，并未得其要领，"他所得到的某些具体结论，如'中原无事则居河之南，中原多事则居江之南''自开辟以来皆河南建都'等，对于我们从地理条件方面探讨历史上'建邦设都'的客观规律，也是很有启发性的"①。

二 宋、辽、金、南宋"天地之中"观念的变化

（一）北宋时关于幽燕形势险峻的看法

北宋官员出使辽国，其行程日记多记录作者亲身见闻。《宣和乙巳奉使行程录》，原题许亢宗撰，应为钟邦直撰②。宣和七年（1125）宋朝派许亢宗为使，北上贺金朝吴乞买登位，钟邦直为管押礼物官。《行程录》记作者沿途所见及体会到幽燕的地理优势：

> 燕山乃古冀州地，舜以冀州南北广远，分置幽州，以其地在北方幽阴之地。东有朝鲜、辽东，北有楼烦、白檀，西有云中、九原，南有滹沱、易水。唐置范阳节度，临制奚、契丹。自晋割略北虏，建为南京，又为燕京析津府。……城后远望数十里，宛然如带，回环缭绕。形势雄杰，真用武之国也。国初更府名曰燕山，军额曰永清。……
>
> 滦州……州处平地，负麓面冈。东行三里许，乱山重叠，形势险峻。河经其间，河面阔三百步，亦控扼之所也。水极清深，临河有大亭，名曰"濯清"，为塞北之绝郡。营州……州之北六七十里间，有大山数十，其来甚远，高下皆石，不产草木，峙立州后，如营卫然，恐州以此得名。……离营州东行六十里至榆关，并无堡障，但存遗址。有居民三数家。登高回望，东自碣石，西彻五台。幽州之地，沃野千

---

① 白寿彝主编《中国通史·导论卷》，上海人民出版社，1989，第104～105页。
② 据陈乐素说，此书原题许亢宗撰，应为钟邦直撰。见陈乐素《三朝北盟考》，历史语言研究所集刊，第六本三、四部分。

里。北限大山，重峦中有五关：居雍可以行大车，通转饷；松亭、金坡、古北口止通人马，不可行车。外有十八路，尽兔径鸟道，止能通人，不可行马。山之南，地则五谷百果、良材美木，无所不有。出关未数十里，则山童水浊，皆瘠卤。弥望黄茅白草，莫知其极。盖天设此以限南北也。自兹以东，类皆如此。①

作者的主要观点有三。一是幽燕之南北分别是两种自然条件、经济类型。由于自然条件如气候土壤等因素的差异，幽燕与塞外的植被、物产、自然景观迥异。幽燕之地，沃野千里，土产丰富；塞外则土地瘠卤，黄茅白草，弥望无际。这是"天设此以限南北"。二是幽燕处于北方交通要道，地理位置十分重要。古来为北方重地，是中原国家"临制"北方的军事重镇。三是居雍、松亭、金坡、古北口、营州、滦州、榆关（山海关）为幽燕的天然屏障。作者还认为，幽蓟在南北争夺战中处于关键地位，而五关在南北争夺中又处于关键之关键："前此经营边事，与金岁币加契丹之倍，以买幽蓟五［六］州之地，而平、滦、营三州不预其数。是五关我得其三而金得其二也。愚以为天下视燕为北门。失幽蓟五州之地，则天下常不安，幽燕视五关为嗓喉，无五关则幽燕不可守。"② 作者从宋人经营燕云十六州的得失中，总结出"天下视燕为北门"和"幽燕视五关为嗓喉"的重要观点。

（二）辽朝南京多设财赋官的统治意识

辽太宗耶律德光会同元年（后晋天福三年，938），升幽州为南京，为五京之一③。辽圣宗开泰元年（1012）号燕京。辽国君臣从本民族立场看待燕京的自然条件，在燕京多设财赋官，这表现了辽国君臣认为燕京可以更直接控制汉地财赋的观念。

关于辽人撰述，瞿林东教授认为今本《辽史·营卫志》可能采用了辽

---

① 宇文懋昭著、崔文印校证《大金国志》卷四十，《许奉使行程录》，中华书局，1986，第560～563页。

② 徐梦莘著《三朝北盟会编》卷十二，光绪三十四年刻本。以下凡引本书，不再另注版本。

③ 《辽史》卷三十七，《地理志一·序》。

代耶律俨著作的内容①。这样，今本《辽史》可以代表辽人的思想。辽国在太宗以后，尽得燕云十六州，"浸包长城之境"，南以白沟为界，与宋对峙。幽州居于大漠和长城以南、冀州以北之间的交通中心，成为辽国统治汉地的中心城市。《辽史》云："幽州在渤、碣之间，并州北有代、朔，营州东暨辽海。其地负山带海，其民执干戈，奋武卫，风气刚劲，自古为用武之地。……太宗立晋，有幽、涿、檀、蓟、顺、营、平、蔚、朔、云、应、新、妫、儒、武、寰十六州，于是割古幽、并、营之境而跨有之。……太宗以皇都为上京，升幽州为南京，改南京为东京，圣宗城中京，兴宗升云州为西京，于是五京备焉。"② 辽人升幽州为南京，是为更好地统治中原汉地，征集汉地财赋。《辽史》云："辽有五京。上京为皇都，凡朝官、京官皆有之；余四京随宜设官，为制不一。大抵西京多边防官，南京、中京多财赋官"③，升幽州为南京，南京"多财赋官"，体现了辽国统治集团建南京的经济目的和意志。《辽史》又云："至于太宗，兼制中国，官分南北，以国制治契丹，以汉制待汉人。国制简朴，汉制则沿名之风固存矣。辽国官制分南、北院。北面治宫帐、部族、属国之政，南面治汉人州县、租赋、军马之事。因俗而治，得其宜矣。"④ "辽国以畜牧、田渔为稼穑……自涅里教耕织，而后盐铁诸利日以滋殖，既得燕、代，益富饶矣"⑤；"辽之边防犹重于南面，直以其地大民众故也"⑥。以上官制职能，说明辽朝以南京为五京之一，就是以燕作为辽在汉地的经济和军事基地，也说明辽国君臣具有以燕京作为占有北方汉地的基地，并进而控制整个中国的意识，体现了他们对燕京地理位置的认识。

（三）金朝"燕京乃天地之中"的群体意识

金海陵王贞元元年（1153），金由上京会宁府迁都于燕京，以燕乃列国

---

① 瞿林东著《中国史学史纲》，北京出版社，1999，第519~520页。
② 《辽史》卷三十七，《地理志一》。
③ 《辽史》卷四十八，《百官志四·南面京官》。
④ 《辽史》卷四十五，《百官志一·序》。
⑤ 《辽史》卷四十八，《百官志四·南面财赋官》。
⑥ 《辽史》卷四十八，《百官志四·南面边防官》。

之名，不当为京师号，遂改为中都①，为大兴府。金海陵王及多数臣僚认为上京会宁地理位置偏僻，"转漕艰而民不便"，燕居于"天地之中"，体现了对燕京地理位置优势的认识。

金国首都本在上京会宁府（其遗址在今黑龙江省哈尔滨市阿城区城南 2 公里），海陵王始迁都于燕，体现了金国群臣对燕京地理位置优势及漕运便利的集体认同意识。史载：

> 天德二年（1150）……冬，发诸路民夫，筑燕京城。盖主密有迁都意也。……招求直言，内外臣僚上书者，多谓上京僻在一隅，转漕艰而民不便，惟燕京乃天地之中，宜徙都燕以应之，与主意合。大喜，乃遣左右丞相张浩、张通古、左丞蔡松年，调诸路夫匠，筑燕京宫室。……天德四年（1152）冬，燕京新宫成，主率文武百官自会宁府迁都于燕……以燕为中都，中京为北京，辽阳府为东京，云中府为西京，开封府为南京。②

史书还说，梁汉臣以"上都地寒，惟燕京地暖"的地势特点，劝海陵王迁都燕京，招来两种意见。萧玉反对迁都，说："不可，上都之地，我国旺气，况是根本，何可弃之？"兵部侍郎何卜年赞成迁都，他说："燕京地广土坚，人物蕃息，乃礼仪之所，郎主可迁都。北番上都，黄沙之地，非帝居也。"③梁汉臣还对海陵王说："燕京自古霸国，虎视中原，为万世之基"④；"是时上封事者，多以会宁僻在一隅，官艰于转输，民艰于赴诉"为言⑤。总之，除个别反对者外，多数人认为会宁僻处一隅而燕京乃天地之中，体现了金朝的群体意识。

天德三年（1151）海陵王发布《议迁都燕京诏》，强调燕京为"要会""得中"之地：

---

① 《金史》卷二十四，《地理志上·中都路》。
② 《大金国志》卷十三，《海陵炀王纪年》。
③ 《大金国志》卷十三，《海陵炀王纪年》。
④ 《三朝北盟会编》卷二四三。
⑤ 《三朝北盟会编》卷二四三，引张棣《正隆事迹记》。

……又以京师粤在一隅，而方疆广于万里，以北则民清而事简，以南则地远而事繁。深虑州府申陈，或至半年而往复；间阎疾苦，何由期月而周知。供馈困于转输，使命苦于驿顿。未可时巡于四表，莫如经营于两都。眷惟全燕，实为要会。将因宫庙而创官府之署，广阡陌以展西南之城。勿惮暂时之艰，以就得中之制。所贵两京一体，保宗社于万年；四海一家，安黎元于九府。咨尔中外，体予至怀。[①]

他强调放弃辽国四时巡幸制度，而改行两都制；燕居天下之中，只有南迁于燕才能有效控制"地远而事繁"的南部汉地，并更好地解决"供馈困于转输"的经济问题。这与石敬瑭迁都汴州时对汴州地理位置交通条件的说法基本一致，说明自唐以来，统治者越来越认识到都城地点的选择与粮食供应的密切关系。

（四）"燕盖京都之选首"的观点及其论证

金朝自海陵王迁都于燕京后，中都成为京师，有的官员从历史比较和现实政治中认识到燕京"南厌区夏"的地理位置，并论证了"燕盖京都之选首"的观点。

辽金帝王本有四时巡幸畋猎制度[②]，金世宗要到金莲川（滦河上源，今河北沽源县至内蒙古正蓝旗一带），遭到梁襄的反对。梁襄上《谏北幸》说：

金莲川在重山之北，地积阴冷，五谷不殖，郡县难建，盖自古极边荒弃之壤也。气候殊异，中夏降霜，一月之间寒暑交至，特与上京、中都不同，尤非圣躬将摄之所。凡奉养之具，无不远劳飞挽，越山逾险，其费数倍。……

燕都地处雄要，北倚山险，南厌区夏，若坐堂隍，俯视庭宇，本地所生，人马勇劲，亡辽虽小，止以得燕，故能控制南北，坐致宋币。

---

① 李心传：《建炎以来系年要录》卷一六二，中华书局，1959 年重印本。
② 《大金国志》卷三十六，《田猎》。

燕，盖京都之选首也，况今又有宫阙井邑之繁丽，仓府武库之充实，百官家属皆处其内，非同曩日之陪京也。居庸、古北、松亭、榆林等关，东西千里，山峻相连，近在都畿，易于据守，皇天本以限中外，开大金万世之基而设也。奈何无事之日，越居草莱，轻不赀之圣躬，爱沙碛之微凉，忽祖宗之大业，此臣所惜也。又行幸所过，山径阻修，林谷晻霭，上有悬崖，下有深壑，垂堂之戒，不可不思。……

议者又谓往年辽国之君，春水、秋山、冬夏捺钵，旧人犹喜谈之，以为真得快乐之趣，陛下效之耳。臣愚以谓，三代之政，今有不可行者，况辽之过举哉。且本朝与辽室异，辽之基业根本在山北之临潢，臣知其所游不过临潢之旁，亦无重山之隔，冬犹处于燕京。契丹之人以逐水草牧畜为业，穹庐为居，迁徙无常，又壤地褊小，仪物殊简，辎重不多，然隔三五岁，方能一行，非岁岁皆如此也。我本朝皇业根本在山南之燕，岂可捨燕而之山北乎。上京之人栋宇是居，不便迁徙。方今幅员万里，惟奉一君，承平日久，制度殊异，文物增广，辎重浩穰，随驾生聚，殆逾于百万。如何岁岁而行，以一身之乐，岁使百万之人困于役、伤于财、不得其所，陛下其忍之欤？[1]

梁襄对比了金莲川与燕京形势之异，金与辽立国根本之异，他认为，第一，金莲川气候寒冷，五谷不殖，粮食、衣物、马料等物资供应困难，不再适宜帝王率百官卫士前往驻跸；第二，燕京地理位置居天下之中，能控制南北，为京都之首选。梁襄提出了一些重要观点，"辽之基业根本在山北之临潢"、"我本朝皇业根本在山南之燕"和"得燕故能控制南北"等，是值得重视的。从"燕京乃天地之中"到"燕盖京都之选首"，说明自海陵王到金世宗，金人更准确而深刻地认识到燕京地位的重要。结果，世宗纳之，遂为罢行，仍谕辅臣曰："梁襄谏朕毋幸金莲川，朕以其言可取，故罢其行。"[2] 史臣赞曰："梁襄《谏北幸》一书，辞虽过繁而意亦切至，故备载

---

① 《金史》卷九十六，《梁襄传》。
② 《金史》卷九十六，《梁襄传》。

之，以见当时君明臣直，不以言为忌。金之致治于斯为盛，呜呼休哉"①。把大定之治与梁襄谏止金世宗北行金莲川联系在一起，说明人们对都燕重要性的认可。

从"洛邑乃天下之中"，到"燕京乃天地之中"，"燕盖京都之选首"，说明辽金时期，由于北方民族的发展和国家疆域的扩大，人们对于"天下之中"的认识也是逐渐发展的。这是客观历史的发展在人们思想意识中的反映。

第二节　元明时期人们的认识与实践（上）

一　元两都制、明两京制确立的认识基础

（一）和林—开平（上都）—大都

成吉思汗的大斡耳朵，设在怯绿连河上游的曲雕阿兰之地（今蒙古国肯特省温都尔汗西南）。1235 年，太宗窝阔台始于鄂尔浑河上游旁建哈喇和林城（后为岭北行省治所，今蒙古国哈尔和林）为国都，并建四季行宫于和林周围。元宪宗二年（1252），忽必烈受命统治漠南汉地，遂移驻金莲川（滦河上源，今河北沽源县至内蒙古正蓝旗一带）。宪宗五年（1255），忽必烈命刘秉忠在桓州以东、滦水（今闪电河）以北兴筑开平城，名为开平府，作为藩邸②。他在选择其藩邸地址时，考虑到"会朝展亲，奉贡述职，道里宜均"，因而把它确定在蒙古草原的南缘，地势冲要的开平，既便于与和林大汗相联系，又有利于对华北汉人地区就近控制③。中统元年（1260）春，忽必烈在开平即汗位，表明他把政治中心从和林南移至开平。

但是开平就是国都之首选吗？前述金人梁襄对金莲川与燕京的对比分析，就指出金莲川只适合于国家"基业根本在山北"的辽朝，不适合"皇

---

① 《金史》卷九十六，《梁襄传》。
② 白寿彝总主编、陈得芝主编的《中国通史》第八卷，《中古时期·元时期上》，上海人民出版社，1997，第 252～253 页。
③ 《中国大百科全书·元史卷·上都》，中国大百科全书出版社，1985。

业根本在山南"的金朝。当忽必烈在开平建藩邸时，汉地士人和蒙古族亲信部属，都向他提出燕京为京都之首选。约 1256 年，汉地士人郝经在开平向忽必烈提出几条"便宜新政"，其中之一是"定都邑以示形势"：

> 今日于此建都，固胜前日，犹不若都燕之愈也。燕都东控辽碣，西连三晋，背负关岭，瞰临河朔，南面以莅天下。和林置一司，分镇御根本，北京、丰靖各置一司，分以为二辅。京兆、南京各置一司，分以为藩屏。夫燕云，王者之都，一日缓急，便可得万众，虽有不虞，不敢越关岭逾诸司而出也。形势既定，本根既固，则太平可期也。①

郝经认为，上都（开平）比和林较为合适做蒙古国的首都，但燕才是最理想的国都。因为燕云处于漠北与汉地的交会处，如在和林、北京（指辽上京临潢府，今内蒙古宁城县西）、丰靖（丰州？）、京兆（西安）、南京（金南京，指宋汴京开封）设置诸司以防不虞，则燕云为王者之都。值得注意的是，郝经在考虑燕京为都城之首选时，重视自然条件但不局限于自然条件，而是同时考虑军事设施的重要，说明他对于自然条件的作用具有比较辩证的看法。

可以说，忽必烈接受了郝经等对燕京自然条件、军事设施以及建都原则的建议，燕京成为忽必烈心目中理想的驻跸之地。中统元年（1260）春，忽必烈即汗位于开平，当年就驻冬于燕京，并在燕京设行中书省，分遣宰执人员，行省事于燕京。后将设在开平的中书省移至燕京，与燕京行中书省合并。中统二年开始修复燕京旧城，同时营建宫室。于是形成南北两都的格局。中统四年，升开平府为上都；中统五年（1264，后改至元元年）八月改燕京为中都。建国都诏称：

> 中书省奏："开平府阙庭所在加号上都外，燕京修营宫室，分立省部，四方会同，乞亦正名事。"准奏，可称中都路，其府号大兴。②

---

① 郝经：《陵川集》卷三十，《便宜新政》，文渊阁四库全书电子版。
② 《元典章·诏令一·建国都诏》，海王村古籍丛刊，中国书店，1990 年影印本。

开平府称上都，燕京称中都，至元九年（1272），中都改称大都①。这样，上都（开平）、大都，就分别成为两个政治中心，上都（开平）可以联系并控制塞北草原上的政治力量，大都则"南控江淮北连朔漠"，元代两都制正式确立。

两都制中，开平称上都，燕京称中都，后改称大都，名义上两都并重，实际上大都是主要的政治中心。这有前述郝经等人对燕京自然条件、建都原则的认识基础，刘秉忠的建议起了很重要的作用。史载：中统五年，"刘秉忠请定都于燕，主从之。诏营城池及宫室，仍号为中都"②。世祖问刘秉忠曰："今之定都惟上都、大都耳，何处最佳？"秉忠曰："上都国祚短，民风淳，大都国祚长，民风淫。"遂定都燕之计③。其时，开平作为元上都不过几年的时间，虽然大都作为辽金以来的政治中心则有近百年的历史，但作为元（中都）大都更短，刘秉忠的话纯属预言，但重要的是元世祖不以民风之淳与淫，而是以国祚之长短，作为选择都城的第一要素，说明他认识到确立大都的都城地位更有利于国家兴盛。

（二）南京—中都—京师

明代实行两京制，以燕京为京师，又称北都；以应天府为南京，又称南都、留都。明朝两京制的形成确立，经历了六帝七十五年，其间情况颇为复杂。元至正十六年即丙申年（1356）朱元璋攻克元集庆路（路治在南京），改集庆路曰应天府。洪武元年（1368）建都，曰南京。十一年（1378）曰京师。成祖永乐元年（1403）仍曰南京。洪武二年置北平等处行中书省。永乐元年正月建北京于顺天府，称"行在"。永乐十九年（1421）正月改北京为京师④。虽然后来有所反复，但京师和南京的大格局不变，这样，明代两京并置，而京师为主要政治中心，南京则成为陪都。

---

① 《元史》卷五十八，《地理志一》。
② 《钦定日下旧闻考》卷四，《世纪》引《历代记事年表》，北京古籍出版社，1985年点校本。
③ 孙承泽：《天府广记》卷一，北京古籍出版社，1982。
④ 《明史》卷四，《地理志一》。

明太祖在选择都城问题上，在南京、大梁、中都（凤阳）之间有过选择，甚至有定都北京之意，最后定都南京，这有许多原因，如他认识的前后转变，以及群臣的不同认识，等等。洪武元年（1368）三月破汴梁，他采取两京制，以金陵为南京，汴梁为北京，建都诏书说："朕惟建邦基以成大业，兴王之根本为先；居中夏而治四方，立国之规模最重。朕观中原土壤，四方朝贡，道里适均，父老之言，乃合朕志。然立国之规模固重，而兴王之根本不轻。其以金陵为南京，大梁为北京"①。但是他在巡视后，深感大梁凋敝。他后来回忆说："洪武初平定中原，臣急至汴梁，意在建都以安天下，及其至，彼民生凋敝，水陆转运艰辛，恐劳民之至甚"②；"古人都中原会万国，尝云道里适均，以今观之非也。大概偏北而不居中，每劳民而不息"③。这说明，明太祖认识到帝王必居天下之中的建都原则，他最初认为大梁居中位置，后来才认为大梁位置偏北不居中，水陆转运艰难。

明初群臣对定都意见不一。洪武二年（1369）九月，"上诏问老臣以建都之地，或言关中险固，金陵天府之国；或言洛阳天下之中，四方朝贡道里适均，汴梁亦宋之旧京；或言北平元之宫室完备，就之可省民力。"④ 但明太祖"以平定之初，民未休息，供给力役，悉资江南。建业长江天堑，足以立国。临濠前江后淮，以险可恃，以水可漕，诏以为中都"⑤。这样，临濠（凤阳）成为中都。洪武八年（1375）四月"罢营中都"⑥。金陵"西南有疆七千余里，东北亦然，西北五千之上，东南亦如之，北际沙漠，与南相符"，是真正的"道里适均"⑦，于是洪武十一年（1378）下诏改南京为京师。但南京作为京师的地位并不稳固。明太祖时有迁都之心，洪武二十四年帝意欲都陕西，又欲定都洛阳，至年底仍表示，南京宫城，前昂后

---

① 《明太祖实录》卷三十四，洪武元年八月己巳朔。
② 《明太祖文集》卷十七，《中都告祭天地文》，文渊阁四库全书电子版。
③ 《明太祖文集》卷十四，《阅江楼记》，文渊阁四库全书电子版。
④ 黄光升：《昭代典制》卷六，万历刻本。
⑤ 谷应泰：《明史纪事本末》卷十四，《开国规模》，中华书局1977年点校本。
⑥ 《明史》卷二，《太祖纪二》。
⑦ 《明太祖文集》卷十四，《阅江楼记》，文渊阁四库全书电子版。

洼，形势不称。本欲迁都，今朕年老，精力已倦，又天下新定，不欲劳民①。

燕王朱棣发动政变后，改北平名北京，永乐四年（1406）始建北京宫殿城池，永乐六年关于次年巡行北京的诏书中说"肇启二都"②，意欲建立南北两京制。永乐十九年（1421）正式迁都北京。但北京作为京师的地位也不稳固。其后洪熙元年，仁宗"命诸司在北京者悉加行在二字……上时决意复都南京③"。一直到正统六年（1441），才去掉各衙门印上"行在"二字，于南京各衙门印增"南京"二字。④ 正统十四年（1449），英宗被俘，群臣聚哭，"有欲南迁者"⑤。景泰、嘉靖、崇祯年间，每当京城危急，就有人以此为由请迁都南京。崇祯己巳，廷臣有言南迁者⑥；崇祯十七年（甲申，1644），又有"三李（邦华、明睿、建泰）等议迁都南京⑦"，但终未成为事实。明朝都燕二百四十二年。

明以北平为京师，有统治者的认识基础。明太祖认为以北平为都，可以很有效地控制北方蒙古民族。元至正二十八年即明洪武元年（1368）八月克复大都，改元大都名北平，置北平府。明太祖一度考虑在北平建都："亲策问廷臣：'北平建都，可以控制胡虏，比南京何如？'"翰林院修撰鲍频回答："胡主起自沙漠，立国在燕，及是百年，地气已尽。南京兴王之地，不必改图。"朱元璋欲都燕之意，因鲍频力谏而止。⑧

明成祖以及他的武臣们认为，北京具有地势险要、交通便利的优势，居于北部边防前线，便于有效地组织力量防御蒙古族势力南下。明成祖永乐元年（1403）正月，礼部尚书李至刚"首发建都北平之议⑨"。其理由是北平为兴王之地，"宜遵太祖高皇帝中都之制，立为京都"，得到允准，"以

---

① 万明：《明代两京制度的形成及其确立》，《中国史研究》1993 年第 1 期。
② 《明太宗实录》卷八十二，永乐六年八月丙戌。
③ 《仁宗洪熙实录》卷八下，洪熙元年三月戊戌。
④ 《英宗正统实录》卷八十五，正统六年十一月甲午朔。
⑤ 《英宗正统实录》卷一八一，正统十四年八月癸亥。
⑥ 叶盛：《水东日记》卷七，中华书局，1980 年元明史料笔记丛刊。
⑦ 计六奇：《明季北略》卷二十，中华书局，1984 年点校本。
⑧ 蒋一葵：《长安客话》卷一。
⑨ 《明史》卷一五一，《李至刚传》。

北平为北京"①。

但都燕并不仅仅因为北京是兴王之地，更重要的是出于防范北部蒙古势力的政治考虑。永乐六年（1408）诏书："成周营洛，肇启二都；有虞勤民，尤重巡省。朕君临天下，祇率典彝。统御之初，已升陛北平为北京。今四海清宁，万民安业，国家无事，省方维时，将以明年二月巡幸北京。"②可以说，巡行北京就是巡边。永乐六年，明成祖开始为次年的出征鞑靼做准备，开启了明朝的天子巡边制度。永乐十四年（1416）十一月，诏群臣议营建北京，武臣们的奏疏说："北京河山巩固，水甘土厚，民俗淳朴，物产丰富，诚天府之国，帝王之都也。皇上营建北京，为子孙帝王万世之业。比年车驾巡狩，四海会同，人心协和，嘉瑞骈集，天运维新，实兆于此。矧河道疏通，漕运日广，商贾辐辏，财货充盈。"③ 永乐十八年（1420）九月，明成祖命行在礼部，"以明年正月初一始，正北京为京师，不称行在。各衙门印有'行在'字者悉送印绶监。令预遣人取南京衙门印给京师各衙门用。南京各衙门皆加'南京'二字别铸印，遣人赍给。"④ 永乐十八年十一月，明成祖发布建北诏："……眷兹北京，实为都会。地势雄伟，山川巩固，四方万国，道里适均。……立两京、置郊社、宗庙，创建宫室。上以绍皇考高皇帝之先志，下以贻子孙万代之弘规。"⑤ 以上奏疏诏书，可以看成明成祖君臣从地理条件方面论证建都北京合理性必要性的专文。

他们的主要论点是：北京地势险要，山川巩固，具有建都的地理条件；物产丰富，漕运建设完备，具有建都的物质基础及交通条件；距离北边较近，可以有效地快速地出击前线；为天下之中，便于与各方面的联系。这些观点，继承并丰富了辽金以来对燕京自然条件的认识。北京营建大体完成后，永乐十九年正月初一改北京为京师。其后，奉天殿因雷击起火，主事萧仪首言迁都北平非便，被处以极刑；"时科道亦多云朝廷不宜轻去金

---

① 《明太宗实录》卷十六，永乐元年正月辛卯。
② 《明太宗实录》卷五十八，永乐六年八月丙戌。
③ 《明太宗实录》卷一八二，永乐十四年十一月壬寅；《钦定日下旧闻考》卷四，《世纪》引。
④ 《明太宗实录》卷二二九，永乐十八年九月丁亥。
⑤ 《明太宗实录》卷二三一，永乐十八年十一月戊辰。

陵"①，群臣"皆云迁都不便"②，侍讲邹缉提出"当还都南京"③，明成祖并未接受还都南京的建议。明人有言："是则都燕之志，太祖实启之，太宗克成之。"④ 透露了明太祖、成祖对建都之地自然条件及其他社会条件的综合考虑的信息。

二　关于京师地理位置优势的共同认识

（一）蒙古贵族的燕京"南控江淮，北连朔漠"论

蒙古贵族霸突鲁"幽燕之地，南控江淮，北连朔漠"的说法，代表了元人对于燕京控制南方联系北边民族的地理位置优势的认识。史载：

> 世祖在潜邸，从容语霸突鲁曰："今天下稍定，我欲劝主上驻跸回鹘（指和林）以休兵息民，何如？"对曰："幽燕之地，龙蟠虎踞，形势雄伟，南控江淮，北连朔漠。且天子必居中以受四方朝觐。大王果欲经营天下，驻跸之所，非燕不可！"世祖抚然曰："非卿言，我几失之。⑤

这里，有许多史实需要辨析，但最重要的是，像霸突鲁这样的蒙古贵族武将，能认识到燕京地势雄伟和"南控江淮，北连朔漠"的中心位置，"天子必居中以受四方朝觐"的建都原则，这说明燕京适合作为由北方牧业区进入中原农业区建立的国家政权的首都，已成为人们的普遍认识。

（二）明代的京师"内跨中原，外控朔漠"论

永乐时大学士杨荣的"燕蓟内跨中原，外控朔漠"论，代表了汉族人士对燕京沟通南北两大区域的认识。永乐时迁都北京，臣子中有认为都燕

---

① 郑晓：《今言》卷二，中华书局，1984。
② 谈迁：《国榷》卷十七，古籍出版社，1958 年铅印本。
③ 《明经世文编》卷二十一，邹缉《奉天殿灾疏》，中华书局，1962 年影印精装本。以下凡引本书，不再另注版本。
④ 王琦：《新刻明政统宗》卷一，《建都》。
⑤ 《元史》卷一一九，《木华黎传附霸图鲁传》。

有利于控制北方蒙古民族势力的。永乐十四年，文臣在赞同营建北京的奏疏中说："伏惟北京，圣上龙兴之地，北枕居庸，西峙太行，东连山海，南俯中原，沃壤千里，山川形胜，诚帝王万世之都。"① 永乐初政，文臣们认为燕京具有"南俯中原"的地理位置优势，有利于统治华北平原及以南地区。

永乐时，文渊阁大学士杨荣说：

> 予尝考天下山川形胜，雄伟壮丽，可为京都者，莫逾于金陵。至若地势宽厚，关塞险固，总握中原之夷旷者，又莫过于燕蓟。虽云长安有崤函之固，洛邑为天下之中，要之帝王之都会，为亿万年太平悠久之基者，莫金陵、燕蓟若也。昔太祖皇帝……以金陵龙蟠虎踞，长江天堑，遂定都焉。迨我皇上继承大统，又以燕蓟左环沧海，右拥太行，内跨中原，外控朔漠，宜为天下都会，乃诏建北京焉……
>
> 今得以循历两京，又得屡承上命，奉使西北，由江淮，道大梁、洛邑，逾关中，以至玉门关之外。及侍皇上两率师出塞，肃清胡虏，北至极漠，西抵和林。观两京之地，王气所锺，实为天下形胜之最，东南西北，道里适均，真足以控制万方，而为圣子神孙万世磐石之基也……②

杨荣有附会明两京制的心理，但他指出：第一，南京和北京，都具有处于南北两大区域的中心位置，这显然不是从地理形势上说的，而是从交通便利特别是南北两京具有良好的水陆交通条件上说的；第二，由于杨荣多次随明成祖北征蒙古余部，他除了指出燕京的地理险要外，还指出燕京"内跨中原，外控朔漠"的特点，即都燕更有利于控制北方民族。这也代表了明人的认识。宣德八年，宣宗在《广寒殿记》中说，"北京……北枕居庸，东抱沧海，西挟太行，嵩岱并立于前，大河横带于中。俯视江淮，一目无际，宇中之胜乐，天下之伟观，莫加于此矣。"③ 这也说明了宣宗对北京"俯视江淮"位置的认识。

自辽金以来，燕京处于中原皇朝和北方民族交流的最前沿，人们已经认识

---

① 《钦定日下旧闻考》卷四，《世纪》引《明史·成祖本纪》。
② 杨荣：《题北京八景卷后》，《明经世文编》卷十七，《杨文敏公文集》卷一。
③ 《宣宗宣德实录》卷一〇一，宣德八年四月丁亥。

到了燕京的这种优越地位。但由于各自的民族出身不同，因而有不同的表达方式。以上两种说法，虽然表达方式不同，但都认识到燕京的地理位置有利于加强与北方民族、南方经济区的联系，体现了重视建都的自然条件的意识。

三　关于"北乃天下之中""燕乃地之胜"的观念

（一）元代的"北乃天下之中""燕乃地之胜"论

元人李洧孙《大都赋》歌颂元之统一全国："干纪以来，是不一姓，惟今皇元为最盛，四极之内，是不一都，惟今大都为独隆。……逮乎中统，丕受新命。……语其疆场之广，则商周所未睹，汉唐所未闻。称其都邑之壮，则崤函不为雄，京洛不为尊也"，有傲视商周汉唐崤函京洛之气概。接着又分析元大都的天文、地理、环境资源物产优势。从中国古代天文学的角度看，他认为"北乃天下之中"："昔《周髀》之言，天如盖倚而笠欹，帝车运乎中央。北辰居而不移，临制四方。下直幽都，仰观天文，则北乃天下之中也"。从燕京所处的地理形势看，他认为"燕乃地之胜"："维昆仑之结根，并河流而动驰。历上谷而龙蟠，向离明而正基。厥土既重，厥水惟甘。俯察地理，则燕乃地之胜也。顾瞻乾维，则崇冈飞舞，岔岑荫郁。近猗军都，远摽恒岳。表以仰峰莲顶之奇，摧以玉泉三洞之秀。周视巽隅，则川隰洞洑，案衍澶漫。带绕潞沽，股浸渤海"；从环境资源物产角度看，燕京东南的广大平原适宜农业："抱以涞、涿、滹沱之流，潴以雍奴、潞阴之浸。浮游近郊，则肮原爽垲，垌野敞博。绳直准平，宜植宜牧。……辨方物则宝坻波素、宛平洞煤。银铁磁硝琉璃之珍，鹑鹜枣栗瓜芡之美。梨夸香水，檀擅冈子，皆川陆之嘉产焉。"这样的优越条件，必须由疆域广大的元朝居之才最为合适，"闰位紫色，靡称兹土。彼召祀绵于九百，亦祗号于侯国。维金都称于长乐，又未一于区宇。盖天运之熙明有时，而地宝之呈露有待。是以皇元之宅是都也，睿哲元览，讦谟辰告"。抛开其中唯元独尊的思想，李洧孙的上述言论，是对霸突鲁的幽燕之地"南控江淮，北连朔漠"的最好解释。

李洧孙又指出"大都之所以为大也"，不是因为地理形势之大，如"易涿长波之溷漾其前，居庸叠翠之嵯峨其后，界河潮汐之喷薄其左，西山晴雪之映带其右"，而是"圣人以中国为一人，则由亲及疏，犹腹心之于手足。以天下为一家，则自迩至远，犹堂室之于蕃垣。岂千里之畿，数仞之城，曾是以为大乎？予今观国光，睹时制，其城郭不为践华、统万之险，而众心成城，形势坚于金石。其宫室不为建章、昭阳之侈，而四门明达，我闼广于八荒。遐陬僻壤，人熙春台，与都城之士女同一娱乐。农桑万里，犬不夜吠，与京畿之风俗同一清肃。……朱垠乌浒，孰非丽正之所包罗？阳谷东鳀，是孰非崇仁之所联络？月窟雪山，孰非和义之所纲维？烛龙冰天，孰非安贞、健德之所囊括也？"① 他的意思是，大都城的建设，都城选址没有险阻，宫室制度不奢侈。但是远方人民与都城士女同乐，万里乡村与京师风俗一致。丽正、崇仁、和义、安贞、健德，分别是大都城的南、东、西、北五个城门。五大城门联结了大都城和全国广大的地区。李洧孙颂扬大都之大，实际是发挥了《易经》"在德不在险"的思想。

欧阳玄认为："自古帝王之建都也，未有不因山河之美以为固者也。然有形之险，在乎地势。无形而固者，在乎人心。我元之取金也，既入居雍，寻振旅而出，盖知金季之政，不足以固人心也，又奚必据险以扼人哉！世皇至元之世，南北初一，天下之货，聚于两都，而商贸初至关者，识而不征，此王政也。"② 李洧孙、欧阳玄都认为元以大都为都，不仅是因其地理形势险要和建筑宏伟，而是在于元朝能够维护天下人心风俗。这表明元代官员学者一方面重视燕京的自然条件，另一方面认为自然条件的作用不是孤立的、绝对的，自然条件要发挥作用，还要借助于一定的政治、经济和社会条件。

（二）明代关于都燕得天时、地势、人和论

明中期以后国势渐弱，潜意识上更需要加强唯燕为独尊的心理意识，从各方面论证北京优越的地理位置。丘濬就是这样的官员学者，他继承了朱熹"古今建都之地皆莫有过于冀州"的提法并加以淋漓尽致的发挥：

① 《钦定日下旧闻考》卷六，《形胜》引李洧孙《大都赋》。
② 欧阳玄：《过街塔铭》，见熊梦祥著，北京图书馆善本组辑《析津志辑佚》，北京古籍出版社，1983。

太行自西来，演迤而北，绵亘魏晋燕赵之境。东而极于医无闾，重冈叠阜，鸾凤峙而蛟龙走。所以拥护而围绕之者，不知其几千万里也。……其东一带则汪洋大海，稍北乃古碣石，沦入海处，稍南则九河既道，所归宿之地，浴日月而浸乾坤，所以界之者，又如此直截而厂大也。况居直北之地，上应天垣之紫微，其对面之窦，以地势度之，则泰岱万山之宗，正当其前也。夫天之象以北为极，地之势亦当以北为极。《易》曰："艮者，东北之卦也。"万物之所以成终而成始也。艮为山，水为地之津液，而委于海。天下万山皆成于北，天下万水皆宗于东，于此乎建都，是为万物所以成终成始之地，自古所未有也。

……盖天下王气所在也，前乎元而为宋，宋都于汴，前乎宋而为唐，唐都于秦。在唐之前则两汉也，前都秦而后洛，然皆非冀州境也。虽曰宅中图治，道里适均，而天下郡国乃皆背之而不面焉者。元人虽都于此，然夷狄杂气，不足以当中国帝王之统。惟我朝得国之正，同乎尧舜。拓地之广，过于汉唐。……孔子曰："为政以德，譬如北辰，居其所而众星共之。"《易》曰："离，万物皆相见，南方之卦也。"圣人南面而听天下，向明而治。夫以北辰为天之极，居微垣之中，而受众星之环拱，天之道固在北也。天之道在北，而面之所向，则在乎南焉。今日京师居乎艮位，成始成终之地，介乎震坎之间，出乎震而劳乎坎，以受万物之所归，体乎北极之尊，向乎离明之光，使夫万方之广，亿兆之多，莫不面焉以相见，则凡舟车所至，人力所通者，无不在于照临之中。自古建都之地，上得天时，下得地势，中得人心，未有如今日者也。

……胡元盛时，漕东南粟至燕，岁几至四百万石，而南方之货亦随以至。是盖天生巨海，以为国家饷道，不假通渠转漕，自然而成者也。则其食货之丰，有非他方可及可知已。噫，兵食俱足，文武并用，向明以用文，而临乎华夏，则有以成文明之化，偕幽以建武，而御乎戎夷，则有以张震叠之威。①

---

① 《明经世文编》卷七，《丘文庄公集》卷之一《建都议》。

丘濬认为北京天象地势都居北极，又符合众星拱北辰、南面而治的古训，能建立皇朝声威。这种说法虽不符合科学道理，但却符合明朝统治者唯我独尊的心理。所以，丘濬的认识容易被普遍接受，因而有影响，明末陈子龙等人就说："观乎此议，则知徐武功南迁之说为非，而于忠肃有社稷之功，至今为烈也。"① 徐武功指徐有贞，于忠肃指于谦。

元明两代，关于燕京居天下之中并处于万国朝宗地位的认识，成为人们比较认同的一种观念。

第三节　元明时期人们的认识与实践（下）

一　对京师战略位置与统治安全的忧虑

（一）"肩背之忧"论

明洪武时，防守重点是北边。明太祖着力经营北方，派重臣镇守，他说："今重兵之镇，惟在北边"②。又"酌周汉之制，启诸王之封"③，长城内外，择其险要地区分封了九王——燕王、宁王、辽王、谷王、代王、晋王、庆王、秦王、肃王。"此九王者，皆塞王也，莫不傅险厄，控要害，佐以元侯宿将，权崇制命，势匹抚军。肃清沙漠，垒帐相望"④，形成诸王守边制度。

永乐迁都北京后，防守重点在京师及北边，明成祖削藩打破了诸王守边的局面，形成"天子自为藩篱"⑤"天子守边"的局面⑥。"永乐迁都北平，三面近塞。正统以后，敌患日多。故终明之世，边防甚重。东起鸭绿，西抵嘉峪，绵亘万里，分地守御。初设辽东、宣府、大同、延绥四镇，继设宁夏、甘肃、

---

① 《明经世文编》卷七，《丘文庄公集》卷之一《建都议》。
② 《明太祖实录》卷八十七，洪武七年正月甲戌。
③ 李日华：《管制备考·分封》。
④ 何乔远：《名山藏》卷三十六，《分藩记》。
⑤ 周弘祖：《蓟州论》，见《天下郡国利病书》原书第四一册《九边四夷》，商务印书馆影印四部从刊三编本。
⑥ 《黄书·后序》，《王船山全书》第十二册，岳麓书社，1992。

蓟州三镇，而太原总兵治偏头，三边制府驻固原，亦称二镇，是为九边"①。

肩背之忧，也叫脑后（京后）之防甚疏，即人们认为京师北边防守困难，而实际措施又失当。隆庆初，御史周弘祖形象地比喻京师附近的军事重镇："神京以辽东为左臂，宣大为右臂，古北口、（永）[大]宁、居庸为脑后"②。顾祖禹提出明代有"肩背之忧"，以肩背比喻居庸关等北边重镇③。人们认为明代最主要的失误是把朵颜三卫南徙，大宁都司徙于保定，营州卫所散置于顺天境内，失京师左臂，更使古北口、居庸关、大宁与蒙古部落比邻而居，京师直接暴露于北边侵扰者面前。

当时官员学者都有议论。许伦说："蓟，京师左辅也。我太祖既逐元君，乃即古会州之地，设大宁都司、营州等卫，而封宁王，与辽东、宣府东西并建，以为外边。又命魏国公徐达起于古北口，至山海关，增修关隘，以为内边。太宗文皇帝靖难后，兀良哈部落内附，乃改封宁王于江西，徙大宁都司于保定，散置营州等卫于顺天之境，而以大宁全地与之，授官置卫，令其每年朝贡二次，卫各百人，往来互市，永为藩篱，即朵颜、大宁、福余三卫也。辽东、宣府自此隔涉，声援绝矣。正统以前，夷心畏服，地方宁谧。……土木之变，颇闻三卫为也先向导。……正德以来，部落既蕃，朵颜独盛，阳顺阴逆，累肆侵噬。……三卫夷情，难与往日例论。祸机所伏，不待知者而知。"④ 明初，建设内边、外边。永乐以后，朵颜三卫内徙，使辽东和宣府隔绝，不能互相声援，这是国防建设的失误。

其后，魏焕奉诏作《九边议》，其《蓟州镇》关于三卫建置内徙、外边、内边的历史，与许伦的叙述相同，又说："今止守内边。边人谓外边山势连亘千里，山外撒江环绕，诚自然之险也。北虏不敢内侵三卫者以此。今弃此而守内边，失地险。"⑤ 许伦、魏焕都提到外边、内边、三卫等。宣府、大同及开平的长城，因靠近鞑靼瓦剌的游牧地，称为外边；京师西侧

---

① 《明史》卷九十一，《兵志三·边防》。
② 《天下郡国利病书》原书第一册，《北直上》商务印书馆影印四部丛刊三编本。
③ 《读史方舆纪要》卷一，《京师第一》，中华书局，1955年影印本。
④ 《明经世文编》卷二三二，许伦《蓟州镇》。
⑤ 《明经世文编》卷二四八，魏焕《蓟州镇》。

及代县、宁武诸地的长城，在外边之内，又称内边、次边。三卫，又称兀良哈三卫，或朵颜三卫，洪武二十二年（1389）设朵颜、大宁、福余三卫于兀良哈部落。其地在今西拉木伦河北岸、洮儿河流域及嫩江下游一带。永乐以后，将三卫南徙至今河北省东北部长城线外及辽宁省西部一带。许伦指出自永乐内徙朵颜三卫后，辽东和宣府之间声援断绝，不利于巩固国防。魏焕指出明自永乐后放弃外边、只守内边，是失地险，使京城面临更多的危险。

周弘祖《蓟州论》说："开平陷入虏庭，大宁徙之三卫，天子自为藩篱矣。"① 天子自为藩篱，当然更危险。

周弘祖《燕京论》云：

> 燕京衣山带海，有金汤之固，真定以北至于永平，关口不下百十，而居庸、紫荆、山海、喜峰、古北、黄花，险厄尤著，故蓟州、保定重兵屯焉。自山后诸州弃以与虏，则居庸之外，即宣府为藩镇。广平以南，水陆毕会于临清，而天津又海运通衢也。其防御之势，山西行都司当其冲，万全都司护其背，大宁都司藏其备，蓟州守备断其径。万全都司一卫一所嵌山西行都之境，以为辽远之兵；大宁都司五卫一所嵌蓟州守备之境，以为夹持之法。秦汉备边所急在西北，上谷北平为缓；我朝所急在东北，甘肃宁夏为缓。秦汉急西北，故秦塞起临洮，汉武置朔方，缓东北也。神京以辽东为左臂，宣、大为右臂，古北口、（永）[大] 宁、居庸为脑后，辽东限以山海，宣、大隔之居庸。惟大宁沦失，天寿与异域为邻，宣府与辽东隔绝，脑后之防盖甚束矣。②

山后指今山西、河北两省内外长城之间地区，因五代刘仁恭置山后八军于今河北省太行山北端、军都山以北地区，北宋末年预置云中府路于山后一府（云中）八州（武、应、朔、蔚、奉圣、归化、儒、妫）之地，故名。周弘祖认为，秦汉与明建都不同，故备边重点不同，秦汉所急在西北，明

---

① 《天下郡国利病书》原书第四一册，《九边四夷》，中华书局，1955 年影印本。
② 《天下郡国利病书》原书第一册，《北直上》，中华书局，1955 年影印本。

朝所急在东北；自大宁等卫所内撤后，居庸关等关口与蒙古部落比邻而居，京师北边防守疏略，直接暴露于北方侵扰者面前。清人对此也看得很清楚，于敏中说："当时既弃朵颜三卫，塞垣以外皆为瓯脱，于控驭之模未免于陋隘也。"①

（二）"以都城为捍蔽"论

明代人们对京师安全的担忧之一是京师战略位置不当，防守困难，回旋余地狭小，影响到统治安全。人们提出明代京师"切临边关"、"切临边境"和"以都城为捍蔽"的特点，认为都城切临边关，防守困难。叶盛说："今之极边地方，其险要所在，莫若宣、大；其切近边关，莫要于居庸，其次紫荆，又其次倒马，又其次白羊。宣、大不备，则虏贼经行，略无疑碍，而直抵边关矣。边关失严，则长驱直捣，有不忍言者矣。姑以往事明之：独石、马营不弃，则上皇何以陷土木？紫荆、白羊不破，则虏骑何以薄都城？居庸不守，则逆贼何以遽奔遁？即此而观，边关不固，则京师虽固，不过仅保九门无事而已。"② 叶盛指出了正统时由于京师切临北边而面临的几次危险，并预言了边关失于防守的后果。

丘濬说："汉、唐都长安，宋都汴梁，皆去边地辽远，非若我朝都燕，则自以都城为北边捍蔽，是而北最近，东次之，西又次之，而南为最远矣"③。又说："我朝建都于燕，切临边境，所以设险以捍蔽其国都者，尤宜慎固。太行西来，逶迤而北，历居庸而东，极于医无闾，是谓第一层之内藩篱也。又东起旧大宁界，越宣府、大同、代州之境，而西至于保定、德州之黄河，又为第二层之外藩篱。天造地设，重岗叠嶂，以为国家北门之屏障。《易》所谓地险者也。若夫外之藩篱，固有天然之地险。"④ 丘濬比较了汉、唐、宋、明都城与北边的距离，认为明朝都城，距离北边最近，设险防守很重要。

---

① 《钦定日下旧闻考》卷四，《世纪·案语》。
② 《明经世文编》卷五十九，叶盛《边关紧要疏》。
③ 《明经世文编》卷二，《丘文庄公集》卷之二《京辅之屯》。
④ 《明经世文编》卷七，《丘文庄公集》卷之一《北都形胜》。

王琼云："《宋史》云：'燕山之地，易州西北乃金坡关，昌平之西乃居庸关，顺州之北乃古北关，景州之北乃松亭关，平州之东乃榆关，榆关之东乃金人来路。凡此数关，天限番汉，得之则燕境可保。然关内之地，平滦、营二州，自后唐为契丹阿保机所陷，以营、滦隶平为平州路。得燕而不得平州，关内之地番汉杂处，而燕为难保矣。今紫荆关即宋金坡关，山海关即宋榆关，古北、居庸俱仍旧，而松亭关未考，自永乐初迁都于燕，是为北京，不惟全有关内之地，而东尽医无闾之境，北出上谷，西北至云中，皆为中国巨镇，聚兵戍守，又岁漕东南粟数百万石于京师，食足兵强，自昔以来，未有盛于今日者也。然正统己巳（正统十四年，1449）胡骑忽薄都城，正德辛未（正德六年，1511）群盗纵横近郊，自后车驾巡幸南北，兵革繁兴，供输劳费，人情汹汹不安。其为京畿防边御盗之术，岂不尤难矣乎！"[①] 明代都燕，虽尽有关内之地，但正统以来北边侵扰者直逼京城，农民起义纵横近郊，京师北边边关防守困难。

劳堪又分析明朝建都与周汉宋之同异难易："本朝之都燕也，盖与古不同，稍难于周汉，而大胜于东汉、赵宋矣。夫周汉建都西北，地资建瓴之险，人藉风气之劲，天下莫之竞焉。东汉宅洛，已失全势。宋人捐燕、云，则又无限胡之防，故卒不能为守。我朝都燕，虽风气之禀，士马之强，不及周汉，然据险防胡，居外驭内，其视周汉一也。"[②] 劳堪认为，燕地风气柔弱、兵士与战马不强，但优势则是"据险防胡居外驭内"，是认识到了燕地位置优势和社会条件劣势。以上论述表明，当时人们普遍认为京师建都位置不当而影响到统治安全，事实也正是如此。

二 对京、边粮食供应与京师粮食安全的议论

（一）两京兼得东南之财赋和会西北之戎马论

明代人们对京师安全的担忧之二，是认为京师及卫所，使天下财赋浪费巨大，不能保证京、边的粮食安全，从而也就不能保证统治的安全。粮

---

① 《明经世文编》卷一九〇，《王晋溪本兵敷奏·京畿类序》。
② 《天下郡国利病书》原书第一册，《京都形势说》，中华书局，1955 年影印本。

食是战略物资，关系国计和民生。元明都燕，利用海运和漕运调运江南粮食，供应京师及北边。元明人们对此有截然相反的看法，一种是赞同，一种是批评。赞同者认为明代两京制兼得东南财赋和西北戎马优势。批评者认为两京并建，以北京为京师，京、边钱粮等物资供应紧张，使东南民力衰竭。

郭佑提出"西北乃出兵之所，而东南实产财之方"的观点。成化八年（1472）广东盐课提举郭佑奏：

> 臣闻天下之大势，在兵与财。兵财合则大势张，兵财分则大势促。自古能擅天下之大势，以成一统之大业者，汉唐是已。且西北乃出兵之所，而东南实产财之方，五季不得江南，故财不足而国速亡。赵宋不得河北，故兵不振，而国日削。元人斡旋东南之财以裕其国，张士诚搅扰淮安、扬州，而天下之大势顷而隔绝，兵与财既分，其国遂不支。我太宗文皇帝重整乾坤，欲擅天下之大势于万世，知兵出于西北，建北京以据之。知财产于东南，开里河以通之。一生忧勤，在此二事。观其措置山后，以固兵本；经理里河，以活财源，一统规模，大非前代之比。[①]

郭佑"天下之大势"是指兵与财两种物质，他比较了汉、唐、五代、宋、元、明各代之兴亡盛衰与兵财的关系，认为明成祖认识了西北与东南的自然条件优势，并采取相应的政治措施，即"知兵出于西北，建北京以据之。知财产于东南，开里河以通之"，明代修运河是沟通京师与东南财赋区的重要举措。郭佑居官不大，但他指出了京师与东南财赋区的关系，以及统治者对自然条件优势之认识和政治举措的关系，是难得之见。嘉靖时，章潢说："盖天下财赋出于东南，而金陵为其会；戎马盛于西北，而金台为其枢。并建两京，用东南之财赋，会西北之戎马，无敌于天下矣"[②]，肯定了都燕兼得西北地理兵马和东南财赋两种优势。

---

① 王琼：《漕河图志》卷之四《奏议议兵财大势所重》，台湾学生书局影印明刊本。
② 《钦定日下旧闻考》卷五，《形胜》引章潢《图书编》。

从东南运输财赋到北京，距离遥远，费用巨大；西北兵马并没有在守卫京、边中发挥好的作用。从永乐迁都北京，每年南粮（含山东、河南）四百万石入京，正粮和费用合计达一千二百万石至一千四五百万石，都由粮户自己负担。郭佑、章潢身处当世，无视南粮北运的困难和不经济，也无视京边军队的低效，而一味颂扬都燕兼得西北地理兵马和东南财赋两种优势，不免有滥誉之嫌。

（二）京、边钱粮物资供应紧张的忧虑

明朝南粮北运至京师，主要供应军队。嘉靖后期，梁材在一份奏章中指出："南北诸省起运之数，至京通二仓者，大约每年不过四百万石，内该正兑米三百三十万石，京仓七分，通仓三分；改兑米七十万石，京仓四分，通仓六分。二项总计，每年京仓二百五十九万石，通仓一百四十一万石。其各卫所官军人等，每月该实支米该二十三万石，除两个月折色外，京通二仓各支实米四个月，粟米一个月。此则每岁出入之数矣。"① 这客观地叙述了四百万石漕粮的供军用途。《明史》云："凡各镇兵饷，有屯粮，有民运，有盐引，有京运，有主兵年例，有客兵年例"。屯粮，即屯田籽粒；屯粮不足，民运麦、米、豆、草、布、钞、花绒给戍卒。京运始自正统中。后屯粮、盐粮多废，而京运日益②。史书又备载"诸边及近京镇兵饷"，即宣府、大同、山西、延绥、甘肃、固原、辽东、蓟州、永平、密云、昌平、易州、井陉的各项兵饷数量。

人们认为，都燕弊端之一，是使江南钱粮，既供南京，又供京师；北方五省钱粮，既供京师，又供北边，增加了纳粮户的负担。成化十二年（1476）定西侯蒋琬说："今竭东南民力，漕运以实京庾；又劳八府民力飞挽以供边饷，兵民俱弊，费出无经。"③ 京、边供应俱赖民力，蒋琬的说法比较有概括性。

户部主管钱粮。户部对京边钱粮供应状况的意见，反映实际情况，很

---

① 《明经世文编》卷一〇六，《梁端肃公奏议·议处通惠河仓疏》。
② 《明史》卷八十二，《食货志六·俸饷》。
③ 《明宪宗实录》卷一五六，成化十二年八月庚辰。

有权威性。弘治十五年（1501）户部官员在条奏天下各项收入支出账目后，说："我朝洪武间，建都金陵，当时供给，南京为重，各边次之。自永乐中定跸燕都，其后供给京师为重，南京次之，各边又次之。然洪武时，供给南京，止于湖广、江西、浙江应天、宁国、太平及苏、松、常等处；供给各边，止于山西、陕西及河南、山东、北直隶等处。今天下惟于陕西、山西、云南、贵州、广东、广西、四川、福建及隆庆、保安二州钱粮，俱在本处存留，起运边方。内福建、广东止有起运京库折粮银。其湖广、江西、浙江、及苏、松、常、镇、庐、凤、淮扬，既供南京，又供京师。北直隶、河南、山东，既供京师，又供各边。"① 户部认为，都金陵与都燕，天下钱粮供应京师及周边，大不相同。都金陵，南方各地只供给南京，且路途较近。都燕，南方各地既要供给南京，还要远距离供给京师，且北方三省，既供京师，又供北边。总之，户部认为京师、北边，增加了钱粮起运的数量和劳役。隆庆时，户部尚书马森说："今则一人耕之，不止于百人聚而食之矣。九边之兵马，比祖宗之旧增添数多，而又加以征调客兵之费，日亦不给。"② 祖宗旧制："河淮以南，以四百万石供京师；河淮以北，以八百万石供边境。一岁之入足以供一岁之用，边境固未尝求助于京师，京师亦不烦扰括于天下。后因边庭多事，支费渐繁，一变而有客兵之年例，再变而有主兵之年例。然其初止三五十万耳，迩来渐增至二百三十余万。屯田十亏其七八，盐法十折其四五，民运十逋其二三，悉以年例补之。在各边则士马不加于昔，而所费几倍于先；在太仓则输纳不益于前，而所出几倍于旧。如是则边境安得不告急，而京师安得不告匮！加以改元诏蠲其半，故今日缺乏，视昔岁尤甚焉。"③ 马森认为，支出增加是因为京师及北边兵制变化，屯田亏损，客兵、主兵俱有年例。京、边粮食时时告急，则无粮食安全可言。马森是隆庆时的户部尚书，所论当非空言。

以上户部官员的意见，不仅反映了京边钱粮供应紧张的状况，而且指出其原因之一就是明代两京制度，特别是建都于燕京。前述王琼的奏疏说，

---

① 《明孝宗实录》卷一九二，弘治十五年十月。
② 《明经世文编》卷二九八，《马恭敏公奏疏·明会计以预远图疏》。
③ 《明经世文编》卷二九八，《马恭敏公奏疏·国用不足乞集众会议疏》。

自永乐初迁都于燕，供输劳费①，京边钱粮供应紧张，实源于都燕，这是明代许多人的看法。以上所引，不过是举例而已。

（三）"卫所之弊"与"都燕之弊"论

前述明朝北边防守军镇九镇，亦称九边。各镇卫所不等。洪武二十六年定制，天下卫所三百二十九，永乐时增京卫七十二②。卫所军士兼屯田。明太祖说："今重兵之镇，惟在北边"，又说："以兵屯田者，无事则耕，有事则战，兵得所养而民力不劳。"③ 屯田与卫所互为表里。人们认为卫所之弊始于屯田之破坏，"卫所之制，破坏于输挽者也"，北边卫所之弊与都燕有直接关系。

关于屯田破坏，一般认为有两种原因，一是屯田被豪强侵占或买卖，二是北边卫所屯田受蒙古骑兵侵扰致使军士不敢耕种，屯田被抛荒。明代许多人有论述，这里择要而述之。万历十八年（1590），户部说："各边屯政之弊非一，或将官假养廉而侵其膏腴之地，或卫官挟本官而占种其逃亡之田。甚至豪右影射，种无粮之屯地，旗甲包纳赔无地之屯种。"④ 户部官员总结了屯田被侵占的几种内在原因。冯璋说："屯田之废久矣，而边屯旷废尤为极甚。自北虏猖獗，住牧近边。屯军与虏，止隔一墙，则畏怯而不敢于耕。防守之处，日接烽火，加以疲边之役，昼夜无休，则警急而不暇于耕。田久荒芜，牛具犁种，尽无从出，则馨竭而不能于耕。他如腹里官屯，多被豪强侵据，册籍无稽，疆界迷失。今虽报有籽粒在仓，尚多有名无实。"⑤ 巡抚辽东都御史张鼐说："辽东屯地俱在北边，近年边墙外尽贼巢，屯军不敢屯种，粮草每岁包赔……屯军迫于赔粮，往往逃窜。"⑥ 冯璋、张鼐不仅陈述了北边屯田破坏的外在原因，而且指出了屯田破坏的两大后果——屯军逃亡、屯粮不足。

---

① 《王晋溪本兵敷奏·京畿类序》，见《明经世文编》卷一九〇。
② 《明史》卷八十九，《兵志一序》。
③ 《明太祖实录》卷八十七，洪武七年正月甲戌。
④ 《明神宗实录》卷二二〇，万历十八年二月乙亥。
⑤ 《明经世文编》卷二八〇，《冯养虚集卷之一·实边储疏》。
⑥ 《明孝宗实录》卷一九六，弘治十六年二月庚戌。

屯军逃亡，屯粮不足，九边先增募兵，后增客兵，军饷大半靠年例，由太仓拨银济边购买。① "各镇主兵足守其地，后渐不足，增以募兵，募兵不足，增以客兵。兵愈多，坐食愈众，而年例亦日增云。"前述隆庆时户部尚书马森的奏疏说："后因边庭多事，支费渐繁，一变而有客兵之年例，再变而有主兵之年例。然其初止三五十万耳，迩来渐增至二百二十余万。屯田十亏其七八，盐法十折其四五，民运十逋其二三，悉以年例补之。在各边则士马不加于昔，而所费几倍于先；在太仓则输纳不益于前，而所出几倍于旧。如是则边境安得不告急，而京师安得不告匮？"② 万历十五年（1587）五月癸卯，户部题："臣惟国家大计在边储，而屯田、盐法皆边储之最要者。近日各边年例增至三百一十五万九千四百余两，视弘治初且八倍。"③ 马森奏疏，户部题本，既反映从弘治年间到万历十五年京师及各边年例增加八倍的客观实际，也反映出户部官员对隆庆万历时京师及各边主兵、客兵年例增加的数量及其与屯田废弛关系的认识，体现了对明初利用自然条件与发展屯田粮食生产之效果的反省意识。马森所说："在各边则士马不加于昔，而所费几倍于先；在太仓则输纳不益于前，而所出几倍于旧"，是对前述郭佑、章潢歌颂都燕兼得西北地理兵马和东南财赋优势的一种有力反驳。

屯田之弊及其后果，只是卫所之弊端的一种。明代人们对卫所之弊端还有许多看法，如"边军占役之弊"、"京军工役之苦"和"卫所之兵疲于番上"的说法，都是比较典型的看法。弘治三年（1490）十二月辛酉，监察御史涂升说："边方之军，役占苦于权贵，粮赏侵于贪墨，身且难安，何以养其锐气？在京营者，工役频繁，劳费重大，生且无聊，何以兴其义气？伏愿轻徭薄赋，清边军占役之弊，悯京军工役之苦。"④ "边军占役之弊"和"京军工役之苦"是指朝廷用边军或京军修浚运河、黄河以及京师大小土木工程等；"边军占役之弊"中，还有各级军官的役使等。

---

① 《明史》卷八十二，《俸饷》。
② 《明经世文编》卷二九八，《马恭敏公奏疏·国用不足乞集众会议疏》。
③ 《神宗实录》卷一八六。
④ 《明孝宗实录》卷四十六，弘治三年十二月辛酉。

如"卫所之兵疲于番上"①。番上，指外地卫所军士番上京师，称为班军，始于永乐十三年（1415）。成祖令边将及河南、山东、山西、陕西各都司，中都留守司，江南、北诸卫官，简所部卒赴北京，以俟临阅。京操自此始。班军农务毕而来，农务始而遣归。洪熙初（1425），调直隶及近京卫所军番上操备，后又以京军少，边军放还，调山东、河南、中都、淮、扬诸卫诣京师校阅。"每年春秋番上，共十六万人"②。班军本处有大粮（月粮），到京有行粮。值得注意的是，"边军占役之弊""京军工役之苦""卫所之兵疲于番上"等问题，不是边军、京军自身的问题。

明末清初，黄宗羲极论"卫所之弊"：

> 原夫卫所，其制非不善也。一镇之兵，足守一镇之地；一军之田，足赡一军之用。卫所、屯田，盖相表里者也。其后军伍销耗，耕者无人，则屯粮不足，增以客兵，坐食者众，则屯粮不足，于是益之以民粮，又益之以盐粮，又益之以京运，而卫所之制始破坏矣。

> 都燕而后，岁漕四百万石。十有二总，领卫一百四十旗，军士十二万六千八百人。轮年值运，有月粮，有行粮，一人兼二人之食，是岁有二十五万三千六百不耕而食之军矣。此又卫所之制，破坏于输挽者也。

> 中都、大宁、山东、河南附近卫所，轮班上操。春班以三月至，八月还。秋班以九月至，二月还。有月粮，有行粮。一人兼二人之食，又岁有二十余万不耕而食之军矣。此又卫所之制，破坏于班操者也。

> 一边有事，则调各边之军。应调者食此边之新饷，其家口又支各边之旧饷。旧兵不归，各边不得不补。补一名又添一名之新饷，是一兵而有三饷也。卫所之制，至是破坏而不可支矣。

> ……都燕二百余年，天下之财莫不尽取以归京师，使东南之民力竭者，非军也耶？

> 或曰：畿甸之民，大半为军，今计口而给之，故天下有荒岁，而

---

① 《明史》卷八十九，《兵志一》。
② 《明史》卷九〇，《兵志二》。

畿甸不困。此明知其无益，而不可已者也。曰：若是则非养兵也，乃养民也。天下之民不耕而待养于上，则天下之耕者当何人哉？东南之民奚罪焉。[1]

他分析了卫所之弊的始末、原因，即十二万军士每年轮运岁漕四百万石供京师，中都、大宁、河南、山东卫所军士轮番到京师上操：运军和班军既有月粮又有行粮，一人兼二人之食；且北边互调军士，军士和家属各支口粮等。卫所之弊并不是卫所本身产生的问题，而是与都燕有直接关系。黄宗羲还专论明都燕之弊："有明都燕不过二百年……江南之民命，竭于输挽，大府之金钱，靡于河道，皆都燕之为害也"[2]。总之，黄宗羲认为，燕京的战略位置不当，京师时常不安；漕运浪费东南财赋，又使京师与江南财赋区分离，粮食等物资供应困难。卫所之弊与都燕之弊，互为因果：京边卫所之弊因都燕而产生，并加剧了都燕之弊；都燕之弊加剧了京师、北边卫所之弊。

总之，明人认为都燕有利有弊，而弊大于利。

第四节　辨析与评论

一　北京处于"天时地利以限南北"的中心位置

大致说来，北京位于北纬 40 度，处长城一线，北京南北分别是两种气候、植被、经济类型、居住及生活习俗，必须用不同的制度来管理南北两个区域。北京成为华北平原与山后地区交往的交通要道。南北分立时，北京是中原皇朝与北边民族交往的前线；当全国统一时，北京成为理想的政治中心，能同时兼管南北两个区域。"幽燕诸州盖天造地设以分番汉之限""天时地利以限南北"，是南北分立时对幽燕地理位置的高度概括；"燕盖京都之选首"则是南北统一时对幽燕地理位置的概括。

---

① 《明夷待访录·兵制一》，许啸天整理，上海群学社民国 15 年。
② 《明夷待访录·建都》，许啸天整理，上海群学社民国 15 年。

有些史学家、政治家认识到了北京以南和以北两个区域由于自然条件差异而造成了经济类型、社会生活、礼仪制度的差异。司马迁在《史记·货殖列传》中，划分全国为四个经济区域，最后一个区域是龙门（在今山西省河津县西北）、碣石（在今河北省昌黎县北）以北地区，即今山西北部、河北北部以北，直到汉朝北境的广大地区，也就是长城一线。他指出："夫燕亦勃、碣之间一都会也，南通齐、赵，东北边胡。上谷至辽东，地踔远，人民希，数被寇，大与赵、代俗相类，而民雕捍少虑，有鱼盐枣栗之饶。北邻乌桓、夫余，东绾秽貉、朝鲜、真番之利"①。其实，司马迁已经意识到燕处于农牧交错带线的中心位置，具有沟通中原汉族农业区和北部匈奴等游牧民族牧业区的交通优势。

在这个交错带南北，存在着两种完全不同的经济类型、生活习俗和文化信仰。晁错说：

> 夫胡貉之地，积阴之处也，木皮三寸，冰厚六尺，食肉而饮酪，其人密理，鸟兽毳毛，其性能寒。扬粤之地少阴多阳，其人梳理，鸟兽希毛，其性能暑。……胡人衣食之业不著于地，其势易以扰乱边竟。何以明之？胡人食肉饮酪，衣皮毛，非有城郭田宅之归居，如飞鸟走兽于广懋，美草甘水则止，草长尽水竭则移。以是观之，往来转徙，时至时去，此胡人之生业，而中国之所以离南亩也。②

晁错论述了由于自然条件的差异，形成了匈奴与"中国"人民体质、经济类型、居住与生活习俗的区别。对于汉匈文化习俗的差异优劣，降于匈奴的宦者燕人中行说，与汉使之间有过激烈的辩论：

> 汉使或言曰："匈奴俗贱老。"中行说穷汉使曰："而汉俗屯戍从军当发者，其老亲岂有不自脱温厚肥美以赍送饮食行戍乎？"汉使曰："然。"中行说曰："匈奴明以战攻为事，其老弱不能斗，故以其肥美饮食壮健者，盖以自为守卫，如此父子各得久相保，何以言匈奴轻老

---

① 《史记》卷一二九，《货殖列传》。
② 《汉书》卷四十九，《晁错传》。

也?"汉使曰:"匈奴父子乃同穹庐而卧。父死,妻其后母;兄弟死,尽取其妻妻之。无冠带之饰,阙庭之礼。"中行说曰:"匈奴之俗,人食畜肉,饮其汁,衣其皮;畜食草饮水,随时转移。故其急则人习骑射,宽则人乐无事,其约束轻,易行也。君臣简易,一国之政犹一身也。父子兄弟死,取其妻妻之,恶种姓之失也。故匈奴虽乱,必立宗种。今中国虽详不取其父兄之妻,亲属益疏则相杀,乃至易姓,皆从此类。且礼义之敝,上下交怨望,而室屋之极,生力必屈,夫力耕桑以求衣食,筑城郭以自备,故其民急则不习战功,缓则罢于作业……①

这段对话论述了汉匈生活、婚姻习俗的差异和优劣。而这种差异和优劣,无不是因为自然条件的差异而产生的。

司马迁《史记·匈奴列传》总结了汉人对匈奴的认识:

匈奴……随畜牧而转移。其畜之所多,则马、牛、羊……逐水草迁徙,毋城郭常处耕田之业,然亦各有分地。毋文书,以言语为约束。儿能骑羊,引弓射鸟鼠;少长则射狐兔,用为食。士力能弯弓,尽为甲骑。其俗,宽则随畜,因射猎禽兽为生业,急则人习战功以侵伐,其天性也。其长兵则弓矢,短兵则刀铤。利则进,不利则退,不羞遁走。苟利所在,不知礼义。自君王以下,咸食畜肉,衣其皮革,被旃裘。壮者食肥美,老者食其余。贵壮健,贱老弱。父死,妻其后母;兄弟死,皆取其妻妻之。其俗有名不讳,而无姓字。

这段话概括了匈奴的历史、地理位置、游牧生产、日常生活、婚姻、文化水平、礼仪制度、价值观的特点,成为后人认识匈奴民族的基础。汉、匈不同的经济生活类型、文化习俗、宗教信仰,实是由于不同的自然条件包括气候、土壤等影响所形成的。

辽朝盛时,南疆至白沟;金朝盛时,南疆至淮河。辽代统治者充分认识到长城一线南北气候、经济、制度的不同,于是采取"因宜为治""因俗

---

① 《史记》卷一一〇,《匈奴列传》。

而治"的治国方略，即根据自然条件和社会习俗进行统治。《辽史·营卫志》云：

> 冀州以南，历洪水之变，夏后始制城郭。其人土著而居绥服之中，外奋武卫，内搜文教，守在四边。营卫之设，以备非常而已。并、营以北，劲风多寒，随阳迁徙，岁无宁居，旷土万里，寇贼奸宄，乘隙而作。营卫之设，以为常然。其势然也。
>
> 有辽始大，设制尤密。居有宫卫，谓之斡鲁朵；出有行营，谓之捺钵；分镇边圉，谓之部族。有事则以攻战为务，闲暇则以畋渔为生。无日不营，无在不卫。立国规模，莫重于此。①
>
> 《周官》土圭之法："日东，景夕多风；日北，景长多寒。"天地之间，风气异宜，人生其间，各适其便。王者因三才而节制之。长城以南，多雨多暑，其人耕稼以食，桑麻以衣，宫室以居，城郭以治。大漠之间，多寒多风，畜牧畋渔以食，皮毛以衣，转徙随时，车马为家。此天时地利以限南北也。辽国尽有大漠，浸包长城之境，因宜为治。秋冬违寒，春夏避暑。随水草就畋渔，岁以为常。四时各有行在之所，谓之"捺钵"。②

作者意在说明辽建立营卫、捺钵、部族等制度的根据。但作者提出了"大漠之间""并营以北""长城以南""冀州以南"的地理区域，论说了由于南北自然条件如土壤、温度、降水的差异，形成了南北不同的生产、生活类型和生活习俗。

由于自然条件的差异，导致了经济类型和生活习俗的差异，最终导致了政治统治类型的差异。《史记·匈奴列传》记载：汉文帝后元二年（前162）与匈奴和亲书曰："汉与匈奴邻国之敌，匈奴处于北地，寒，杀气早降"；"长城以北，引弓之国，受命于单于；长城以内，冠带之室，朕亦制之。使万民耕织射猎衣食，父子无离，臣主相安，俱无暴逆"。汉文帝与匈奴约定以长城

---

① 《辽史》卷三十一，《营卫志上·序》。
② 《辽史》卷三十二，《营卫志中·行营》。

为界，各自分别统治南、北两个区域。同样，自然条件的因素决定辽国对南北两个区域"分俗而治"即采取不同的统治方式。《辽史·百官志一》记载："至于太宗，兼制中国，官分南北，以国制治契丹，以汉制待汉人。国制简朴，汉制则沿名之风固存矣。辽国官制分南、北院。北面治宫帐、部族、属国之政，南面治汉人州县、租赋、军马之事。因俗而治，得其宜矣。"① 本章第一节关于辽国官制中南京多财赋官，其自然条件因素即在于此。

燕地具有联系南北两大区域的优势，这种自然条件在中国历史上不同时期起着不同的作用：当战乱时，燕既是中原皇朝对外的军事重镇，是北边民族进入中原的前沿，又成为多方必争之地。唐文宗太和五年（831），牛僧孺说："自安史之后，范阳非国家所有……而未尝得范阳尺帛斗粟，上供天府。……范阳国家所赖者，以其北捍突厥，不令南寇。"② 五代时，辽金必得幽燕而后可，阿保机遣使就后唐求幽州，又对后唐使者姚坤说："若与我大河之北，吾不复南侵矣！"又曰："河北恐难得，得镇、定、幽州亦可也。"③ 辽国既得燕云，就全力经营，设燕山路，"燕山路备御南宋"④。而对于宋人来说，失去燕云十六州则意味着失去门户，"石郎之消息，乃中原之大祸。幽燕诸州，盖天造地设以分番汉之限，诚如一夫当关，万夫莫前也。石晋轻以界之，则关内之地，彼扼其吭，是犹饱虎狼之吻，而欲其不搏且噬，难矣。遂乃控弦鸣镝，径入中原……卷京、洛而无敌，空四海以成墟。"⑤ 当南北统一时，燕成为联系南北的中心，这就是辽金、元、明、清时期北京成为都城的地理位置因素。

二 多种因素促成北京成为元明都城

著名历史地理学家史念海教授说："都城能够得以形成，应该有些必要

---

① 《辽史》卷四十五，《百官志一》。
② 《旧唐书》卷一八〇，《杨志诚传》，《旧唐书》卷一七二，《牛僧孺传》，《新唐书》卷一七四，《牛僧孺传》略同。
③ 叶隆礼：《契丹国志》卷三，《太宗嗣圣皇帝下》。
④ 叶隆礼：《契丹国志》卷二十二，《控制诸国》。
⑤ 叶隆礼：《契丹国志》卷三，《太宗嗣圣皇帝下》。

的因素。自然环境、经济、军事意义及社会基础都是不可或缺的。"① 而自然地理因素中，有位置适中、交通要冲、地势险要、对外交流方便、接近皇朝建立者的根据地、经济中心等多种因素。"都城的问题是一个比较复杂的问题。作为一个都城，它要求具备许多种不同的因素。地理的因素诚然是一个重要的因素，但不是唯一的因素。"② 这些不同的因素，又并非每个都城都能具有，而是取决于主要的因素。

元明实行两都、两京制，元上都（开平）和明南京，只是陪都，北京是京师。多种因素促成北京成为元、明、清都城。一是地理因素（这里指地势险要和地理位置），二是历史变化格局，三是辽金以燕京为政治中心的历史传统，最后是人们的认识，特别是最高统治者的认识。地理因素中有自然地理险要和地理位置两个方面。关于北京的自然地理险要优势，本章第一节第二目第一子目、第二节第三目都已经论述了，此不赘言；关于北京在地理位置方面的优势，本章第二节第二目、本节第一目也已经论述了，这里补充一点，即明代辽东（今辽宁辽阳）、营州（今辽宁朝阳）、会州卫（今河北承德东北）、蓟州镇（今河北迁西）、宣府（今河北宣化）、大同（唐代云中，今河北大同）、蔚县（汉代郡，今河北蔚县）和榆林（汉上郡，今陕西榆林）等，基本位于北纬 39～42 度，同处长城一线，明初，在这些地方设军镇或卫所，考虑了这些地区的地理位置。这里着重论述后三个问题。

唐宋以后中国历史发展格局的变化，是燕自辽、金以来成为政治中心的社会条件。唐宋以后，北方和东北方民族的发展，以及由此而来的中国历史变化格局这个社会条件因素，决定了北京成为辽、金、元、明、清的都城。自中唐以后，我国民族矛盾的重点由西北转向北方，特别是东北，东北的契丹、女真、蒙古和满等民族不断发展壮大，进入华北后，要控制北方，将北方作为政治中心和军事中心，进而南下控制江淮等富庶区。清初徐元文说："天下之势，自西而东，自北而南，建瓴之喻，据古如兹，于

---

① 史念海：《中国古都和文化》，中华书局，1998，第 211～212 页。
② 史念海：《中国古都和文化》，中华书局，1998，第 233～236 页。

今为烈矣。"① 其实徐元文是看到了中国历史的变化格局。

东北的这些民族，原先的政治中心，或在塞外的漠北草原，或在山海关外，距汉地较远，不便于统治全国。将北京作为首都，便于控制华北，进而夺取全国。辽、金、元、明、清等，以燕为首都，一举两得：进，可以更有效地统治中原；退，可以快速地回到东北或漠北草原。当然，历史上，只有元顺帝从大都退到上都，再退到应昌（位于今内蒙古克什腾旗西北达里诺尔西）。元朝统治者本身就是以蒙古贵族入主中原，不需要防范北方草原上的人民，而只是给以物质上的支援。其防范对象主要是汉人和南人，其防卫力量主要是在全国各地的蒙古驻军即镇戍军和各地军镇。所以，元朝人认为，大都与北方草原（如草原之都和林）的关系重点，是联系；而与南方广大汉人南人居住区的关系重点，是控制。蒙古贵族霸突鲁所言"幽燕之地……南控江淮，北连朔漠"的地理优势，表达了元朝"北连朔漠"的思想。明朝以燕为都，更加注意防范北方和东北方的其他民族。控制北方民族，成为明朝与北边和东北边民族关系的重点，这种思想认识在前引"控制胡虏"（朱元璋语）、"外控朔漠"（杨荣语）中得到了集中体现。而控制北方与东北方民族的最前沿阵地，莫过于北京。司马迁称其为渤海碣石间一大都会；唐宋时，成为华北地区的军事重镇。明建都后，北京成为政治中心、军事指挥中心，其优势是可以快速反应、有效对外。都燕，对于元人来说，可以更快捷地加强与留在草原上的蒙古部族的联系；对于明人来说，可以加强和北方东北方的民族的联系。战争、和好、互市都是联系。总之，都燕，除了因为燕本身具有地理形势险要和具有联系南北两大区域的地理位置优势外，唐宋以后北方和东北方民族的发展，以及由此而来的中国历史发展格局的变化，也是很重要的社会条件。假如没有这个历史发展格局的变化，燕的地理位置优势不会发挥到这种程度。

都燕，还有辽金以来的历史传统。本章第一节讨论了辽金后来或以燕为南京或迁都燕京的问题，这个传统通过多种途径对元代都燕发生重要的影响作用。途径之一，是蒙古统治者认识到从燕京出发西征南伐，比从漠

---

① 顾炎武：《历代宅京记·序》，中华书局，1984 年点校本。

北和林或上都开平出发更便利，事实上也是如此。途径之二，是蒙古统治者认识到，燕京等十路课税所征收的汉地赋税在大蒙古国的军事政治中的重要作用。宋子贞撰《耶律楚材神道碑》载："自太祖西征之后，仓廪府库无斗粟尺帛，而中使别迭等佥言：'虽得汉人亦无所用，不若尽去之，使草木畅茂，以为牧地'。公即前曰：夫以天下之广，四海之富，何求而不得，但不为耳，何名无用哉！"因奏：'地税、商税、酒醋、盐铁、山泽之利，周岁可得银五十万两，绢八万匹，粟四十万石。'上曰：'诚如卿言，则国用有余矣。卿试为之。'乃奏立十路课税所。……辛卯秋八月，上至云中（今大同），诸路所贡课额银币，及仓廪物斛文簿，具陈于前，悉符元奏之数。上笑曰：'卿不离朕左右，何使钱币流入如此，不审南国复有卿比者否？"[1] 虽然这是大蒙古国关于如何利用汉地自然条件之争、汉法与旧俗之争，但窝阔台汗从耶律楚材所奏立的燕京等十路课税所征收的赋税中，是认识到了燕京以南财赋对大蒙古国的重要。本来，漠北草原上蒙古人的生活习俗、经济类型乃至四时行帐制度，都与辽、金相同。况且又有军事、经济的利益驱动，辽、金都燕，元为什么不能都燕！元人都燕的传统对于明都燕起了很大作用。论者指出："元朝建都北京近百年，使漠北与中原地区加强了政治和经济上的联系。作为一个大一统的多民族国家，朱棣的迁都与元朝从上都迁往大都同样都有出于政治上的考虑。"[2]

最后，人们的认识，即有关北京以北至于漠北草原的知识，都促成了元代都燕。汉代晁错、中行说、汉文帝、司马迁等对匈奴的描述都保存在《史记》和《汉书》中。宋人使辽、金的行程记录，如题为许亢宗的《奉使行程录》等，都是这种知识。元代，汉地士人北上和林和上都开平时，沿途亲眼所见，南北自然景观与经济类型迥然不同，他们撰写的行程日记，传播了关于燕京周围与漠北草原的知识。耶律楚材往返西域七年之久，戊子年（1228）回到燕京，很多人问他西域情况，因著《西游录》以省应对之烦，并于燕京刊行家刻本。张德辉于贵由汗（定宗）二年（1247）北行，

---

① 苏天爵：《元朝名臣事略》卷五，《中书耶律文正王》，中华书局，1996。
② 白寿彝总主编、王毓铨主编《中国通史》第九卷《明时期（上）》，上海人民出版社，1999，第207～208页。

晋见忽必烈，途经驴驹河（今克鲁沦河）、浑独剌河（今土拉河）、和林城等地而达于忽必烈驻地，所著《塞北行》又曰《纪行》，记述了大漠南北蒙古人的经济社会生活。他说蒙古人"毳幕毡车，逐水草畜牧而已，非复中原之风土也"；驴驹河"夹岸多丛柳，其水东注甚湍猛，居人云，水中有鱼，长可三四尺，春夏及秋捕之皆不能得，至冬可凿冰而捕也。濒河之民杂以蕃汉，稍有屋室，皆以土冒之，亦颇有种艺麻麦而已"；和林川"居人多事耕稼，悉引水灌之，间亦有蔬圃。时孟秋下旬，麻麦皆槁，问之田者，云已三霜矣"。"大率遇夏则就高寒之地，至冬则趋阳暖、薪水易得之处以避之，过此以往，则今日行而明日留，逐水草便畜牧而已。此风土之所宜，习俗之大略也"。"其服非毳革则不可，食则以膻肉为常，粒米为珍，比岁除日，辄迁帐易地"①。王恽《玉堂嘉话》卷八收录了张德辉《塞北行》以及刘祁《西使记》。《西游录》、《塞北行》和《北使记》，至少在燕京汉人官员中传播了有关蒙古草原和北京周围具有不同的自然景观和经济类型的知识，使他们认识到燕京具有处于南北两大区域的位置优势。此其一。

其二，汉地士人的进言、忽必烈与汉地士人的问答，都表达了对燕京居于南北两大区域中心的位置优势的认同，并且促成了元代都燕。与张德辉一样，汉地士人如郝经、姚枢、窦默、许衡、刘秉忠、王恽、李旭、廉希宪、高智耀、徐世隆、宋子贞、李俊民、王鄂、王思廉等，通晓历史，多北上和林或上都开平，虽没有撰写行程日记，但沿途所见，了解北京以北乃至漠北的自然条件与经济类型、居民习俗，深切体会到都燕对元代统治的重要。郝经、刘秉忠、许衡等在对元世祖忽必烈的上奏或对话中，基本表达了为中国皇帝必居燕的思想，许衡在《时务五策》中说得特别清楚。元世祖建大都城，遭到了西北藩王的强烈反对。大约至元五年（1268）之后，"西北藩王遣使入朝，谓：'本朝旧俗与汉法异，今留汉地，建都邑城郭，仪文制度，遵用汉法，其故何如？'帝求报聘之使以析其问，智耀入见，请行，帝问所答，画一敷对，称旨，即日遣就道"②。由此可见，都燕

---

① 王恽：《玉堂嘉话》卷八，引张德辉《塞北行》，文渊阁四库全书电子版。
② 《元史》卷一二五，《高智耀传》。

与蒙古旧俗旧制是多么巨大的反差！高智耀有充足的理由回答西北藩王对元世祖建都邑城郭的责难，才赢得元世祖的信任。从许衡必行汉法和西北藩王反对行议法的议论中可以看出，都燕是出于控制南、北两个区域的政治考虑。

元明最高统治者的认识，也起重要的作用。本章第二节指出，元明统治者确实认识到北京具有联系蒙古高原、东北和华北以及江淮地区的地位。虽然，清人徐元文已经论述了中国历史自西而东、自北而南的趋势，但唐宋以后中国历史发展变化格局等，是今日史学研究的成果和共识，并不是元明统治者提出来的。但如王夫之所说："天欲开之，圣人成之；圣人不作，则假手于时君及智力之士以启其渐。"① 即社会历史的重大事件和规律，如禹治九州、秦废封建行郡县制、汉武帝开发西域等，都不是自发地偶然地发生，而是通过圣人时君或智力之士的实际活动完成的。唐宋以后，中国历史发展格局的变化，与辽、金、元、明、清时期全国性政治中心的选择，也是通过有意识的人的自觉活动来完成的。

三　对都燕之不同认识的析论

元建立两都制，大都为京师，开平为上都；明建立两都制后，以南京为留都（或南都），燕京为京师（或称北都）。人们对明代都燕，分肯定和否定两种看法。对此要作具体分析。

元以大都为京师，既符合中国的传统，便于统治全中国，又使蒙古最高统治者进退自如。如许衡所说："国朝仍处远漠，无事论此。必若今日形势，非用汉法不可也。"② 用汉法，就要将都城从上都（开平）内迁到汉地。元朝疆域"北逾阴山，西极流沙，东尽辽左，南越海表。……元东南所至不下汉唐，而西北则过之，有难以里数限者矣。"③ 如此广大的疆域，和林、开平这些草原城市，不适合作为统治全国的政治中心。明代，北京是明成祖的兴王之地，要加强和北方蒙古民族和东北各民族的联系（控制、战争、

① 王夫之：《读通鉴论》卷三，《汉武帝》一五，中华书局，1975 年点校本。
② 许衡：《许文正公遗书》卷七，文渊阁四库全书电子版。
③ 《元史》卷五十八，《地理志一》。

和好、朝贡和互市等各种形式），迁都北京是必然的。

北京北边地势险要，可以修筑长城，连接险要的关口和地段，有些地方可以驻扎军队，使天然险阻和人工险阻相结合。人们很重视都城与国家安全的关系。明代邹缉说："京师者，天下之根本也。人民安则京师安，京师安则国本固而天下安矣。此自然之势也。"① 为了保证京师安全，元代在大都、上都布置了怯薛，在腹里布置了前、后、左、右、中五卫等军队。怯薛原意是轮流宿卫。铁木真称汗后，从贵族子弟及自由民中挑选有技能、身体健全者，组成一支一人的警卫部队，驻扎在他的殿帐周围，由他直接指挥，分为四班，由四个亲信的那可儿任怯薛长轮流值班。这是蒙古军的精锐。

明朝重视北边防守。明太祖说："今重兵之镇，惟在北边。"② 永乐迁都北京后，防守重点在京师，在北边及东北。人们认为"秦汉备边所急在西北，上谷北平为缓；我朝所急在东北，甘肃宁夏为缓"③。"终明之世，北边最重"。洪武时，北边九王皆为塞王，这九王是：北平的燕王、大宁的宁王、广宁的辽王、宣府的谷王、大同的代王、太原的晋王、宁夏的庆王、西安的秦王、甘肃的肃王。"此九王者，皆塞王也，莫不傅险厄，控要害，佐以元侯宿将，权崇制命，势匹抚军。肃清沙漠，垒帐相望"，这就形成了诸王守边制度。自永乐开始，至弘治，形成九边（即九镇）制度。自洪武至万历间修筑长城十八次，在地势险要的军事要道上建有关城，北京北边著名的关城有居庸关。这样，以北京周围的山川险塞为第一重防线，又在辽东镇、蓟镇、宣府镇、大同镇、山西镇、延绥镇、宁夏镇、固原镇、甘肃镇等九边重点布置大量卫所军队，特别是九边中的前七边距离北京较近，组成北京山川险塞以外的第二重防线。这样，层层设防，就是要保证京师安全。同时利用海运、修建大运河漕运江南粮食，以确保京师及北边军队的粮食安全。

但凡事有利即有弊，利之所伏弊也。成祖即位后，首先削弱北边藩王。

---

① 《明经世文编》卷二十一，邹缉《奉天殿灾疏》。
② 《明太祖实录》卷八十七，洪武七年正月甲戌。
③ 《天下郡国利病书》原书第一册，《北直上》，商务印书馆影印四部丛刊三编本。

建文四年（1402）把驻守宣府的谷王徙至湖广的长沙。永乐元年（1403）徙宁王于江西南昌。另外，又削弱代王、辽王等藩王的军事力量，减少其护卫。削藩有利于皇权的巩固，但打破了诸王守边局面，造成北部边防的空虚。永乐时迁都北京，京师直面北边的蒙古势力，形成天子守边的局面。京师切临北边，当行政效率高、国力强盛时，利在能快速反应敌情做出部署并出征应敌，即政治中心同时兼有军事指挥中心的作用。但明成祖开启的天子巡边制度，后世不能遵行，除宣宗宣德三年、八年曾二次巡边外，英宗巡边被俘，其余皇帝不敢轻易巡边。这说明建都于燕，有一定的弊端。

　　其弊端，从静态说，军事防守既重要，又困难。前述丘浚"以都城为捍蔽"、周弘祖"天子自为藩篱"和"脑后之防甚疏"之说法，都很形象，都是人们对明代京师切临边境防守重要而又困难的批评。从动态说，明代对北边军事防守决策失误，加剧了这种弊端。劳堪说："自其常论之，则京后为最急，宣大次之，辽东次之，陕西又次之，去京有远近也。夫京师为最急，则大宁之内徙，三卫之盘踞，不可不讲也。宣大次之，则独石之孤悬，丰胜之沦没，不可不讲也。讲大宁，则宣、蓟无阻隔，而辽东之右臂伸；讲丰胜，则山陕有交应，而甘肃之左臂伸。此立国之宏规也，保安之上画也。而永乐、宣德之间，但知兀良哈之诚款，开平之艰远，丰胜之丁口不立，甘心弃土，略不顾惜，得非往事之恨乎！自其变论之，则大宁不可复，而京后之重垣宜设；宣、辽不可合，而花当、朵颜之交构宜防，开平、东胜已沦异域，而宣、大之士马，不可一日忘战。而成化、弘治之间，但知火筛之通贡，山海之征商，宣、大之凿堑筑敌台，京后之防，一不措之筹策，又非往事恨乎！"[1] 劳堪认为，从常态和动态看，京后防守最重，但永乐、宣德时三卫内徙，大宁、开平、丰胜内撤，是明代对北边防守的第一次失误；第二次失误是成化、弘治时不重视京后之防。劳堪的评价是符合实际的，反映了人们对京师安危的担忧。明成祖有能力三次出征沙漠，"但仁、宣以后诸帝，从各方面而言，都逊于太祖和成祖，除了宣德三年

---

① 劳堪：《京都形势说》，见顾炎武《天下郡国利病书》原书第一册，商务印书馆影印四部丛刊三编本。

（1428）宣宗曾虚张声势巡边一次外，都不敢轻易巡边。尤其是中期以后，随着明朝国力的衰微，北部边防更是陷于全面防御和退缩"①。叶盛、丘濬、周弘祖都评价了明朝北边防守的失误，与劳堪认识相同。

叶盛、许伦、魏焕、王琼等，都论述了蒙古骑兵经常兵临城下、京师人心惶惶的情况。其他主张应迁都南京者，陈了认为南京便于转输粮食外，还认为京师切临边境是都燕的最大弊端。明亡后，黄宗羲总结说："有明都燕不过二百年，而英宗狩于土木，武宗困于阳和，景泰初京城受围，嘉靖二十八年受围，四十三年边人阑入，崇祯间京城岁岁戒严，上下精神敝于寇，至日以失天下为事，而礼乐政教犹足观乎？江南之民命，竭于输挽，大府之金钱，靡于河道，皆都燕之为害也。"② 黄宗羲总结了明代京师缺少安全的历史，这与叶盛、许伦、魏焕、王琼等的意见一致，并且符合历史实际。

明代京师时时受到来自北边蒙古部落的威胁，京师安全是大问题。对京师的战略位置有怀疑，有看法。正统帝被俘，景泰、嘉靖、崇祯年间，每当京城危急，就有人以此为由请迁都南京。崇祯己巳，廷臣有言南迁者；③ 甲申，又有"三李（邦华、明睿、建泰）等议迁都南京"④。所以，人们对明代京师切临边境、战略位置不当的批评，是符合历史实际的。

这里有必要重提明代人们对两都制的评价。前述郭佑、章潢认为两京兼得东南之财赋和西北戎马之强，虽然都论述了京师与江南财赋区的关系，但不免有滥誉之嫌。实际上，明中后期人们对两都制的评价中，比较重视南都。万历时，王士性说："自古郡国分治割裂，茫乎无据。惟我朝两都，各省会，天造地设，险要不易。……两都一统之业，自本朝始。南都转漕为易，文物为华，车书所同，似乎宗周。北都太行天堑，大海朝宗，扼夷虏之吭，据戎马之地，似乎成周。"⑤ 虽然王士性以西周比喻北都，以东周比喻南都，但他认为两都之中，南都事业方兴未艾："自昔以雍、冀、河、

---

① 白寿彝总主编，王毓铨主编：《中国通史·明史卷》，上海人民出版社，1999，第368页。

② 《明夷待访录·建都》，许啸天整理，上海群学社民国15年。

③ 叶盛：《水东日记》卷七，中华书局，1980年元明史料笔记丛刊。

④ 计六奇：《明季北略》卷二十。

⑤ 王士性：《五岳游章·形胜》，见顾炎武《天下郡国利病书》原书第一册。

洛为中国，楚、吴、越为夷。今声名文物反以东南为盛，大河南北不无少让何？客有云：此天运循环，地脉移动，彼此乘除之理。余谓是则然矣，要知天地之所以乘除，何以故。自昔堪舆家皆云天下山川起昆仑，分三龙入中国，然不言三龙盛衰之故。……古今王气，中龙最先发，最盛而长，北龙次之，南龙向未发。自宋南渡始发而久者，宜其少间歇，其新发者当奋涌何疑"①。堪舆家三龙之说不能全信，亦不可不信，因为这是以龙形比喻地脉。如果剔除其糟粕，发掘其精华，则可以发现，王士性是借堪舆家三龙之说，来阐述古今帝王建都的三个范围即中部、北部、南部与帝王事业盛衰的关系。中部即今黄河中下游地区，是中国文明发展较早较久的地区，伏羲都陈，少昊都曲阜，颛顼都牧野，周自后稷以来起岐山、丰、镐，秦、汉、隋、唐都关中，宋都汴，故曰"中龙先而久"；北部即黄河以北乃至塞外，是后起地区，黄帝始起涿鹿，尧都蒲坂，禹都安邑，其后尽发于塞外猃狁、冒顿、突厥夷狄之王，最后辽、金至元而亦入主中国，故曰"北龙次之"；南部即今南方，包括东南和西南，是更后起地区，吴越当太伯时仍是被发文身，楚人春秋尚为夷服，六朝王建康，偏安隅，无百年之主，至宋南渡立国百余年，明太祖混一南北，"故曰南龙方始也"，"宜今日东南之独盛也，然东南他日盛而久，其势未有不转而云贵百粤"②。王士性论述了政治兴衰与三个区域的关系，亦即地理条件与政治的关系，符合黄河流域和长江流域区域经济的消长，以及辽、金、元历史，用地理范围解释了"今声名文物反以东南为盛，大河南北不无少让"的原因，并提出了"今日东南之独盛"的观点，实际是赞成建都金陵的。明代有许多人认为，应建都南京，他们的理由多是南京易于运输粮食。王士性以地脉开发之迟早来论述帝王兴衰，颇有些理论色彩。

明亡后，明遗民对都燕有两种相反的意见。黄宗羲反对都燕，坚持建都南京为上策："或曰：有王者起，将复何都？曰金陵。或曰：古之言形胜者，以关中为上，金陵不与焉，何也？曰时不同也。秦汉之时，关中风气

---

① 王士性：《五岳游章·形胜》，见顾炎武《天下郡国利病书》原书第一册。
② 王士性：《五岳游章·地脉》，见顾炎武《天下郡国利病书》原书第一册。

会聚，田野开辟，人物殷盛，吴楚方脱蛮夷之号，风气朴略，故金陵不能与之争胜。今关中人物，不及吴会久矣；又经流寇之乱，烟火聚落，十无二三，生聚教训，故非一日之所能移也。而东南粟帛，灌输天下。天下之有吴会，犹富室之有仓库匮箧也。今夫千金之子，其仓库匮箧，必身亲守之，而门庭则委之仆妾。舍金陵而勿都，是委仆妾以仓库匮箧。昔日之都燕，则身守门庭矣。曾谓治天下而智不千金之子若与①?"王士性是浙江临海人，黄宗羲是余姚人，黄宗羲以论述关中与南方经济文化发展的消长来阐明关中已失优势，以及建都南京的自然条件优势，与王士性有百虑而一致的效果。王夫之则说："长安、洛阳、大梁之土，后王宅之，数百年之下而地力衰歇，渐以薄卤。今燕蓟之宅，受命而兴者，女真、鞑靼曾不足于称数。永乐定鼎，始建九五，水土未薄，天气翕聚，天子守边，四方来辅。后之所宅，固当蹑迹灵区，以光赞我成祖也。"② 王夫之认为中原地力衰歇，燕蓟地力未衰，宜于建都。王士性与黄宗羲处于江南，王夫之认为应继承黄帝遗业，各人立场自是不同。这里还要指出，人们的认识，即对都燕和都金陵的认识，也受自然条件的影响，即受生活仕宦的地理范围和认识的地理范围之影响，前述元明统治者的认识对都燕也起了一定的作用，事实上北方汉地人北上和林开平，并认识了漠北与北京自然条件与生活、经济类型的不同，并支持了都燕。而明代反对都燕、认为建都金陵为上策的人们，也多是南方人。

联合国粮农组织认为，粮食安全（food security）是"指任何人任何时候都能得到为了生存和健康所需要的足够食物（包括谷物和其他食物），这里有三个要点：确保生产足够供应的粮食；最大限度地稳定粮食供应；确保所有需要粮食的人们都能获得粮食。在这里，最主要的是使低收入者能买得起粮食"③。中国从来就不能确保需要粮食的人们都能获得粮食，所以，这个定义不太符合中国历史实际，但我们可以稍加变通后借用之，即可以把粮食安全供应的范围，限定在京师皇室成员、官员和京、边卫所军士中。事实上，太仓粮库主要供应北京的百官员役、七十八卫官校。

---

① 《明夷待访录·建都》，许啸天整理，上海群学社，民国15年。
② 王夫之：《黄书·后序》，见《王船山全书》十二册，岳麓书社，1992。
③ 中国农业科学院：《中国粮食之研究》，中国农业科技出版社，1989，第406页。

元代前期，京师粮食供应较为充裕。顺帝至正十一年（1343）后，京师粮食供应很困难。至正二十三年，张士诚自立为吴王，拒绝朝命，"由是东南之粟给京师者，遂止于是岁"①。明代由于放弃海运，漕运受自然条件的限制，人们认为首都粮食安全得不到保障，批评之声不绝史册，如"纳京、通二仓者实止三百余万，仅供官军、匠役一岁之食尔！而太仓陈粟不足以支三年"②。虽然有一些意见来自江南财赋区，但要保证京师粮食安全、综合考虑建都的各种因素特别是经济因素的认识，是有相当合理的成分的，而且他们主要是为国家军事和粮食安全考虑，并不全是出自地方利益。

---

① 《元史》卷九十七，《食货志五》。
② 栗在庭语，见《明穆宗实录》卷七〇，穆宗隆庆六年五月乙酉。

第二章　关于北方农业生产与京师
仰食东南的矛盾及意识

第一节　元明以前人们的观点

一　汉唐人们对黄河流域农田水利与京师粮食供应关系的看法

（一）关中沃野"衣食京师亿万之口"的观点

汉代人们认为关中丰富的物产，能充分保证京师的粮食等物资的供应。刘敬、张良等在论说关中地理优势时，都提到关中物产资源丰富，刘敬说的"美膏腴之地"，以及张良说的"沃野千里，南有巴蜀之饶，北有胡苑之利"，等等，都把资源物产丰富作为在关中建都的因素之一。司马迁较全面地记载并论述了秦开发农田水利而使国家富强：秦修成郑国渠后，"用注填淤之水，溉泽卤之地四万余顷，收皆亩一钟。于是关中为沃野，无凶年。秦以富强，卒并诸侯"①。同时，他描写了关中的富庶："关中之地，于天下三分之一，而人众不过什三；然量其富，什居其六。"② 司马迁认为，由于水利、土壤、山林等情况，自周秦至汉代，关中、三河、齐鲁等地，农业发达，物产丰富，是当时比较富庶的地区。

同时，人们又普遍认为由于郑白渠能为农业提供灌溉用水，从而使京师得到充足的粮食供应。班固说："自郑国渠起，至元鼎六年，百三十六岁，而兒宽为左内史，奏请穿凿六辅渠，以益溉郑国傍高卬之田。上曰：

---

① 《史记》卷二十九，《河渠书》。
② 《史记》卷一二九，《货殖列传》。

'农，天下之本也。泉流灌浸，所以有五谷也。左右内史地，名山川原甚众，细民未知其利，故为通沟渎，畜陂泽，所以备旱也。……令吏民勉农，尽地利，平徭行水，勿使失时。'后十六岁，太始二年，赵中大夫白公复奏穿渠。引泾水，首起谷口，尾入栎阳，注渭中，袤二百里，溉田四千五百余顷，因名曰白渠。民得其饶。歌之曰：'田于何所，池阳谷口。郑国在前，白渠起后，举锸为云，决渠为雨。泾水一石，其泥数斗。且溉且粪，长我禾黍。衣食京师，亿万之口。'言此两渠饶也。"① 这段记载说明，汉代人们，包括史学家班固认识到，郑白渠农田水利对于京师粮食供应关系的重要。

（二）关中地利损耗、人力分散的观点及其论证

唐人认为，由于权势之家占有水利资源，以及管理制度的疏忽，关中郑白渠灌溉面积减少，加上各种不事生产的人口增多，导致关中粮食不足。

高宗时就有官员提到郑白渠灌区水田的减少，高宗永徽六年（655），雍州长史长孙祥奏说："往日郑白渠溉田四万余顷"，以后，郑白渠灌溉面积越来越少，至代宗大历年间（766～779），止溉一万许顷。② 这表明，由于权势之家多占水利资源，郑白渠的灌溉能力大大缩减了。同时，国家需要的粮食却有增无减，"自开元中及于天宝……每岁天下共敛……税米麦共千六百余万石，其二百余万石供京师，千四百万石给充外费"③。关中粮食供应困难，迁都之议由此产生。人们开始重新认识长安的地理优势。德宗时，针对中唐以后由于关中粮食不足而产生的迁都议论，杜佑认为应该恢复发展关中农田水利事业，而不是迁都。杜佑指出：

> 或曰："昔秦以区区关中，灭六强国，今万方财力，上奉京师，外有犬戎凭陵，城陷数百，内有兵革未宁，年将三纪，岂制置异术而古今殊时者乎？"

---

① 《汉书》卷二十九，《沟洫志》。
② 《通典》卷二，《食货典二·水利田》。
③ 《通典》卷六，《食货典六·赋税下》。

答曰："按周制，步百为亩，亩百给一夫。商鞅佐秦，以一夫力余，地利不尽，于是改制二百四十步为亩，百亩给一夫矣。又以秦地旷而人寡，晋地狭而人稠，诱三晋人发秦地利，优其田宅，复及子孙。而使秦人应敌于外，非农与战，不得入官。大率百人则五十人为农，五十人习战。兵强国富，职此之由。其后仕宦之途猥多，道释之教渐起，浮华浸盛，末业日滋。今大率百人方十人为农，无十人习战，其余皆务他业。以古准今，损益可知。又秦开郑渠，溉田四万顷，汉开白渠，复溉田四千五百余顷，关中沃衍，实在于斯。盛唐永徽中，两渠所溉唯万许顷，洎大历初，又减至六千二百余顷，比于汉代，减三万八九千顷。每亩所减石余，即仅校四五百万石矣。地利损耗既如此，人力散分又如彼，欲求强富，其可得乎！

……诚能复两渠之饶，究浮食之弊，恤农夫，诱其归，趣抚战士，励其勋伐，酌晁错之策，择险要之地，缮完城垒，用我所长，渐开屯田，更蓄财力，将冀收复河陇，岂唯自守而已哉！……

或又曰："关中寓内西偏，天下劳于转输。洛阳宫室正在土中，周汉以还，多为帝宅皇舆巡幸之处。则是国都何必重难迁移，密迩勃寇，择才留镇，以息人勤，自然无虞，孰不庆幸？"答曰："古今既异，形势亦殊。当周之兴也，虽定鼎郏鄏，而王在镐京。幽王之乱，平王东徙，始则晋郑夹辅，终乃齐晋主盟，咸率诸候，共尊王室，犹有请隧之僭，中肩之师。东汉再兴，巨寇皆殄。魏晋以降，理少乱多。今咸、秦陵庙在焉，胜兵计数十万，海内财力，云奔风趋，傥议迁都，得非蠹国，斯乃示弱天下，何以统临四方。洛阳地瘠，凋弊尤甚，万乘所止，千官毕臻，樵牧难资，藁秸难赡，又无百二之固，虑启奸凶之心，岂得舍安而就危，弃大而从小也！……武德中，突厥牙帐在于河曲，数十万骑将过原州，时以伤夷未平，财力且乏，百辟卿士震恐，皆请迁都山南。太宗献计，固争方止，永安宗社，实赖圣谟。"

议者又曰："洛阳四战之地，既将不可，蒲坂虞舜旧国，表里山河，江陵亦尝设都，控压吴蜀，道远避翟，宁不堪居？"

答曰："蒲坂土瘠人贫，困竭甚于洛阳；江陵本非要害，梁主数岁亡其国。夫临制万国，尤惜大势。秦川是天下之上腴，关中为海内之雄地。巨唐受命，本在于兹。若居之则势大而威远，舍之则势小而威近，恐人心因斯而摇矣，非止于危乱者哉，诚系兴衰，何可轻议。"①

杜佑以问答形式论述了几个重要问题。一是关于秦、汉、隋唐都关中，而国家贫富强弱形势不同的根本原因。他是从农业劳动人数和水利角度来评论秦汉关中的富裕和唐时关中的衰败，秦汉关中农业劳动力占全部人口的二分之一，农田灌溉面积近五万顷；而唐朝关中农业人口才十分之一，而灌溉面积不足万顷。二是针对迁都洛阳以减轻天下转输粮食困难，或迁都蒲坂、江陵，以避匈奴、吐蕃之锋的议论，他从历史上周汉都洛阳与关中的不同形势之角度，认为建都应居于上游，但必须加强发展关中的农田水利，才能保证关中在历史上的政治地位，这说明像杜佑这样坚定的不轻议迁都的官员，也意识到了关中经济地位的下降。而且唐朝不少皇帝（如玄宗、肃宗、德宗、宪宗等）和一些官员、学者都认为，关中生产不足以消费，而是依靠漕运关东和江淮粮食。白居易说："秦居上腴，利号近蜀；然都畿所理，征赋不充，故岁漕山东谷四百万斛，用给京师。"② 这说明，唐人确实意识到了关中经济地位的下降和江淮流域经济的发展与京师长安粮食供应的关系。

（三）唐代关中人口众多、粮食消费过重的看法

唐人还有一种观念，认为关中粮食不足，是因为关中人口众多、浪费粮食太多。这些人口指不直接从事生产的官员、道释教徒、士人等。前述杜佑的论述中，已提出关中粮食消费增多，是由于"仕宦之途猥多，道释之教渐起，浮华浸盛，末业日滋"等社会因素③，约玄宗开元后期，洋州刺史赵匡上奏论科举弊端。《通典·选举五》记载其第九条"官司运江淮之

---

① 《通典》卷一七四，《州郡典四》。
② 巫宝三主编《中国经济思想史资料·三国两晋南北朝隋唐部分》引《白居易集》，中国社会科学出版社，1992。
③ 《通典》卷一七四，《州郡典四》。

储，计五费其四，乃达京邑，刍薪之贵，又十倍四方。而举选之人，每年攒会，计其人畜，盖将数万，无成而归，十乃七八，徒令关中烦耗，其弊九也"。即参加科举考试的人徒然消耗了关中来之不易的江淮漕运米。

德宗时，礼部员外郎沈既济上奏论科举弊端，他针对"帝王之都，必浩穰辐辏，十物繁合，然后称其大"的论点，揭出"当今天下凋敝之本，实为士人太多"的观点，他说："自隋罢外选，招天下之人聚于京师，春还秋往，乌聚云合，穷关中地力之产，奉四方游食之资，是以筋力尽于漕运，薪粒方于桂玉，由是斯人索我京邑"；"当今天下凋敝之本，实为士人太多。何者？凡士人之家，皆不耕而食，不织而衣，使下奉其上不足故也。大率一家有养百口者，有养十口者，多少通计，一家不减二十人，万家约有二十万口"。他主张士人在当地参加科举考试，如有万人参加当地科举考试，则"我减浮食之口二十万，彼加浮食之人二十万；则我弊益减，而彼人益困。自古兴邦制敌之术，莫出于是。唯惧去我之不速也，夫何患焉！"[1] 唐代一般的观点是帝王之都必聚集各种人等，以示人才众多，显示盛世的景象，这也是现今人们论大唐盛世的特征之一。其实这只是看问题的一个角度。

洋州是玄宗天宝之乱后江淮漕运的必经之地，《读通鉴论·唐肃宗三》中记述："自汉水达洋州以输于扶风"[2]。赵匡是洋州刺史，亲见江淮漕运艰难；礼部尚书、侍郎之职掌天下礼仪、祭飨、贡举之政令。凡举试之制，每岁仲冬，率与计偕。郎中、员外郎之职，掌贰尚书、侍郎[3]，沈既济是礼部员外郎，配合礼部尚书、侍郎掌管贡举，亲见在京师参加贡举人数之多，亲历职事之繁。赵匡、沈既济二人因职务关系，对京师粮食运输之艰难、粮食消费之繁重，提出了士人太多、消费粮食过重的看法，是符合客观实际的，因而是有道理的。

韩愈《原道》说："古之为民者四，今之为民者六。古之教者处其一，今之教者处其三。农之家一，而食粟之家六。工之家一，而用器家六。贾

---

① 《通典》卷十七，《选举五》。
② 《读通鉴论》卷二十三，《唐肃宗三》。
③ 《旧唐书》卷四十三，《职官二》。

之家一，而资焉之家六：奈之何民不穷且盗也！"韩愈从古代四民出发，提出了"六民"的说法，认为古代农、工、贾都是生产者，只有士人才是纯粹的消费者；唐代从事生产的仍是农、工、贾，消费者则包括士、僧、道，即"农之家一而食粟之家六"。韩愈认为，生产者少、消费者多，是社会财富贫乏、人民流离失所的根本原因。以往人们只是称赞唐代盛世，很少考虑生产与消费关系。以上论述都强调了唐朝纯粹消费人口增多的问题，反映了人们对关中粮食生产与供应问题的忧虑。

二　汉唐国家对西北农田水利管理的法规化意识

（一）汉代平均用水的法规化意识的产生

由于国家分裂，私有制和水资源有限，必然出现用水矛盾，以及其他的水利纷争。战国末年有东周、西周二小国，东周都巩（今河南巩县西南），西周都河南（今洛阳西），共临一条洛水。"东周欲为稻，西周不下水"，苏秦奔走于两周之间，说服西周放弃截断上游水源的决定，使东周顺利栽种水稻。[①] 堤防起于战国，临近黄河的齐、赵、魏三国，各国都修筑大堤，"壅防百川，各以自利"[②]。以上是以水为战的典型事例。水利纷争的原因是"人心所见既不同，利害之情又有异。军家之与郡县，士大夫之与百姓，其意莫有同者"[③]，人们的认识不同、利益不同，才造成了水利纷争。制度建设总是落后于实践。西汉的汉中山河堰，或山河石堰，据元代马之贞说，为曹参所修。[④] 蒲道源认为元代兴元路（即今汉中）山河堰，自汉代就有分水制度[⑤]。西汉兒宽为左内史"开六辅渠，定水令以广溉田"[⑥]。召信臣在南阳兴修水利，"为民作均水约束，刻石立于田畔，以防纷争"[⑦]。

① 《战国策·东周》，上海古籍出版社，1985。
② 《汉书》卷二十九，《沟洫志》。
③ 《晋书·食货志》，杜预奏疏。
④ 李惟明：《改作东大闸记》，见《漕河图志》卷五。
⑤ 《顺斋先生闲居丛稿》卷十七，《论兴元河渠司不可废》，中国社会科学院历史研究所藏本。
⑥ 《汉书·兒宽传》。
⑦ 《汉书·召信臣传》。

"水令"和"均水约束",都是汉代的水利法规,体现了汉代统治阶级水利管理的法规化意识。

(二) 唐代管理郑白渠的法规化意识及其效果[①]

唐代重视对郑白渠的管理,当时水利管理部门之一是工部中的水部,"掌川泽、津济、津梁、渠堰、陂池之政。总河渠、诸津监署。凡渔捕有禁,溉田自远始,先稻后陆,渠长、斗门长节其多少而均焉。府县以官督察。"[②]《水部式》是水部的行政法规,是朝廷作为法律正式颁布的水利法典,体现了行政法规化意识。现存《水部式》共二十九自然条,约二千六百字。《水部式》内容丰富,有关农田水利管理制度,是以郑白渠为各大灌区的代表制订的,体现了唐代关中农田水利管理的法规化意识。主要包括以下内容。

灌溉行政组织。渠道设渠长,闸门设斗门长,负责向各渠道分配用水量。《水部式》第二条规定:"诸渠长及各斗门长,至浇田之时,专知节水多少。其州县每年各差一官检校。长官及都水官司时加巡察。若用水得所,田畴丰殖,及用水不平并虚弃水利者,年终录为功过附考。"

灌溉用水制度。白渠和其他大渠设置闸门,调节分配灌溉水量。《水部式》第一条:"泾渭白渠及诸大渠用水灌溉之处,皆安斗门,并须累石及安木傍壁,仰使牢固。……其斗门皆须州县官司检行安置,不得私造。"斗门即闸门,用闸门调节干、支渠的分水比例。《水部式》第三条:"京兆府高陵界,清、白二渠交口,置斗门,堰清水。恒准为五分,三分入中白渠,二分入清渠。若雨水过多,即上下用水处相开放,还入清水。三月一日已前,八月二十日已后任开放之。"

保持渠道水位,实行自流灌溉。《水部式》第一条:"不得当渠造堰。诸溉灌大渠,有水下地高者,不得当渠[造]堰,听于上流势高之处为斗门引取。……其旁支渠,有地高水下,须临时暂堰溉灌者,听之。"

---

① 本节据周魁一教授《〈水部式〉与唐代的农田水利管理》改写,见《历史地理》第四辑,上海人民出版社,1986。

② 《新唐书》卷四十八,《百官志三·都水监》。

预知各渠的灌溉面积，实行轮灌。先水田后陆田，先下游后上游。《水部式》第一条："凡浇田，皆仰预知顷亩，依次取用。水遍，即令闭塞，务使均普，不得偏并"。"灌田自远始，先稻后陆。"①

用水时间。《水部式》第三条规定，每年二月底至八月十九日为灌溉用水时间。《水部式》第十一条规定水磨如果妨碍灌溉或航运，即令毁坏；第二十条规定每年正月一日至八月三十日，不能使用水磨。其他月份"先尽百姓溉灌。若田雨水足，不须浇田，任听动用"。这体现了优先保证农业用水的原则。

维修、看护渠道制度。《水部式》第五条："龙首、泾堰、五门、六门、升原等堰，令随近县官专知检校，仍堰别各于州县差中男子廿人，匠十二人分番看守，开闭节水。所有损坏随即修理。如破多人少，任县申州差夫相知。"

《水部式》可以协调各渠系、各干渠、各支渠之间、上下游之间航运、灌溉、碾硙之间的用水，协调用水户的权利和义务之间的各种关系。唐穆宗时，高陵县令刘仁师依据《水部式》条款，解决了泾阳县势家多占水利的问题。刘禹锡撰写了《高陵令刘君遗爱碑》，详细记载了这一事件："泾水东行注白渠，酾而为三，以沃关中，故秦人常得善岁。按《水部式》：决泄有时，畎浍有度，居上游者不得拥泉而专其腴。每岁少尹一人行视之，以诛不《式》。兵兴以还，浸失根本。泾阳人果拥而专之，公取全流，浸原为畦，私开四窦，泽不下及。泾田独肥，它邑为枯。地力既移，地征如初。"长庆三年（823）至宝历二年（826）高陵令刘仁师，"循故事，考式文，暨前后诏条。又以新意请更水道入于我里。请杜私窦，使无弃流。请遵田令，使无越制。别白纤悉，列上便宜"，在上级协调下，几经周折，宝历二年，高陵县最终胜诉，上游势家拆除私堰，高陵县于是命名新渠曰刘公渠，新堰名彭城堰。刘禹锡赞曰："划新渠兮百亩流，行龙蛇兮止膏油。遵水式兮复田制，无荒区兮有良岁。"② 这是依据《水部式》调节共同用水

---

① 《刘禹锡集》卷二，《碑上》之《高陵令刘君遗爱碑》，上海人民出版社 1975 年点校本。
② 《刘禹锡集》卷二，《碑上》之《高陵令刘君遗爱碑》，上海人民出版社 1975 年点校本。

和平均用水的生动事例。

三 汉唐人们对长江流域地理条件与农业发展状况的见解

(一) 汉代关于江淮以南地广人稀的看法

汉代，司马迁说：西楚地薄，江陵故郢都，西通巫、巴，东有云梦之饶。陈在楚夏之交，通鱼盐之利，其民多贾。东楚东有海盐之利，章山之铜，三江、五湖之利，亦江东一都会。南楚寿春亦一都会，而合肥受南北潮，皮革、鲍、木输会。江南卑湿，多竹木。豫章出金，长沙出连、锡。"总之，楚越之地，地广人希，饭稻羹鱼，或火耕而水耨，果隋蠃蛤，不待贾而足，地势饶食，无饥谨之患，以故砦窳偷生，无积聚而多贫，是故江淮以南，无冻饿之人，亦无千金之家"①。楚越之地属今长江中下游地区。司马迁认为江南自然条件较为优越，但地力没有得到充分发挥，大部分自然资源没有得到开发利用，其农业经济自给而足，外供无余。

(二) 六朝时江南之为国盛的观点

西晋南迁之初，江南经济很落后。刘宋时期，由于有相对安定的环境，江淮经济得到发展。沈约说：

> 江南之为国盛矣，虽南包象浦，西括邛山，至于外奉贡赋，内充府实，止于荆、扬二州。自汉氏以来，民户凋耗，荆楚四战之地，五达之郊，井邑残亡，万不余一也。自义熙十一年（415）司马休之外奔，至于元嘉末（453），三十有九载，兵车勿用，民不外劳，役宽务简，氓庶繁息，至余粮栖亩，户不夜扃，盖东西之极盛也。既扬部分析，境极江南，考之汉域，惟丹阳、会稽而已。自晋氏迁流，迄于太元之世，百许年中，无风尘之警，区域之内，晏如也。及孙恩寇乱，歼亡事极，自此以至大明之季，年逾六纪，民户

---

① 《史记》卷一二九，《货殖列传》。

繁育，将蠹时一矣。地广野丰，民勤本业，一岁或稔，则数郡忘饥。会土带海傍湖，良畴亦数十万顷，膏腴上地，亩值一金，鄠、杜之间，不能比也。荆城跨南楚之富，扬部有全吴之沃，鱼盐杞梓之利，充仞八方，丝绵布帛之饶，覆衣天下。而田家作苦，役难利薄，亘岁从务，无或一日非农，而经税横赋之资，养生送死之具，莫不咸出于此。穰岁粜贱，粜贱则稼苦；饥年籴贵，籴贵则商倍。常平之议，行于汉世。元嘉十三年，东土潦浸，民命棘矣。太祖省费减用，开仓廪以振之，病而不凶，盖此力也。大明之末，积旱成灾，虽敝同往困，而救非昔主，所以病未半古，死已倍之，并命比室，口减过半。若常平之计，兴于中年，遂切扶患，或不至是。若笼以平价，则官苦民忧，议屈当时，盖由于此。①

沈约指出，经过近百年时间，江南经济有了空前的发展，形成荆、扬、会稽等几个主要粮食生产基地，保障了江南国家的经济供应；江南农业经济的发展已经超过了北方最富裕的关中地区。同时也指出，西晋末年南迁人口对发展江南经济做出了突出贡献，但是人民并未富裕，并希望国家发挥救济饥荒的职能。

（三）"军国费用取资江淮"的国家意识

唐中后期，人们认识到江南经济的发展。陆贽说："淮海奥区，一方都会，兼水陆漕挽之利，有泽渔山伐之饶，俗具五方，地绵千里。"② 顾况说，湖州"舟车所会，物土所产，雄于楚越，虽临淄之富不若也"③。李华说，润州是繁富之区，"大江具区惟润州，其薮曰练湖，幅员四十里，菰蒲菱芡之多，龟鱼鳖蜃之生，厌饫江淮，膏润数州。"④ 李翰说，"淮南之地，提封千里，征令百役，税以足食，赋以足兵。……淮南之冲，南走闽越，北通

---

① 《宋书》卷五十四，《孔季恭传·史臣曰》。
② 《陆宣公集》卷九，《杜亚淮南节度使制》。
③ 《全唐文》卷五二九，顾况《湖州刺史厅壁记》。
④ 《全唐文》卷三一四，李华《润州丹阳县复练湖颂》。

幽朔"①，"扬州在九州之地最广，全吴在扬州之域最大，嘉禾在全吴之壤最腴。故嘉禾一穰，江淮为之康；嘉禾一歉，江淮为之俭。……嘉禾土田二十七屯，广轮曲折千有余里。……（屯田收入）与浙西六州租税埒"②。杜牧说，浙江地方"机杼耕稼，提封七州，其间茧税鱼盐，衣食半天下"③。梁肃说："常州为江左大郡，兵食之所资，财赋之所出，公家之所给，岁以万计"。④ 以上引文表明，唐中后期，人们已注意到江南自然条件的优越和农业发展的关系。

同时，人们认识到江淮经济在国家财政中的重要性。萧颖士说："兵食所资在东南。"⑤ 至德元年（756），第五琦对唐玄宗说："方今之急在兵，兵之强弱在赋；赋之所出，江淮居多。"⑥ 唐宪宗说："天宝以后，戎事方殷。两河宿兵，户赋不加，军国费用，取资江淮。"⑦ 韩愈又说："赋出天下而江南居十九。"⑧ 这都说明当时人们已认识到江南经济在国家赋税收入中的重要。

四　北宋时人们对北方地理条件与农业发展关系的认识

（一）对河南七州农田水利荒废的看法

宋代官员认为，开封周围二十三州荒田多达十之七八，河南七州荒地多，前代水利遗迹多，他们提出开垦屯田"省江淮漕运"的主张。

端拱（988～989）时，陈尧叟等上言："汉、魏、晋、唐于陈、许、邓、颍暨蔡、宿、亳至于寿春，用水利垦田，陈迹俱在。请选官大开屯田，以通水利，发江、淮下军散卒及募民充役。给官钱市牛、置耕具，导沟渎，筑防堰。每屯千人，人给一牛，治田五十亩……亩收约三斛，岁可收十五万斛。七州之间，置二十屯，可得三百万斛。因而益之，数年可使仓廪充

---

① 《全唐文》卷四三〇，李翰《淮南节度使行军司马厅壁记》。
② 《全唐文》卷四三〇，李翰《苏州嘉兴屯田纪绩颂并序》。
③ 《全唐文》卷七四八，杜牧《李纳除浙东观察使兼御史大夫制》。
④ 《全唐文》卷五二二，梁肃《独孤公行状》。
⑤ 《新唐书》卷二〇二，《萧颖士传》。
⑥ 《资治通鉴》卷二一八，《唐纪》。
⑦ 《全唐文》卷六十三，《宪宗元和十四年七月二十三日上尊号敕》。
⑧ 《韩昌黎集》卷十，《送陆歙州诗序》，四部丛刊本。

实，省江、淮漕运。"① 陈尧叟回顾汉、魏、晋、唐时期河南农田水利事迹，建议屯田，以充实仓廪，省江淮漕运，但无果而终。史载："帝览奏嘉之，遣大理寺丞皇甫选、光禄寺丞何亮乘传按视经度，然不果行。"②

太宗至道元年（995）皇甫选等建议：

> 邓、许、陈、颍、蔡、宿、亳七州之地，有公私闲田，凡三百五十一处，合二十二万余顷，民力不能尽耕。皆汉魏以来，召信臣、杜诗、杜预、任峻、司马宣王、邓艾等立制垦辟之地。内南阳界凿山开道，疏通河水，散入唐、邓、襄三州以溉田。又诸处陂塘防埭，大者长三十里至五十里，阔五丈至八丈，高一丈五尺至二尺。其沟渠，大者长五十里至百里，阔三丈至五丈，深一丈至一丈五尺，可行小舟。臣等周行历览，若皆增筑陂堰，劳费颇甚，欲堤防未坏可兴水利者，先耕二万余顷，他处渐图建置。③

即使这样逐步开展恢复七州农田水利的建议，也得不到实施。史载："其七州之田，令选于邓州募民耕垦，皆免赋入。……选与亮分路按察，未几而罢。"④ 陈靖认为京畿其他地区，农业发展与其自然条件很不相称。陈靖在宋太宗至道二年上言："按天下土田，除江淮、湖湘、两浙、陇蜀、河东诸路，地里复远，虽加劝督，未遽获利。今京畿周环二十三州，幅员数千里，地之垦者十才二三，税之入者又十无五六。复有匿里舍而称逃亡，弃耕农而事游惰，赋额岁减，国用不充。"⑤ 陈靖认为开封周围二十三州荒废达十之七八。以上人们的认识，反映了在宋代依赖江淮漕运政策下，河南土地已经荒废。

（二）关于郑白渠兴利除害的主张与效果

梁鼎、陈尧叟、皇甫选等，都回顾秦、汉、唐关中郑白渠的灌溉能力，

---

① 《宋史》卷一七六，《食货志上四·屯田》。
② 《宋史》卷一七六，《食货志上四·屯田》。
③ 《宋史》卷九十四，《河渠志四·邓许诸渠》。
④ 《宋史》卷九十四，《河渠志四·邓许诸渠》。
⑤ 《宋史》卷一七三，《食货志一·农田》。

认为郑白渠的废坏，影响了农业发展，主张恢复发展关中郑白渠的农田水利事业，保证开封之畿辅的“衣食之源”。至道元年度支判官梁鼎、陈尧叟上《郑白渠利害》，比较了郑白渠古今灌溉能力，提出兴修三白渠：“按旧史，郑渠……溉田四万顷，亩收一钟。白渠……溉田四千五百顷。两渠溉田凡四万四千五百顷，今所存者不及二千顷，皆近代改修渠堰，浸隳旧防，由是灌溉之利，绝少于古矣。郑渠难为兴工，今请遣使先诣三白渠行视，复修旧迹。”于是诏大理寺丞皇甫选、光禄寺承何亮乘传经度。

皇甫选等视察后，上言：

> 周览郑渠之制，用功最大。并仲山而东，凿断冈阜，首尾三百里，连亘山足，岸壁颓坏，堙废已久。度其制置之始，泾河平浅，直入渠口。暨年代浸远，泾河陡深，水势渐下，与渠口相悬，水不能至。峻崖之处，渠岸摧毁，荒废岁久，实难致力。其三白渠溉泾阳、栎阳、高陵、云阳、三原、富平六县三千八百五十顷，此渠衣食之源也。望令增筑堤堰，以固护之。旧设节水斗门一百七十有六，皆坏，请悉缮完。渠口旧有六石门，谓之洪门，今亦隤圮，若复议兴置，则其功甚大，且欲就近度其岸势，别开渠口，以通水道。岁令渠官行视，岸之缺薄，水之淤填，即时浚治。严豪民盗水之禁。
>
> 泾河中旧有石堰，修广皆百步，捍水雄壮，谓之“将军翣”，废坏已久。杜思渊尝请兴修，而功不克就。其后止造木堰，凡用梢桩万一千三百余数，岁出于缘渠之民。涉夏水潦，木堰遽坏，漂流散失，至秋，复率民以葺之，数敛重困，无有失止息。欲令自今溉田既毕，命水工拆堰木填于岸侧，可充二三岁修堰之用。所役缘渠之民，计田出丁，凡调万三千人。疏渠造堰，各获其利，固不惮其劳也。选能吏司其事，置署于泾阳县侧，以时行视，往复甚便。①

皇甫选认为，因自然条件的变化，郑渠已经不能如秦汉时期一样发挥作用；只有重新整理三白渠渠堰制度，才能恢复其灌溉功能，保证沿渠六县“衣食

① 《宋史》卷九十四，《河渠志四·三白渠》。

之源"。当时"著作佐郎孙冕总监三白渠，诏冕依选等奏行之。后自仲山之南，移治泾阳县"。"景德三年，盐铁副使林特、度支副使马景盛陈关中河渠之利，请遣官行郑白渠，兴修古制。乃诏太常博士尚宾乘传经度，率丁夫治之，宾言：'郑渠久废不可复，今自介公庙回白渠洪口直东南，合旧渠以畎泾河，灌富平、栎阳、高陵等县，经久可以不竭。'工既毕而水利饶足，民获数倍。"① 这说明人们对郑白渠利害的认识，在短期内还发挥了作用。

（三）关于河北塘泊利用方式的争论

关于河北塘泊的利用方式，自仁宗天圣时起，一直存在着争论。一种意见认为，应开发农田水利，塘泊不能限制辽国入侵，"以无用之塘，而废可耕之田，则边谷贵，自困之道也"，不如开发农田水利。另一种意见认为，应利用塘泊设险制敌，河朔幅员二千里，地平夷无险阻，沿边塘泊"绵亘七州军，屈曲九百里，深不可以舟行，浅不可以徒涉"，可以御敌。自此以后，争论不断："论者自是分为两歧，而朝廷以契丹出没无常，阻固终不可以废"②，"官司利于稻田，往往泄去积水"③。

何承矩是主张开发河北塘泊水利的代表。宋太宗端拱二年（989）沧州节度副使何承矩上书请求发展关南（瓦桥关之南）屯田水利，其中指出了河北丰富的水利资源与农业经济落后的状况：

> 臣幼侍先臣关南征行，熟知北边道路、川源之势。若于顺安寨（今河北高阳）西开易河蒲口，导水东注于海，东西三百余里，南北五七十里，资其陂泽，筑堤贮水为屯田，可以遏敌骑之奔轶。俟期岁间，关南诸泊悉壅阆，即播为稻田。其缘边州军临塘水者，止留城守军士，不烦发兵广戍。收地利以实边，设险固以防塞，春夏课农，秋冬习武，休息民力，以助国经。如此数年，将见彼弱我强，彼劳我逸，此御边

---

① 《宋史》卷九十四，《河渠志四·三白渠》。
② 《宋史》卷九十五，《河渠志五·塘泊缘边诸水》。
③ 《宋史》卷九十五，《河渠志五·塘泊缘边诸水》。

之要策也。①

何承矩提出利用河北丰富的水资源，发展屯田水稻种植，并兼得陂塘水利屯田防御辽国铁骑之利。"由时自顺安军以东瀕海，广袤数百里，悉为稻田。而有莞蒲蜃蛤之饶，民赖其利。"②

李纲坚持利用塘泊作为边境险阻。他说："河北塘泊东抵海，西抵广信、安肃，深不可涉，浅不可行舟，所以限隔胡骑，恃为险固。而比年以来，淤淀干涸，不复开浚，官司利于稻田。"③ 李纲批评利用河北塘泊发展农业。

从大致情形来说，宋代有不少人认为河北大部分地区农业无大的发展。欧阳修说："沧、瀛、深、冀、邢、洺、大名之界西与北"，均有许多"淀泊不毛"之地。④ 沈括说："深、冀、沧、瀛间，唯大河、滹沱、漳水所淤，方为美田，淤淀不至处，悉是斥卤，不可种艺。"⑤ 这使河北农业发展受到影响。

宋仁宗天圣时，王沿说："自契丹通好三十年，二边常屯重兵，坐耗国用，而未知所以处之。"他上书请兴修河北农田水利，其中谈到河北农业发展水平与自然资源条件不相称：

> 河北为天下根本，其民俭啬勤苦，地方数千里，古号丰实。今其地，十三为契丹所有，余出征赋者，七分而已。魏史起凿十二渠，引漳水溉斥卤之田，而河内饶足。唐至德后，渠废，而相、魏、磁、洺之地并漳水者，累遭决溢，今皆斥卤不可耕。故沿边郡县，数蠲租税，而又牧监刍地，占民田数百千顷。是河北之地，虽十有其七，而得赋之实者，四分而已。以四分之力，给十万防秋之师，生民不得不困也。且牧监养马数万，徒耗刍粟，未尝获其用。请择壮者配军，衰者徙之

---

① 《宋史》卷二七三，《何承矩传》。
② 《宋史》卷二七三，《何承矩传》。
③ 《三朝北盟会编》卷四十五，靖康元年三月，李纲：《奏备边御敌八事》，上海古籍出版社影印本。
④ 《欧阳文忠公文集》卷一一六，《论河北财产上时相书》。
⑤ 《梦溪笔谈》卷十三，《权智》。

河南，孳息者养之民间。罢诸垧牧，以其地为屯田，发役卒、刑徒田之，岁可用获谷数十万斛。夫漳水一石，其泥数斗，古人以为利，今人以为害，系乎用与不用尔。愿募民复十二渠，渠复则水分，水分则无奔决之患。以之灌溉，可使数郡瘠卤之田，变为膏腴。如是，则民富十倍，而帑廪有余矣。①

当时有人以"漳河岸高水下，未易疏导；又其流浊，不可溉田"为由，反对引漳水溉田。② 总之，北宋人们的议论，反映了北方农田水利发展状况的落后，恢复汉唐繁盛成为一种梦想。

第二节　元明时期人们的认识与实践（上）

一　利用北方地理条件发展农田水利的自觉认识与实践

（一）关于土地利用方式的争论及结果

蒙古民族本来以游牧、商业和军事掠夺等方式来获得财富，"其俗不待蚕而衣，不待耕而食"③，当大蒙古国时期，统治者认为农桑无足轻重。史载：

> 己丑（1229），太宗即位。……自太宗西征之后，仓廪府库无斗粟尺帛，而中使别迭等言："虽得汉人亦无所用，不若尽去之，使草木畅茂，以为牧地。"公即前曰："夫以天下之广，四海之富，何求而不得，但不为耳，何名无用哉！"因奏"地税、商税、酒醋、盐铁、山泽之利，周岁可得银五十万两，绢八万匹，粟四十万石"。上曰："诚如卿言，则国用有余矣。卿试为之。"乃奏立十路课税所……辛卯秋八月，上至云中，诸路所贡课额银币，及仓廪物斛文簿，具陈于前，悉符元

---

① 《宋史》卷三○○，《王沿传》。
② 《宋史》卷三○○，《王沿传》。
③ 《元史》卷九十三，《食货志一·农桑》。

奏之数。上笑曰："卿不离朕左右，何使钱币流入如此？……"①

《元史》记载别迭的话是："汉人无补于国，可悉空其人以为牧地"②。两段记载，清楚地说明了窝阔台汗时蒙古上层对于汉地农业的看法，"汉人无补于国，可悉空其人以为牧地"的认识相当普遍。耶律楚材和别迭的争论，实际是对土地利用方式之争，是以牧立国和以农立国两种思想之争，结果是以农立国思想占了统治地位，并最终成为元代的基本国策。

（二）"以农桑为本"立国方略的确立

至元时，元朝确立了以农桑立国的方略。蒙古定宗二年（丁未年，1247）忽必烈召见张德辉，问："农家作劳，何衣食之不赡？"德辉对曰："农桑，天下之本，衣食之所从出也。男耕女织，终岁勤苦，择其精者输之官，余粗恶者将以仰事俯育。而亲民之吏复横敛以尽之，则民鲜有不冻馁者矣。"③己未年（蒙古宪宗九年，1259）忽必烈南伐途中，向儒者杜瑛访问治道，杜瑛说："汉唐以还，人君所恃以为国者，法与兵、食三事而已。国无法不立，人无食不生，乱无兵不守。今宋皆蔑之，殆将亡矣，兴之在圣主。"④姚枢提出"重农桑，宽赋税，省徭役，禁游惰"的主张⑤。至元五年（1268）许衡"时务五策"，其一是兴农桑建学校："诚能自今日始，勿使扰害，尽驱游惰之人归之南亩，岁课种树，恳谕而督行之，十年以后，当仓盈库积，非今日比也"⑥。由于军国之需，以及汉地学人的反复进言，元世祖认识到农业对国家的重要。史家言："世祖即位之初，首诏天下，国以民为本，民以衣食为本，衣食以农桑为本"⑦，概括了元世祖的这种认识。至元十二年（1275）五月，元世祖诏谕前线将领高达：

---

① 《元朝名臣事略》卷五，《中书耶律文正公》。
② 《元史》卷一四六，《耶律楚材传》。
③ 《元史》卷一六三，《张德辉传》。
④ 《元史》卷一九九，《杜瑛传》。
⑤ 《元史》卷一五八，《姚枢传》。
⑥ 许衡：《时务五策·农桑学校》，见《元文类》卷十三。
⑦ 《元史》卷九十三，《食货志一》。

昔我国家出征，所获城邑，即委而去之，未尝置兵戍守，以此连年征伐不息。夫争国家者，取其土地人民而已，虽得其地而无民，其谁与居。今欲保守新附城壁，使百姓安业力农，蒙古人未之知也。尔熟知其事，宜加勉旃，湖南州郡皆汝旧部曲，未归附者何以招怀，生民何以安业，听汝为之。①

这体现了元世祖对利用自然条件与发展农业关系的自觉认识，即土地、人民对国家的重要，决心改变以往的做法，"使百姓安业力农"，确立了以农桑为主要经济方式的思想意识，并形成了一些重农桑制度："至元七年，立司农司……掌农桑水利。仍分布劝农官及知水利者，巡行郡邑，察举勤惰。所在牧民长官提点农事……是年，又颁农桑之制一十四条。"②农桑之制包括立社、河渠、区田、种植等。

重视农桑，后来成为各地方官员的思想指导，元人文集中收录了许多劝农文，首段一般陈述农桑对农家的重要，然后是具体的技术指导。至元十五年（1278）河南河北道提刑按察司的《劝农文》说："惟民生之本在农，农之本在田。衣之本在蚕，蚕之本在桑。耕犁耙种之本在牛，耘锄收获之本在人，人之本在勤，勤之本在于尽地利"③，虽是官话，却也概括地表达了地方官员对农桑重要性的认识。

元代还出现了《农桑辑要》《农书》《农桑衣食撮要》等农书，从理论上和方法上指导农桑种植。大司农司编写的《农桑辑要》前后印刷一万部，"颁赐朝廷及诸路牧守令，知稼穑之艰难，以劝谕民"④，体现了朝廷要在各级官员和农民中普及农桑技术的意识。世祖至元十年（1273）王磐《序》云：司农司"专以劝课农桑为务。行之五六年，功效大著，民间垦辟种艺之业，增前数倍"，记述了司农司成立后土地利用的效果。英宗至治二年（1322）蔡文渊《序》云：《农桑辑要》"耕蚕之术，畜挚之方，天时地利

---

① 《元史》卷八，《世祖本纪第八》。
② 《元史》卷九十三，《食货志一·农桑》。
③ 《秋涧集》卷六十二，《劝农文》，文渊阁四库全书电子版。
④ 元大司农编、缪启愉校释《元刻农桑辑要校释·附录》，农业出版社，1988。

之所宜，莫不毕具。用之则力省而功倍，刊行四方，灼有明效"①。概括了
《农桑辑要》指导农桑的作用。以上记述，从各方面表明元代确立了以农桑
立国的立国方略，并取得一定的实际效果。

（三）关于开垦北方荒地的策略和长期政策

1. 内地边郡且耕且战的策略和政策

元明时期，屯田有兵屯、民屯之别。兵屯，有耕和战两种功能。屯田
最初是策略，后来才成为政策，这体现了最高统治者认识的转变。由于宋
元交战，河南、两淮土地荒芜严重，"黄河迤南，大江迤北，汉水东西，两
淮地面，系在前南北边徼，中间歇闲岁久，膏肥有余，虽有居民耕种，甚
是稀少"②；"河南地方宽阔，东西二千里，南北一千余里，跨州连郡，大小
七十余城，军民一十八万户"③。至元五年（1268）王恽提出，在河南"近
则在两淮之间，远则抵大江之北"实行屯田，屯田有五利，其一是利用河
南荒地发展农业，其余四利则是屯田兼收练兵、守边、灭宋之功效。④ 王恽
还认为在江淮发展民屯："宜设立司农司，招集大江南北无产业人民，验丁
力标拨顷亩，令一定住坐，为立官，给牛只农具，差税并不取要。若成就
后，别议定夺，如此不数年间，开耕作熟，贫民既得济，虚地又行内实，
万一缓急，以食以兵，皆可倚用。"⑤ 约至元十一年，胡祗遹提出在襄樊前
线兴建军屯的建议："我军围襄樊六年于兹，戈甲器刃所费若干，粮斛俸禄
所费若干，士卒沦亡若干，行赍居送人牛车具飞挽损折若干，以国家每岁
之经费计之，襄樊殆居其半"。于是他提出上策，以北军为城守，以南军屯
田，"积粮休息，一岁或二岁，三时务农，一时讲武，俟兵力少苏，仓廪丰
积，不劳远输而能供给，则议大举渡江"；中策是"诸军半屯田，半出征，
每岁或春或秋，除镇守襄樊可留兵力外，达汉诸军轻骑分道抄掠汉上诸城，

---

① 元大司农编、缪启愉校释《元刻农桑辑要校释·附录》，农业出版社，1988。
② 《秋涧集》卷九十，《便民三十五事·开种两淮地土事状》，文渊阁四库全书电子版。
③ 《秋涧集》卷八十六，《乌台补笔》，文渊阁四库全书电子版。
④ 《秋涧集》卷八十六，《乌台补笔·论屯田五利事状》，文渊阁四库全书电子版。
⑤ 《秋涧集》卷九十，《便民三十五事·开种两淮地土事状》，文渊阁四库全书电子版。

使不得耕耨，俘掠大获而还。"① 军屯可练兵又可解决前线军费供应。元人
认为河南屯田为伐宋张本即军事策略，其后成为一种制度，这体现了王恽、
胡祗遹、姚枢等对利用北方自然条件即荒闲土田发展农业的认识，最终成
为统治集体的群体意识和国家政策。

　　明代统治者认为军屯可以利用、改造荒闲土地，充分发挥地力的作用，
供应军粮。癸卯年（元至正二十三年，1363）太祖朱元璋申明将士屯田
之令：

> 兴国之本，在于强兵足食。昔汉武以屯田定西戎，魏武以务农足
> 军食。定伯兴王，莫不由此。自军兴以来，民无宁居，连年饥馑，田
> 地荒芜。若兵食尽资于民，则民力重困。故令尔将士屯田，且耕且战。
> 今各处大小将帅，已有分定城镇，然随处地利，未能尽垦。数年以来，
> 未见功绪；惟康茂才所屯，得谷一万五千余石，以给军饷，尚余七千
> 石，以此较彼，地力均而入有多寡，其故何哉？盖人力有勤惰故耳！
> 自今诸将督军士及时开垦，以收地利，庶几兵食充足，国有所赖。②

明太祖根据历史经验和当前军粮需求，提出兴军屯，是认识到了利用自然
条件以发展屯田与军粮供给的关系。洪武、永乐时军屯制度基本确立，其
后废弛。宣德时，行在户部尚书郭敦奏请整理屯政，并说："洪武、永乐年
间屯田之例：边境卫所旗军，三分四分守城，六分七分下屯；腹里卫所，
一分二分守城，八分九分下屯：亦有中半屯守者。都司、布政司、按察司
提督，秋成比较，依例赏罚，仓有余粮。近年各卫所不遵旧例，下屯者或
十人，或四五人，虽有屯田之名而无屯田之实。且以一卫计之，官军一年
所支俸粮，动以万计，而屯收籽粒止有六十石或百余石，军粮缺少，实由
于此"。③ 郭敦的奏疏，反映了统治者对利用荒闲田土与发展军粮生产关系
的认识及其转变，也反映了郭敦对这个问题的重视。

　　万历《明会典》卷二〇二《工部二十二·屯种》中说："国初以军食为

---

①　《紫山大全集》卷十一，《寄张平章书》，文渊阁四库全书电子版。
②　《明太祖实录》卷十二，洪武六年二月壬申。
③　《明宣宗实录》卷五十一，宣德四年二月。

重，自内地及边境荒闲田土，各卫所拨军开垦，岁收籽粒为官军俸粮，以省馈饷。"又载："（洪武）二十六年定：凡边防郡县守御去处，新立卫分，拨军开垦荒闲田屯种，须要计算顷亩数目，及田地肥瘦，人力勤惰，务在不旷征徭，不失军饷。嘉靖七年，令陕西、山西、山东、北直隶沿边提督巡抚都御史……招辑游民游僧，编堡定户，以耕边地。八年题准，甘肃等边……其将领垦田百顷以上者，抚按奖励；三百顷以上者，奏请擢用……十三年题准，陕西、河西地方多有可耕之田，限于境外，无人敢种，通行巡抚等官查照，国初壕墙边界筑浚高深，可耕之田，务尽开垦。……二十二年，题准各边抛荒地土，不拘将帅军民开垦成业，即为己产，永不起科。其旧曾起科，积荒年久者，仍要用力开垦成业……以足边饷。其有相应修筑城堡，拨军防获云处，悉听从宜处置。"① 这些规定都具有法律性质，体现了从明初至嘉靖、万历时改造利用荒闲土地以足军粮的统治者的群体意识和法典化意识。

2. 京师附近设立屯田的策略和政策

元、明初期，燕京及北方许多地方荒芜严重，统治者表达了对利用燕京和北方自然条件与发展农业之关系的看法。元朝中统初，姚枢奏："内地之民不习武事，不耐劳苦，第可使出财赋，以资国用；西京、北京今诸路之民，习武耐劳，可尽复其差赋，充本路保甲屯田，使进有取而出有归，可镇内寇而御外侮。汉军除守御内边，可选进勇富强三万，〔于〕燕京东西分屯置营，以壮神都"，人们认为，此左、中、右三卫起本者。② 在燕京东西发展军事屯田，既可就近解决驻军的粮食供应，也可壮大京师声威。王恽认为，在大都附近种麦，既可以增加大都的粮食供应，也可以扩大、推广农作物，使自然条件与农耕活动相适应。约中统至至元初，王恽说："窃见附京地寒，不可以麦，而岁用不啻数千万斛，止仰御河上下商贩，以资京畿。今范阳去都百里，而远土风宜麦与稻，比之秋田，宜令倍种，外据荒闲冒占，复许诸人开耕，验顷亩，免地租三年，及减半力役，亦完实内

---

① 《明会典》卷二〇二，《工部二十二·开垦》。
② 《牧菴集》卷十五，《中书左丞姚文献公神道碑》，文渊阁四库全书电子版。

地之道也。如关中，古无麦，今盛于天下，盖自武帝始也。其种稻事，北齐皇建中平州刺史稽晔建议开督亢旧陂，岁收稻数十万石，北境赖以周赡，此其验也。督亢，地在今新野县界。"①王恽认为，从汉时麦在关中的推广、北齐时稻在督亢的推广，都证明作物可以适应新的自然环境。王恽的论述，不仅说明大都附近农业仍有发展的余地，而且说明人们认识到自然条件与农作物种植之间的相互作用关系。另外，姚枢和胡祗遹都提出元代各色人等中，北军、西京、北京之民习武耐劳，南军（汉军）、内地人民善于耕种，根据各种类人的特点加以利用，这也是元代人们利用自然条件的思想，因为人本身就是自然条件的一部分。

元明时期出现了对屯田的总结性的认识。元文宗时，由赵世延、虞集等主修的政书《经世大典·屯田》云：

> 国家平中原，下江南，遇坚城大敌，旷日不能下，则因兵屯田，且耕且战，为居久计，当时无文籍以志，制度之详，不可考。既一海内，举行不废。内则枢密院各卫，皆随营地立屯，军食悉仰足焉。外则行省州郡，亦以便利置屯，甘、肃、瓜、沙，河南之勺陂、洪泽，皆因古制以尽地利；云南八番、海南、海北，本非立屯之地，欲因之置军旅于蛮夷腹心以控扼之也。其和林、陕西、四川等，或以地所宜，或以边计，虑至周密，法甚美矣。②

明修《元史·兵志三·屯田序》全引《经世大典·屯田序》，又加结语："由是而天下无不可屯之兵，无不可耕之地矣。"《经世大典》作者分析元代屯田的起源、发展及效果，肯定屯田制度之"以尽地利"的功效及"或以地所宜，或以边计"的形式，即认识到元代利用自然条件以发展军粮生产及巩固边防的积极作用。

明代，更多的人认识到京师、北边屯田的效果。明太祖谕五军府曰："天下卫所分兵屯种者，咸获稼穑之利。其令在屯军土树桑枣百株，柿栗胡

---

① 《秋涧集》卷八十六，《乌台补笔·论范阳种麦事状》，文渊阁四库全书电子版。
② 《元文类》卷四十一，《经世大典·屯田序》，文渊阁四库全书电子版。

桃之类随地所宜植之，亦足以备岁歉之不给。"大宁都督佥事商嵩奏："见在粮粟，大宁三十一万石，松亭关五十八万石，会州二十五万石，他镇所报亦如此。至宣德时所积之粟尤多。"① 成化十九年，总理粮储户部郎中毛泰奏：辽东屯田，"岁夏秋二征，以资官军俸粮。自洪武至永乐，为田二万五千三百余顷，粮七十一万六千石有奇。当时边有储积之饶，国无运饷之费，诚足食足兵之道也。至于宣德以后，屯田之法虽曰寝废，军士犹余四万五千四百，而粮亦视旧不减三分之一。近彼边方多事，屯田之法尽坏。……今所存正军惟一万六千七百余名，而岁征粮止一十六万七千九百石；又以荒歉蠲免，岁不足七八万之数。较于旧制，屯田之法，十不及一；故辽东三十二仓，通无两月之储。"② 弘治六年，兵部尚书马文升说：明初屯田"各卫所仓廪充实，红腐相因，而军士无乏粮之虞"③。隆庆时兵部左侍郎蓟辽总督谭纶说："腹里当国初右武，田皆膏腴。实收籽粒，足以充军食之半。"④ 户部尚书刘体乾说，北边各镇"一军之田，足以赡一军之用"⑤。以上言论，出自皇帝、户部和兵部官员，陈述了自明初至中期京师及北边屯田的效果，较为真实地认识了利用自然条件发展军粮生产的效果。

上引毛泰的奏疏，以及许多整理屯政的奏疏，还反映出人们认识到宣德、成化以后屯田废弛与军粮不足的关系。清人孙承泽说："明初宿重兵于畿辅，至四五十万，不费一粒一勺。及中叶而后，犹有万人自备粮糗，愿效力行间者。后何不振乃尔耶？……夫崇祯去万历几何时？而屯军衰败如此，况万历已大非国初之景象矣。故视屯政之兴废而明之盛衰随之。在昔唐之府兵亦然，古今同辙也。"⑥ 孙承泽从兵制（含屯政）兴废看统治盛衰，由明溯唐，具有很深刻的历史意识。

总之，元明屯田制度的兴废、效果，以及人们的看法，反映出统治者对利用京边荒闲土地立屯田以足军食、壮神都的重视，即反映出统治者对

---

① 孙承泽：《天府广记》卷三十二，《五军都督府》，北京古籍出版社 1982 年点校本。
② 《明宪宗实录》卷二四四，成化十九年九月戊申。
③ 《明经世文编》卷六十三，《马端肃公奏疏》之《清屯田以复旧制疏》。
④ 《明穆宗实录》卷三十五，隆庆三年七月壬申。
⑤ 《明穆宗实录》卷三十九，隆庆三年十月庚午。
⑥ 孙承泽：《天府广记》卷三十二，《五军都督府》，北京古籍出版社 1982 年点校本。

利用自然条件中的土地条件与政治、经济、军事相互关系的认识。

3. 移民就宽乡政策的制度化

元明时期南方土地利用程度高，而北方由于战争等因素，荒地和熟田抛荒多，统治者认识到发展北方地利的重要。关于南方土地利用情况，王祯列举了圃田、围田、柜田、架田、梯田、涂田、沙田等几种形式，他认为这是因为"田尽而地，地尽而山，山乡细民，必求垦佃，犹胜不稼。其人力所至，雨露所养，不无少获。然力田至此，未免艰食，又复租税随之，良可悯也"①。这反映了南方地少人多的情况。

明代统治者认为开垦荒闲土地可以安置狭乡农民就业，既可以发挥地力，又可以使农民有产业，有利于社会稳定。史载："其制，移民就宽乡，或召募或罪徙者为民屯，皆领之有司。"② 官员们的认识促成了从狭乡移民就宽乡政策的出台和实施，其中，苏琦、桂彦良、梁野先帖木尔、刘九皋的上书起了重要作用。洪武三年（1370）郑州知州苏琦上言：西北余孽未平，关辅、平凉、辽右与夷虏相接，河南"十年之间，耕桑之地，变为草莽"，请在西北之平凉、辽右、河南等地屯田积粟③。桂彦良《上太平治要十二条》说："中原为天下腹心，号膏腴之地，因人力不至，久致荒芜"，建议从狭乡移贫民到宽乡屯种，"及犯罪者亦谪之屯田，使荒闲之田，无不农桑。三五年间，中州富庶，财用丰足"。④ 洪武六年（1373）四月太仆寺梁野先帖木尔言：黄河迤北宁夏境内土田膏沃，宜命重将招抚流亡屯田⑤。洪武二十一年（1388）户部郎中刘九皋上言："古者狭乡之民迁于宽乡，盖欲地不失利，民有恒业。今河北诸处，自兵后田多荒芜，居民鲜少；山东、山西之民，自入国朝，生齿日繁，宜令分丁徙居宽闲之地，开种田亩。如此则国赋增而民生遂矣。"⑥ 这些奏疏，陈述了北方各处土地荒芜以及开垦的必要性，提出移民、招募、罪徙等，开垦北方荒地的建议，明太祖都采

---

① 王祯：《农书》卷十一，《田制门·梯田》，中华书局，1956 年影印本。
② 《明史》卷七十七，《食货志一》。
③ 《明太祖实录》卷五十，洪武三年三月丁酉。
④ 《明经世文编》卷七，《朱桂二公集》卷之一。
⑤ 《明太祖实录》卷八十一，洪武六年四月壬申。
⑥ 《明太祖实录》卷一九三，洪武二十一年八月癸丑。

纳了。苏琦上书后，明太祖对中书省臣说："琦言有可采者，其参酌行之。"① 刘九皋上言后，明太祖对户部侍郎杨靖说：山东地广，民不必迁。山西民众，宜如其言。于是迁山西泽、潞二州民之无田者往彰德、真定、临清、归德、太康诸处闲旷之地，令自便置屯耕种。② 明太祖推广移民屯耕的地区主要在淮北、山东、河南及北平地区。这体现了明代统治集体对利用北方自然条件以发展农业稳定农村之关系的认识和实践。

万历时又把洪武时移民垦荒制度以法典的形式固定下来。《明会典》：凡开垦荒田，洪武三年，令以北方府县近城荒地，召人开垦。洪武十三年，令各处荒闲田地许诸人开垦。又诏陕西、河南、山东、北平等各布政司及凤阳、淮安、扬州、庐州等府，民间田土，许尽力开垦。洪武二十四年，令荒田俱系在官之数，若有余力，听其再开。③ 从法典上规定了移民垦荒的合法性和连续性，体现了统治集体利用改造自然条件发展经济的法典化意识。

二 西北农田水利管理之法规化意识的恢复和淡漠

(一) 西北农田水利管理法规化意识的恢复④

元代重视水利管理制度的法规建设，至元七年（1270）《农桑之制》十四条规定："凡河渠之利，委本处正官一员，以时浚治。或民力不足者，提举河渠官相其轻重，官为导之。"⑤ 在各灌区，如泾渠、石川河、兴元堰等，统一管理农业用水，制定使水法度或用水则例。这些则例，体现了统一管理分配西北水资源的法规化意识。

窝阔台汗十二年（庚子年，1240）以梁泰充"宣差规措三白渠使，郭

---

① 《明太祖实录》卷五十，洪武三年三月丁酉。
② 《明太祖实录》卷一九三，洪武二十一年八月癸丑。
③ 《明会典》卷十七，《户部四·田土》。
④ 本节据王培华《水资源再分配与西北农业可持续发展——元〈长安志图〉所载泾渠〈用水则例〉的启示》改写，见《中国地方志》2000年第5期。
⑤ 《元史》卷九十三，《食货志一·农桑》。

时中副之，直隶朝廷，置司于云阳县，官署称司"，即渠司。① 梁泰据唐宋旧例制定用水规定，元人称之为《旧例》，我们可称之为"庚子《用水则例》"，至元九年（1272）元世祖降旨，各路水利河渠修成后，"先从本路定立使水法度，须管均得其利，拘该开渠池面诸人不得遮当，亦不得中间沮坏，如所引河水干障漕运粮盐，及动磨使水之家，照依中书省已奏准条画定夺，两不相妨"②。元世祖时，大司农司和地方守令共同规定了制定"使水法度"的一般原则（即平均用水）及具体细则，由皇帝下诏允准。"至元九年至十一年（1272~1274）二次准大司农札付劝农官韩大使耀用、宋太守等官公同讲究使水法度，呈准，中书省以为定例"，这次修订的"使水法度"，元人称之为"至元之法'，我们可以称之为"至元《用水则例》"。因泾渠的"使水法度"具有典型性，朝廷有意推广，至元十一年（1274）初立泾渠河渠营田使司（二十八年，河渠营田使司改为屯田总管府，总管府正官衔内带兼河渠司事，有技术和看守维修人员若干）；九月大司农司和中书省要求陕西屯田总管府兼管河渠司官员，"依泾水例，请给申破水直"，制定石川河的使水规则。③ 用法律规定管理泾渠农田灌溉，体现了统治集体用法规法律管理西北农田水利的法规化意识。李好文编绘的《长安志图》第三卷包括《泾渠总图》和《富平县境石川溉田图》二幅地图，并有泾渠图说、渠堰因革、洪堰制度、用水则例、设立屯田、建言利病和总论等部分。下文是依据《长安志图》卷下《泾渠图志》，谈泾渠"分水""用水则例"的主要内容。

立三限闸分水　元人认为，自秦、汉至唐、宋以至元朝，泾渠实行立限分水制，使泾渠流经的五县普沾灌溉之利。"自泾阳县西仲山下截河筑洪堰，改泾水入白渠，下至泾阳县北白公斗，分为三限，并平石限，盖五县分水之要所。北限入三原、栎阳、云阳，中限入高陵，南限入泾阳，浇灌

① 《长安志图》卷下，《设立屯田》。
② 《元典章》卷二十三，《户部九·兴举水利》。
③ 《长安志图》卷下，《渠堰沿革》，宋元方志丛刊本，中华书局，1990 年影印。

官民田七万余亩。"① 三限口在泾阳县东北南北限分渠处。② 由此有太白渠、中白渠、南白渠等分渠，各分渠又支渠若干。为防止各县分水不公，每年分水时节，各县正官一员"亲诣限首，眼同分用"。如果守闸官妄起闸一寸，即使有数徽余水透入别县，也是不允许的。③ 这样可以做到表面上基本平均。但是，因地理远近不同，各县所沾灌溉之利并不平均，文宗天历二年（1329）陕西屯田府总管兼管河渠司事郭嘉称："泾阳水利，虽分三限引水溉田，缘三原等县地理遥远，不能依时周遍；泾阳北近，俱在上限，并南限、中限，用水最便"，为此，在修堰等维护工程中，"泾阳县近限水利户"就须多出人夫。④

立斗门以均水 斗门即闸门，设于渠堰上以引水。泾渠各分渠、支渠上共有斗门一百三十五个。"凡水出斗，各户自以小渠引入其田，委曲必达"，即公私农户都在斗门上再开小渠，引水灌田。斗门由巡监官及斗门子看管。因农户偷开斗口，故使渠岸颓毁；或者因懒惰不肯修理，巡监官和斗门子预先催督利户修理渠口，或令石砌木围，无致损坏，透漏费水；又如遇开斗浇田，河渠司差人随逐水头，盖督使水，如有违犯，即便审报。⑤

修理 "凡修渠堰，自八月兴工，九月毕工。春首植榆柳以坚堤岸"，修渠堰时，"先于七月委差利户，各逐地面开淘，应于行水渠道，须管行水通畅"。修理渠堰和种植榆柳都要求使用水利之户出夫。⑥

探量水深尺寸，申报河渠司 "凡水广尺深尺谓之一徽，以百二十徽为准，守者以度量水，日具尺寸，申报所司，凭以布水，各有差等"，因为"三限、平石两处系关防分水禁限"，故在探量三限口水直人夫四名之外，"庚子《用水则例》"还规定："五县各差监户一名，与都监一同看守限口，每日探量水深尺寸，赴河渠司申报"。另外，根据水的丰枯决定分水量：水

① 《元史》卷六十五，《河渠志二·洪口渠》。
② 宋敏求纂修《长安志》第十七卷，宋元方志丛刊本，中华书局，1990。
③ 《长安志图》卷下，《洪堰制度》，宋元方志丛刊本，中华书局，1990。
④ 《元史》卷六十五，《河渠志二·洪口渠》。
⑤ 《元史》卷六十五，《河渠志二·洪口渠》。
⑥ 《长安志图》卷下，《洪堰制度》，宋元方志丛刊本，中华书局，1990。

盛则多给，水少则少给。

申请用水状子和供水许可申帖　"至元《用水则例》"第一条规定："凡用水，先令斗吏入状，官给申帖，方许开斗"。这包括申请用水和河渠官允许供水申帖（可称之为供水许可证）两项内容。申请用水，由"上下斗门子预先具状开写斗下屯分利户种到苗稼"和顷亩数量，"赴（河）渠司告给水限申帖"；供水许可申帖（供水许可证），由河渠司根据都监、五县监户以及探量水直人夫探量的水深尺寸以及徽数，计算各斗门"合得徽数、刻时"，发给供水申帖。上下斗门子要按证开斗放水，流毕随即闭斗，交付以上斗分，不许多浇或超时浇水。违时者斟酌处理。

放水时间　"至元《用水则例》"第二条规定："自十月一日放水，至六月遇涨水歇渠，七月住罢"，一年共有八个月的灌溉期。十月浇夏田，三月浇麻白地及秋白地，四月浇麻，五月改浇秋苗。但是，这种规定过于琐碎，有时不顾农户实际，如，五月浇秋苗，但此时麻苗正渴，人户计其所利，麻重于苗，于是将水浇麻。水司为（麻、苗）不系一色，辄便断罚；还有，因何时浇灌何种作物都有严格规定，但"间遇天旱，可浇者不得使水，不须浇者却令使水"。这些问题，河渠司都曾考虑到，并做调整，只要不超过"各人合得水限"，不论浇灌何种作物及顷亩均可。

每夫浇地顷亩　泾渠灌溉用水管理和分配的原则，从理论上讲，是以渠水所能灌田的顷亩为总数，分配到上一年度维修渠道的丁夫户田。泾渠的灌溉能力大体固定，即"（唐宋）旧日渠下可浇五县地九千余顷，……即今（至元九年至元十一年，1272～1274 年）五县地土亦以开遍，大约不下七八千顷"，"至元《用水则例》"第三条规定："每夫一名，溉夏秋田二顷六十亩，仍验其工给水"①。

行水次序　"至元《用水则例》"第四条规定："行水之序须自下而上，昼夜相继，不以公田越次霖潦辍功"。"庚子《用水则例》"规定："各斗分须要从下依时使水，浇灌了毕，方许闭斗，随时交割以上斗分，无得违越时刻；又使水屯户与民挨次，自下而上溉田"。

---

① 原注，"今实溉一顷八十亩"，指至正时的情况。

违规处罚 至元十一年（1274）大司农（司）规定："若有违犯水法，多浇地亩，罚小麦一石"，至元二十年（1283）修改为"不做夫之家，每亩罚小麦一石；兴工利户，每亩五斗"。至元二十九年（1292）又修改为："违犯水法，不做夫之家，每岁减半罚小麦五斗；兴工利户每亩二斗五升"，另加笞刑每亩笞七下，罪止四十七下。①

以上是泾渠"至元《用水则例》"的具体内容。至正时，李好文指出泾渠之利和泾渠用水则例的重要："夫五县当未凿渠之前，皆斥卤硗确不可以稼，自被浸灌，遂为沃野，至今千余年，民赖其利"。② "五县之地本皆斥卤，与他郡绝异，必须常溉，禾稼乃茂。如失疏灌，虽甘泽数降，终亦不成。是以泾渠之例，一日不可废也。"③ 李好文强调泾渠渠司的分水规则不可废，因为分水规则体现了国家调节农民共同用水和平均用水的意志和统治职能。

明代，洪武八年（1375）和三十一年（1398）、天顺七年（1463）曾修复泾渠④。天顺八年项忠上言："泾阳之瓠口郑白二渠，引泾水溉田数万顷，至元犹溉八千顷。其后，渠日浅，利因以废。宣德初，遣官修凿，亩收三四石。无何复塞，渠旁之田，遇旱为赤地。泾阳、醴泉、三原、高陵皆患苦之。昨请于泾水上源龙潭左侧疏浚，讫旧渠口，寻以诏例停止。今宜毕其役。"⑤ 可能项忠也延续或修改了前代用水则例。但从《明史·河渠志》看明代的西北水利管理的法规化意识不如元朝至元时强烈。

（二）西北农田水利管理法规化意识的淡漠

国家西北农田水利管理的法规化意识，因时因地而异。开国之初，这种制度执行较好，其他时间则不一样了。元世祖中统二年（1261），提举王允中、大使杨端仁奉诏开广济渠，渠四道，长阔不一，计长六百四十余里，经济源、河内、河阳、温、武陟五县，村坊计四百六十三处。提举司验工

---

① 《长安志图》卷下，《用水则例》，宋元方志丛刊本，中华书局，1990。
② 《长安志图》卷下，《泾渠总论》，宋元方志丛刊本，中华书局，1990。
③ 《长安志图》卷下，《用水则例》按语，宋元方志丛刊本，中华书局，1999。
④ 《明史》卷八十八，《河渠志》、卷一七六《项忠传》。
⑤ 《明史》卷八十八，《河渠志》。

分水，制定了分水则例。① 大德初，尚野为怀孟路河渠副使，"会遣使问民疾苦，野建言：'水利有成法，宜隶有司，不宜复置河渠官。'事闻于朝，河渠官遂罢"②。文宗天历三年（1330），怀庆路同知阿合马言，广济渠"设官提调，遇旱则官为斟酌，验工多寡，分水浇溉，济源、河内、河阳、温、武陟五县民田三千余顷咸受其赐。二十余年后，因豪家截河起堰，立碾磨，壅遏水势。又经霖雨，渠口淤塞，堤堰颓圮。河渠官寻亦革罢，有司不为整治，因致废坏。今五十余年，分水渠口及旧渠迹，俱有可考，若蒙依前浚治……"③ 但是否修浚，则不得而知。但阿合马的奏疏，反映了元文宗时广济渠分水制度的弱化和水利管理意识的淡漠。

大约在元成宗大德年间，陕西乡儒蒲道源上言当地执政蔡逢原，反对废除兴元路河渠司："兴元之河渠司乃不可废者也。兴元之为郡，其地之广衍，视他大郡不及十之二三，所恃者惟渠堰而已。渠堰之水，兴元民之命脉也。渠堰在在有之，无虑数十，然皆不及山河堰之大，其浇灌自褒城县于南郑县江北之境"，以前设河渠司主管修治渠堰以及分配调节用水，"间有亢旱之年，而无不收之处"，后来减省冗员，河渠司亦被罢废。"自是以来，委之有司。而有司复差设掌水者，率不知水利之人，是以政出多门而不一矣，法生多弊而莫制焉。堰不坚密，水抛弃于无用。拔盖，水门也，无人巡视；筒盖，则水以浇田者，高下任移。自下而上浇灌之法废，强得欺弱，富得兼贫，以力争夺，数日之间，倏忽过时，而不及事。官府又不为理，如秦人之视越人之肥瘠，岁稍值旱，惟田近上源之渠者得收，下源远渠者全不收矣。修堰之时，下源一例纳木供役，而不得水浇灌。赋税公田之征，定额则不可免。民转沟壑则可知矣。其罢河渠司也，不过岁省官吏俸给数十缗之费尔，然足食足赋税不□□，以今赈济所费校之，孰为多乎？"他希望行省"权分委属陕西渠堰官吏、奏差等官各一员，监视兴元渠堰，庶使水利均平，岁无荒歉之患，盖利于民即利于国也"④。从蒲道源的

---

① 《元史》卷六十五，《河渠志二·广济渠》。
② 《元史》卷一六四，《尚野传》。
③ 《元史》卷六十五，《河渠志二·广济渠》。
④ 《顺斋先生闲居丛稿》卷十七，《论兴元河渠司不可废》，中国社会科学院历史研究所藏本。

论述,可以看出两点,一是兴元河渠司的兴废决定了兴元路农业的兴衰,二是大德时国家的西北农田水利管理法规化意识比较淡漠。

明中后期,西北农田水利管理制度不能发挥其作用,统治者对河北、甘肃、宁夏水利管理制度变迁的认识,反映了这一历史变化。弘治六年(1493)十月,明孝宗令修复彰德府高平、万金二渠以及怀庆府广济渠、枋口渠等,并敕令恢复"验亩分水"制度:"原置闸处仍旧置立,以时启闭,仍将得利之家地土顷亩逐一勘明,籍记在官,遇旱则官为斟酌,验亩分水,以杜分争。以后湮塞,就令得利军民(并)[兴]工开浚。有溃决之处,亦就培筑堤防,务图久远。其豪强军民敢有仍前截水安置碾磨、占作稻田者,依律究问。故敕。"① 明孝宗的敕文反映了明中期河北广济渠分水制度的弱化。

宣德六年(1431)九月行在工部侍郎罗汝敬言:"宁夏、甘州田土,资水灌溉,有势力者占据水道,军民莫敢与争,多误耕种。请增除六部或督察院堂上官二员,往来巡视。宁夏、甘州皆请置提举司:宁夏正提举司一员,副提举二员,吏目一员,司吏二名,典吏四名;甘州正提举司一员,副提举四员,吏目一员,司吏四名,典吏八名。专掌水利,兼收屯粮,俱属部院官提督。则屯田不废,边储有积。……"户部会议,请宣宗定夺,于是在甘州、宁夏设立河渠提举司,管理水利。② 但这一措施并未生效。后来仍有"沮挠屯种,占据水利者",于是九年五月派罗汝敬去提调各卫所屯种和河渠提举司。③ 罗汝敬又奏甘州等指挥仇胜等,"阻挠屯田,占据水利",于是十年五月命巡按陕西监察御史兼视屯田。④ 虽然如此,势要占据水利的问题并未解决。正统十年(1445)英宗说:西北"官豪势要及各管头目……将膏屯田侵夺私耕,又挟势专占水利,以致军士虚包子粒,负累逃徙者多",派员专巡水利,并提督屯种。⑤ 但景泰五年(1454)二月甘州河渠提举司被废,成化十二年(1476)甘肃水利仍然"为豪所夺"。而且

---

① 《明孝宗实录》卷八十一,弘治六年冬十月戊辰。
② 《明宣宗实录》卷八十三,宣德六年九月庚辰。
③ 《明宣宗实录》卷一一〇,宣宗九年夏四月戊申。
④ 《明英宗实录》卷五,宣德十年五月壬申。
⑤ 《明英宗实录》卷一三二,正统十年八月壬寅。

"所司不能禁"①，成化二十三年甘肃"大小将臣既占肥饶之地，复专灌溉之利"② 都司卫所大小将臣在宁夏甘肃侵夺屯田，专占水利的事，终明一代，竟未得到纠正③。以上罗汝敬的奏疏，及宣宗、孝宗的上谕，都反映了明代宁夏、甘肃、河北水利管理法规制度的弱化和意识的淡漠。

三　关于畿辅地理条件与农田水利成效的批评意见

（一）河北诸水不适宜发展农田水利的论说

元代腹里包括今河北、天津、山东全部及河南、江苏、安徽和内蒙古的部分地区。明代北直隶指今北京、天津两市，河北大部和河南、山东的小部分地区。河北、天津有许多自然水系和人工渠道，"天津、河间二府经流之大河有三：曰卫河，曰滹沱河，曰漳河。其余河间分水之支河十有一，潴水之淀泊十有七，蓄水之渠三；天津分水之支河十有三，潴水之淀泊十有四，受水之沽六：水道至多"④。但是，元明时期有些官员如元朝的胡祗遹、明朝的王之栋等，都认为河北诸水不宜发展农田水利。这里以元世祖时干吏胡祗遹《论司农司》加以说明。他认为河北诸水不适宜兴修农田水利，至元十九年（1282）前后，廷议拟"分立诸路水利官"，胡祗遹著文论此事有"六不可"：

> 均为一水也，其性各有不同，有薄田伤稼者，有肥田益苗者。怀州丹、沁二水相去不远，丹水利民，沁水反为害。百余年之桑、枣、梨、柿，茂材巨木，沁水一过，皆浸渍而死，禾稼亦不荣茂，以此言之利与害与？似此一水不唯不可开，当塞之使复故道以除农害，此水性之当审，不可遽开，一也。

> 荆、楚、吴、越之用水激而使之在山，此盖地窄人稠，无田可耕，与其饥殍而死，故勤劬百端，费力百倍以求其食。我中原平原沃壤，

---

① 《明宪宗实录》卷一五一，成化十二年三月申辰。
② 《明宪宗实录》卷二八九，成化二十三年夏四月庚午。
③ 王毓铨、刘重日、郭松义、林永匡著《中国屯垦史》下册，农业出版社，1991，第187页。
④ 《清史稿》卷三〇六，《柴潮生传》。

桑麻万里，风雨时若，一岁收成得三岁之食，荒闲之田不蚕之桑尚十四，但能不夺农时，足以丰富。何苦区区劳民，反夺农时，一开不经验之水，求不可必之微利乎？此二不可也。

前年在京，以水上下不数里，小民雇工有费钞数贯，过于一岁所有丝银之数，竟壅遏不能行。何况越山逾岭，动辄数百里，其费每户岂止钞数贯，其功岂能必成？……此三不可也。

且如滏水、漳水、李河等水，河道岸深，不能便得为用，必于水源开凿，不宽百余步不能容水势，霖雨泛溢尚且为害，又长数百里，未得灌溉之利，所凿之路先夺农田数千顷，此四不可也。

十年以来，诸处水源浅涩，御河之源尤浅涩，假诸水之助，重船上不能过唐庄，下不能过杨村，倘又分众水以灌田，每年五六百万石之粮运，数千只之盐船，必不可行，此五不可也。

四道劝农，已为扰民，又立诸道水官，土功并兴，纷纷扰扰，不知何时而止，费俸害众，此六不可也。①

其中第一、二、四、五条是说水性各异不可开发水利、中原沃野不需开发水利、修河渠未沾灌溉之利反而占夺农田、灌溉农田必妨碍漕运粮盐，三、六两条是说费钞侵夺农时，因此，他反对"分立诸路水利官"。他的有些看法并无道理，如中统二年（1261）在沁河上修成长六百七十里的广济渠，二十余年中每年灌溉民田三千余顷②，何曾为害？中原之民一岁得三岁食，也只是个别地区（如山西汾水流域）的情况。但是，他关于在农业灌溉用水与漕运用水发生矛盾时，要优先保证漕运河道畅通的认识，是元朝占统治地位的思想认识。

（二）北方农桑水利收效甚微及其原因析论

元明时期，有些官员认为北方广大地区农作物收成不高，并分析其中的原因。这里仍以元朝胡祗遹的《论农桑水利》加以说明。在至元十九年（1282）后，胡祗遹写道：

① 《紫山大全集》卷十九，《论司农司》，文渊阁四库全书电子版。
② 《元史》卷六十五，《河渠志二·广济渠》。

　　一、论人无余力而贪畎亩之多。……古者一夫受田百亩，步百为亩，比之二百四十步为亩，比及其半，地非不足而俭于百亩，大抵一夫之力终岁勤勤无怠，百亩之田犹不能为。后世有贪多而不量力，一夫而兼三四人之劳，加以公私事故，废夺其时，使不得深耕易耨，不顺天时，不尽地力，膏腴之地，人力不至，十种而九不收，良以此也。

　　二、论牛力疲乏寡弱而服兼并之劳。地以深耕熟耙及时则肥，能如是者牛力耳。古者三牛耕今田之四十亩，牛之刍豆饱足，不妄服劳，壮实肥腯，地所以熟。今以不刍不豆羸老困乏之牛而犁地二百余亩，不病即死矣。就令不病不死，耕岂能深而耙岂能熟欤？时过而耕，犁入地不一二寸，荒蔓野草，不能去根，如是而望亩收及古人，不亦艰哉？

　　三、论有司夺农时而使不得任南亩。农以时为先，过时而耕植，力虽能办，亦必不获，况力不足耶？今日府州司县官吏奸弊，无讼而起讼，片言尺纸入官，一言可决者，逗留迁延半年数月，以至累年而不决。两人争讼，牵连不干碍人四邻、亲戚、乡老、主首、大户、见知人数十家，废业随衙，时当耕田而不得耕，当种植而不得种植，当耕耨而不得耕耨，当收获而不得收获，揭钱举债，以供奸贪之乞取，乞取无厌，不得宁家，所以田亩荒芜，岁无所入，良可哀痛。虽设巡按察司，略不究问，纵恣虎狼白昼食人，谁其怜之？

　　四、论种植以卤莽灭裂而望丰穰。土不加粪，耙不破块，种每后期，谷麦种子不精粹成熟，不锄不耘，虽地力膏腴，亩可收两石者，亦不得四之一，倘不幸雨泽不时，所得不偿所费。

　　五、论不通古法，怠惰不敏。旱地社，种麦皆团科，种一粒可生五茎；地不杀［旱］，天寒下种子，一粒只得一茎，所获悬绝如此。谷宜早种，二月尤佳，谷生两叶如马耳便锄，既遍，即再锄，锄至三四次，不惟倍收，每粟一斗得米八升，每斗斤重比常米加五。今日农家人力弱，贪多种谷，苗高三四寸才撮苗，苗为野草荒芜，不能滋旺丛茂，每科独茎小穗，勤者再锄，怠惰者遂废，所收亩不三五斗，每斗得米五升，半为糠秕。

六、论劝民务农而不使民知为农之乐。……一夫之力，而责以当数人之任，聚集期会而反废时日。官吏杂沓，使民供给酒食之不暇。水旱、风霜、虫蝗之灾，不恤不怜。岁不登，家阙食，而赋税如故，虐下欺上，徒取具文。官不得富实之利，私不能免冻馁之苦，弃本逐末，卖田卖牛，流离本审，皇皇然无定居。产业丁口众多不能移徙者，代当逃户差役，日就困苦贫乏。冤苦失职，不可枚数，此其略也。

七、论农家随俗亦皆奢侈过度而妄费谷帛。匹夫匹妇，终岁勤动，岁终所获除纳官奉公之外，不能供半岁之口体。今日男婚女嫁，吉凶庆吊，不称各家之有无，不问门第之贵贱，例以奢侈华丽相尚。饮食衣服，拟于王侯。贱卖有用之谷帛，贵买无用之浮淫，破家坏产，负债终身，不复故业，不偿称贷。农室既空，转徙逃避，农业亦废。有司略不禁治，岂不可叹。①

以上七论，涉及了农业生产的自然条件因素和社会因素，如人力不足而耕地有余，牛力不足而耕地不深，种植技术落后，有司侵夺农时、劝农而不知使民乐业，以及农村风俗奢侈等。这些论述，反映了胡祗遹重视农业生产的自然因素和社会因素。他所说"十种而九不收""亩可收两石者亦不得四之一""所收亩不三五斗"，反映了北方农业水平低下的实际。值得注意的是，胡祗遹反对设司农司和劝农使等劝课农桑。这反映了人们对劝课农桑效果的不同认识。

王祯的意见与胡祗遹相同。王祯认为，北方有发展农田水利的必要和可能，并据为官经验和历史事实说明这个问题。他说："方今农政未尽兴，土地有遗利。夫海内江、汉、河、淮之外，复有各水万数，枝分派别，大难悉数。内而京师，外而列郡，至于边境，脉络贯通，俱可利泽，或通未沟渠，或蓄未陂塘，以资灌溉，安有旱暵之忧哉？……近年怀孟开浚广济渠，广陵复引雷陂，庐江重修芍陂，似此等，略见举行。其余各处陂渠川泽，废而不治，不为不多。倘能按循故迹，或创地利，通沟渎，蓄陂泽，

---

① 《紫山大全集》卷十九，《论农桑水利》，文渊阁四库全书电子版。

以备水旱，使斥卤化而为膏腴，旱暵变而为沃壤，国有余粮，民有余利。"① 王祯认为，北方有充分发展农田水利的自然条件，但实际则是"土地有遗利"。

以上所引论著说明，元代官员认为，北方农桑水利事业收效甚微，有自然条件因素，也有社会因素，还有统治者的认识因素和政策执行中的失误。这反映了元明时期人们探讨自然条件与经济发展关系的意识，已经达到了较高的水平。

（三）京师称瘠土、王畿多污莱及其原因探究

元明时期，许多官员或学者认为，北京附近农业水平很低，并探究造成这种状况的自然因素和社会因素，反映了人们对利用京师、畿辅地区的自然条件与发展农业之效果的反省意识。

元朝南北官员学者普遍认为大都周围农桑事业收效甚微。王祯说："然考之前史，后魏裴延俊为幽州刺史，范阳有旧督亢渠，渔阳郡有故戾陵诸堰，皆废。延俊营造而就溉田万余顷，为利十倍。今其地，京都所在，尤宜疏通导达，以为亿万衣食之计。"② 至顺三年（1332）宋本说："水之利害，在天下可言者甚夥。姑论今王畿，古燕赵之壤，吾尝行雄、莫、镇、定间，求所谓督亢陂者，则固已废。何承矩之塘堰，亦漫不可迹。渔阳燕郡之戾陵诸碣，则又并其名未闻。豪杰之士有能以兴废补弊者，恒慨惜之。或谓漷之沽口，田下可胜以稻，亦有未举者。"③ 宋本、王祯都认为，大都附近有发展农田水利的条件和必要，但实际则是收效甚微。李术鲁翀曾指出大都周围劝农实效不大："上有司农之政，下有劝农之臣，垦令虽严，而污莱间于圻甸；占籍可考，而游惰萃于都城，况其远乎？"④ 吴师道于顺帝后至元末年为国子博士，其《国学策问四十道》流露了对大都居民不事生产而坐食县官的不满："今京城之民，类皆不耕不蚕而衣食者，不惟游惰而

① 王祯：《农书》卷三，《灌溉篇第九》。
② 王祯：《农书》卷三，《灌溉篇第九》。
③ 王琼：《漕河图志》卷五，《都水监记事》。
④ 《元文类》卷四十七，《大都乡试策问》。

已，作奸抵禁实多有之，而又一切仰县官转漕之粟，名为平籴，实则济之。"① 宋本、孛术鲁翀和吴师道的话反映了当时学者对大都周围粮食生产不能自给的认识。至正三年（1343）许有壬写道："司农之立七十七年，其设置责任之意，播种植养之法，纲以总于内，目以布于外，灿然毕陈，密而无隙矣。责之也严，行之也久，其效亦何如哉？今天下之民果尽殷富乎？郡邑果尽职乎？风纪果尽其察乎？见于簿书者果尽于其说乎？……方今农司之政其概有三：耕籍田以供宗庙之粢盛，治膳羞以佐尚方之鼎釜，教种植以厚天下之民生。尊卑之势不同，理则一尔。卑或凋敝尊孰与奉厚之道，其农政之先务乎？"② 许有壬认为司农司应该把教种植以厚天下之民生，与宗庙籍田、尚方膳羞同样重视起来，在反省司农司履行劝课农桑职责时委婉地批评了北方农桑事业的落后。

明代，人们认为北京以及周围地区农田水利，仍没有多大的发展，其农业产量无法与南方闽、蜀、吴、越相抗衡。天顺八年（1464）金景辉奏称："畿内耕获有限，而四方买籴无穷。幸值丰岁，民食尚乏；倘遇凶荒，将何以顾？"③ 弘治间，丘濬说："今京畿之地，地势平衍，率多洼下。一有数日之雨，即便淹没，不必霖潦之久，辄有害稼之苦。农夫终岁勤苦，盼盼然而望此麦禾，以为一年衣食之计，赋役之需，垂成而不得者多矣，良可悯也。十岁之间，旱有什一，而潦恒至六七也。"④ 弘治六年（1493）巡抚河南都御史徐恪奏称："彰德府高平、万金二渠，怀庆府有广济渠及枋口堰……其他故渠废堰，在在有之，浚治之功，灌溉之利，故老相传，旧志所载。"⑤ 丘濬、徐恪都认为京畿地区农田水利状况相当落后。

对畿辅农田水利状况的评价，后来没有多大改变。嘉靖时《广平府志》作者论及广平府水利状况时说："西而邯郸，则曰地势高瘠，遇旱东西二乡俱灾中。而永年数县，永年则曰城北有洺河之患，成安则曰漳河故道，时

---

① 《礼部集》卷五，《国学策问四十道》。
② 《至正集》卷四十四，《敕赐大司农司碑》。
③ 金景辉：《议开汴梁陈桥引河沁二水接济会通河》，见《漕河图志》卷四。
④ 《农政全书》卷十二，《水利》引《大学衍义补》卷四。
⑤ 《明孝宗实录》卷八十一，弘治六年冬十月戊辰。

当潦，水流溢为民患。滏水水旁流，若……泊……潭等处多被淹没。东而鸡泽，则曰沙、洺二河，在城西二十里内，秋时水涨，淹没民田，极目汪洋，诚非小害。清河则曰县东南有莲花池，何家码头洿下者千余顷，秋雨至则没田禾，沉庐舍，至有系婴儿于树上者。是此郡自西而中而东，皆有灾而为患矣。"① 嘉靖时《雄乘》作者对雄县水患提出疑问："雄之河皆西北山水，实浑浊易淤，故多塞。今之通者亦浅于往年。……何自弘治以来，数遭水患，迄今未已？""今之地即古之地，古之河即今之河，奈何古以为利而今反为害邪？……灾虽出于天而致之未必不由于人也。……君子罔浚而小人方以曲防为功。"② "君子罔浚"指地方官不重视兴修水利，"小人以曲防为功"指居民随意设置堤坝。作者探究水旱的原因，以为"虽出于天而致之未必由于人"，即重视了自然条件因素和社会因素。

嘉靖万历时，章潢《图书编》总结天下粮食亩产，说："今天下之田称沃衍者，莫如吴、越、闽、蜀。其一亩所出，视他州辄数倍。彼闽、蜀、吴、越者，古扬州梁州之地也。按《禹贡》，扬州之田第九，梁州之田第七，是二州之田在九州之中，等最为下，而今以沃衍称者，何哉？……夫以第七、第九之田，培养灌溉之功至，犹能倍他州之所出，又况其上至数等乎？以此言之，今天下之田地力未尽者亦多矣。"③ 此书刊刻于万历四十一年（1613），不仅低度评价明中期北方地力未尽的状况，而且探索了北方地利未尽的原因，即南方土壤等级低，但培养灌溉之功至，则农业产量高；北方土壤等级很高，但由于培养灌溉之功未到，则粮食亩产很低。这反映了他探究粮食亩产低的社会因素的意识。万历中期，萧端蒙说："京师之地，素称瘠土，衣食百货，仰给东南，漕河既废，商贾不通，畿甸之民，坐受其困。"④ 京师在人们心目中成为瘠土，这与汉朝人们心目中京师的地位，不可同日而语。

明中后期，人们认为畿辅与北边屯田没有实际效果，并探究其原因。

① 嘉靖《广平府志·水利》，上海古籍书店，1963 年影印天一阁藏明代地方志选刊本。
② 嘉靖《雄乘》卷二，上海古籍书店，1963 年影印天一阁藏明代地方志选刊本。
③ 《图书编》卷三十二，万历四十一年刻本。
④ 《明经世文编》卷二八六，《萧通野集·治运河议》。

本节一目三子目"关于开垦北方荒地的策略和长期国策"中引用宣德四年二月行在户部尚书郭敦奏称天下卫所屯田"有屯田之名而无屯田之实"的说法，本书第一章三节二目三子目分析了明朝人们对屯田破坏原因的探讨，这些都是概论天下屯田（含京边屯田）的。这里再稍微补充。隆庆三年（1569）二月，总理九边屯田佥都御史庞尚鹏条上蓟镇几事，其中分析了屯田破坏的多种形式或原因：一、屯田私相买卖，隐蔽难稽。二、屯地僻远，原地主力不能及，募人开垦，久之佃户为主，原地主不知田之所在。三、"各地有军逃而为卫官所隐占者，有私相典卖而埋没者，有势豪利其膏腴而威逼抵换者，有因其邻地而侵渔兼并者，有承佃既久攘为世业者，有指称隙地投献权门者"。四、"沿边可耕之地，近为山水冲坏，或沙石碛薄，或虏骑出没，或兵马蹂践，地荒赋存"。① 以上庞尚鹏对北方屯田荒废原因的归纳和总结，条目很多，但不外抛荒和欺隐二端，除山水冲坏为自然因素外，其余都是经济因素和社会因素，这反映了庞尚鹏认识到经济因素和社会因素是造成屯田制度破坏的根本原因。天启五年（1625）三月，刑科给事中霍维华疏言畿辅屯田之弊端："畿内屯田之滋扰。古者屯田，皆疆场不争之地，未闻割民产以供官屯。且畿南州县，原无无主无粮之田。屯抚之设，本用以赈辽人；又不欲辽人之坐食内地业，故议置买民田而使之屯。……当日之为谋，固已疏矣。未几，辽人已化为乌有，而屯事犹累于地方。废弁借捐田以骗官，刁民献污下以避粮。屯所屯者，既明负州县之粮而不纳；屯所隐者，又阴躲惟正之供而不输。且屯官与有司相水火，屯丁与百姓为仇雠。及田无所出，又多方剥削以买补；甚者仍累及原捐原卖之人为包完。"② 霍维华通过分析畿辅屯田设立、演变、屯田官兵与地方官百姓的矛盾等，得出结论导致畿辅屯田变化的主要因素是决策失误，还有经济和社会因素。

　　以上人们的奏疏议论，都反映出当时许多官员在探讨畿辅农田水利成效甚微的原因时，不仅注意自然条件的因素，而且注意政治因素、经济因

---

① 《明穆宗实录》卷二十九，隆庆三年二月癸未。
② 《明嘉宗实录》卷五十七，天启三年三月庚戌。

素和社会因素。这说明，人们已经认识到对自然条件的利用改造是否成功，是需要一定的社会条件的。

元明时期人们多议论甚至批评北方、畿辅乃至京师的农桑水利的效果，并探究其自然与社会两方面的原因，体现了元明时期人们对京师、畿辅地区改造、利用自然条件以发展农田水利之效果的反省意识，并付诸实践。

第三节　元明时期人们的认识与实践（下）

一　京师粮食供应仰给东南的基本国策

（一）南粮北运至京师的国家决策

元朝，至元初就漕运江南粮食，至元十九年（1282）开始海运。《经世大典》载："惟我世祖皇帝至元十二年，既平宋，始运江南粮。以河运弗便，至元十九年用丞相伯颜言，初通海道漕运抵直沽，以达京城。……初岁运四万余石，后累增及二百万石，今增至三百余万石。然春夏分二运，至舟行风信有时，自浙西不旬日而达京师，内外官府、大小吏士，至于细民，无不仰给于此。於戏！世祖之德，淮安王之功，逮今五十余年，裕民之泽曷穷极焉。"[1]"既平宋始运江南粮"，说明元文宗时官员们认为元世祖、丞相伯颜较早具有南粮北运至京师的意识，并付诸实践。

元世祖认为运输江南粮至京师对国家关系重大。《经世大典》载：至元"二十年六月，王积翁建议开挑河道，漕运江南粮。右丞麦术丁等即奏王积翁言：'亡宋都南京时，每年运粮六百万石。如今江南粮多，若运至京师，米价自贱。'以其说奏"。元世祖命廷臣讨论，廷臣认为"盖运粮之事，惟广运输之途"，于是有阿八赤新开河、奥鲁赤经由济州门挑一河等。当年十一月以海运可行，议罢阿八赤新开道。《经世大典》载元世祖与廷臣的对话："上曰：'伯颜运粮之道，与阿八赤所开河相通否？'对曰：'不通也。阿八赤之言非

---

[1] 《永乐大典》卷一五九四九，《经世大典·漕运》。

实。今春试行海道，其船一百四十八皆已至矣，其不至者七舟而已。前有旨以其事嘱忙兀觮，今忙兀觮使来言，今用此道运粮，为船二百七十，所失者十有九舟，今皆得之矣。'上曰：'果如是，阿八赤不必用，忙兀觮好人也。俟其来，使遵所用海道以行。阿八赤新挑河可勿用。'"① 上引文可疑之处颇多，如土枳翁事与《元史》卷一八四《王都中传》所载王积翁事不符。但《经世大典》的记载，仍可说明几个问题。第一，元世祖接受王积翁的建议，认同了王积翁"如今江南粮多，若运至京师，米价自贱"的说法，认识到运输江南粮食可使京师粮食供应充裕。第二，元世祖对比了海道与新开河、海运与河运的优劣，认为海运具有耗损少、时间短的优点。第三，元世祖接受了伯颜、王积翁的建议后，才确立以海道运输江南粮至京师的政策。

元代加强了对江南财赋的控制。中书省职掌之一是办理钱粮、屯种、漕运等军国大事。② 行省主要职能是"分中书之治"③。建于至元十三年的江淮行省，也称两淮行省，治扬州（后治杭州），统治两淮、两浙、江东、福建等地。江淮行省职掌办集江南赋税、军政、海运等④。至元二十三年（1286）四月规定"江南诸路财赋并隶中书省"⑤，虽是临时措施，但体现了更严格有效地控制江南诸路财赋的国家决策。

元朝皇帝及中书省都把海运江南粮至京师作为国家大政："成宗大德初立海道运粮万户府……五年（1301）十月以畿内岁饥，增明年海运粮为百二十万石。七年，以江浙年谷不登，减海运粮四十万石。""十一年（1307）中书省奏：'常岁海漕粮一百四十五万石，今江浙岁俭，不能如数，请仍旧制，湖广、江西各输五十万石，并由海道达京师'，从之。""武宗至大四年（1311）遣官至江浙，议以嘉兴、松江秋粮并江淮、两浙财赋府岁办粮，全充海漕之例。至是，始漕到京者，三百万〔石〕有余。""仁宗皇庆元年（1312）增浙江海漕粮二十万石，延祐五年（1318）以民饥，增海漕四十万

① 《永乐大典》卷一五九四九，《经世大典·漕运》。
② 《元史》卷九十一，《百官志七》。
③ 贡师泰：《玩斋集》卷七，《福州行省检校官厅壁记》，文渊阁四库全书电子版。
④ 刘如臻：《元代江浙行省研究》，《元史论丛》第6辑，中国社会科学出版社，1997。
⑤ 《元史》卷十四，《世祖本纪一一》。

石。七年以海漕不给，命江浙行省以财赋府钞益之，还其直。英宗至治三年（1323）减海道岁运粮二十万石，以江南民力困极，而京仓充满故也。泰定帝泰定二年（1325）海运江南粮一百七十万石直至于京师。时廷议海漕事，康里回以廪积方饶，奏减粮数，以纾东南民力，可其奏。"① 中书省和江浙行省，都严格地执行海运并保证全额海运。海运数额的增减，取决于京师粮食供应和江浙粮食收成的状况，这出于京师依赖江南财赋的国家决策。

明永乐十三年（1415）修浚元朝会通河，以运河运输南粮至京师，成为明代永久制度，也是国家的意志。王在晋说："国朝漕法，在成化以前者，载于《会典》；成化以后者，载于《漕运议单》。"② 《明会典》具有法典性质。明孝宗宣布《明会典》"颁布中外，俾自是而世守之，不迁于异说，不急于近利"③；"其义一以《职掌》为主，类以颁降群书，附以历年事例，使官领其事，事归于职，以备一代之制。……此书，国是所存，治化所著……凡一政一令，罔敢厌纵其耳目心志，以乱法度。惟是内外臣工，展采错事，务壹禀于成宪。执此之政，坚如金石。行此之令，信如四时。"④ 因此，《明会典》具有行政法典性质，其中有关漕运的规定，体现了成化以前漕运粮至京师的国家政策。

何谓《漕运议单》？宣宗宣德十年（1435），令漕运总兵官每年八月赴京议事⑤，这就是漕运会议（类似于经济会议）。每年八月，户部主持召开漕运会议，出席者有六部、漕运总督或漕运总兵官，及各处巡抚等，决定漕运事宜，其中规定本年正兑、改兑数、漕粮征收日期、漂流、挂欠数额、奖惩条例等，这些规定记录在《漕运议单》中，又称《漕单》、《议单》，是漕运各有关部门官员必须遵守的规则，具有漕运法规性质。最晚的《漕运议单》是万历四十三年（1615）所定⑥。例如，嘉靖三十七年（1558），

---

① 《续文献通考》卷四十，《国用考·海运·海运始末》，现代出版社，1991 年影印北京师范大学图书馆藏明万历刻本。
② 《通漕类编·凡例》，台湾学生书局影印明代史料丛刊。
③ 万历《明会典》弘治十五年孝宗《御制明会典序》。
④ 万历《明会典》正德四年《御制明会典序》。
⑤ 《续文献通考》卷三十七，《国用考·漕运》。
⑥ 《熹宗实录》卷三十四，天启三年五月丙午。

户部官员许从龙条议漕规十事："请每年八月会计本折定数，即行所在有司严限催征。本色不过十一月，以便年内交兑；折色不过十二月，以应逐项解支。"① "更定漕粮挂欠、违限之罪。"② "漕运粮征收、开兑，俱有定期，载在《议单》，至为详备"；"《议单》载漂溺之法，至为严密。"③ 万历七年（1579），户部复奏．"漕粮开仓。先是，漕臣立置《漕单》，计水次之远近，较兑粮之多寡，酌过淮之程途。定限注单。运粮官奉单催取。……旧例，粮船各带土宜……《议单》开载止限以四十石者……今议每船许带土宜六十石。"④ 此外，皇帝就漕运的专门批示、诏令、敕谕，文辞不多，但一经颁布，便被视为成宪，永世遵守，或执行若干年；臣僚题本一经圣旨"是""准议""准拟"的，就成为"题准"和"奏准"，当时都奉以为"例"，一般载在历朝《实录》，完全具有律令或行政法规性质。

关于漕运定额，永乐二十二年（1424）户部奏："京师岁用粮五百万石，今江南岁运才三百余万石，不足以供。请自来岁于淮安等府增运以备此数。"从之。⑤ 可见南粮北运至京师，完全出自户部的决策，亦即国家的政策。"成化八年（1472），题准定额本色米四百万石，岁额至是始定。"⑥ 漕运粮按产地分，有南粮、北粮。北粮指河南、山东漕粮，南粮指南直隶、浙江、江西、湖广漕粮。关于南粮和北粮的份额，万历《明会典》云："岁运米四百万石，北粮七十五万五千六百石，南粮三百二十四万四千四百石，内兑运三百三十万石，改兑七十万石。除例折外，每年实通运正耗粮五百一十八万九千七百石。……以上凡有灾伤府分停免，就于临近府分照数辗补，候成熟征还。如遇各府俱有灾伤，就将二仓储备米内支运，务不失四百万石数额。"⑦ "务不失四百万石数额"，以及南粮北粮正兑改兑的份额，成为明代的国家政策，并载在《明会典》中，具有行政法典性质，有关官

---

① 《明世宗实录》卷四五五，嘉靖三十七年正月庚申。
② 《明世宗实录》卷四六二，嘉靖三十七年闰七月丙子。
③ 《明穆宗实录》卷二十三，隆庆二年八月戊子。
④ 《明神宗实录》卷九十一，万历七年九月辛酉。
⑤ 《明仁宗实录》卷三下，永乐二十二年十月癸丑。
⑥ 《通漕类编》卷之二《漕粮近额》，台湾学生书局影印明代史料丛刊。
⑦ 《明会典》卷二十七，《户部十二·会计三·漕运·漕运总数》。

员都要严格执行。

明代南粮运至京师、北边，叫京粮、边粮。万历《明会典》规定："天下税粮草料，应解京库仓场者，皆因粮征派，总谓之京粮。"① 边粮，指九边卫所的军粮，由户部"差官于粮多处所，拨运缺粮卫分支用。今边方所在屯兵，转饷尤急，其粮料本、折有民运，有屯种，有盐引，有京发年例"②。京粮就是漕运粮，运抵京师附近后，一般被京仓、通仓收纳，主要供应京师百官军队及昌平、密云、蓟州驻军。关于京仓、通仓收纳漕粮比例，前后有所变化。如正统元年（1436）规定："正统二年运粮四百五十石……通州［仓］收六分，京仓收四分。"③ 成化三年（1467）九月，漕运会议规定："兑运成化三年秋粮三百二十六万石。淮安、徐州、临清、德州仓支粮七十四万石。……兑运米以十分为率，京仓收六分，通州仓收四分。支运俱通州仓收。"④ 边粮中的本色，一般由北方五省各府州县直接组织粮户，将税粮运送至九边卫所，或由通仓、京仓运输。

南粮不许轻易改折。明代历朝皇帝都要求官员务必保证每年不失四百万石定额。景泰元年（1450）英宗说："国家重务在漕运。"⑤ 嘉靖二十五年（1546）十月，漕运总兵官万表奏，漕粮除年例准折及漂流豁免外，实交正粮一百九十五万三千余石。明世宗严厉责问户部："四百万石漕粮，如何准折过半？"又说："漕运粮米，岁有常数，系祖宗成法。即遇灾伤，自有蠲省常便。近来内外官奏免，任意纷更。该部一概题复，不闻执奏，以致岁减过半，坐损国储"；"漕运粮斛，自明年始，务遵旧规，无亏原额。仍先行抚按、管粮官知悉，再有奏减折银者，参奏重治"。户部尚书王杲等认罪，表示："自后遵明旨，照依旧规全运。"⑥ 天启三年（1623）五月，总督仓场户部尚书李宗延上奏，反映京仓空虚，说："《大明会典》、《会计录》、《漕粮议单》，炳如星月"，应严肃对待。明熹宗说："漕粮关系国计，

---

① 《明会典》卷二十八，《户部十五·会计四·京粮》。
② 《明会典》卷二十八，《户部十五·会计四·京粮》。
③ 《明英宗实录》卷二十二，正统元年九月癸巳。
④ 《明宪宗实录》卷四十六，成化三年九月癸亥。
⑤ 《明英宗实录》卷二五一，景泰元年三月己巳。
⑥ 《明世宗实录》卷三一六，嘉靖二十五年十月乙亥。

先年太仓积贮有余，近因改折、截留，以致虚耗。这所条奏甚悉，著严行申饬，以后经营各官，查照《议单》各款，著实举行，不许徇情议折；军兴不系至急，亦不得轻议截留。有不遵的，指实参处。"① 以上明世宗、熹宗对漕运定额的严肃态度，反映了国家依赖江淮漕运的政策及法典化意识。

明朝官员，特别是漕运及户部官员，一般认为漕运定额不可轻易更改，也不可轻议改折、截留，一定要保证四百万石原额。成化十三年（1477）户部官员张海说："国家岁漕江南米四百万石，以给京师。有兑运，有支运。其兑运若有灾伤减免，则为改补，务不失原额。"② 隆庆六年（1572）户科右给事中栗在庭言："顷在漕臣以运船漂溺过多，请改折五十余万石，且乞岁折百万石以为常。此为一时权宜之术则可，非百世经久之计也。盖每岁漕粮四百万石，除转饷诸镇及漂流挂欠、灾折、改折殆且百万。其纳京、通二仓实止三百余万，仅供官军、匠役一岁之食尔！而太仓陈粟，不足以支三年。今复岁减百万，京师米价翔贵。万一事出非常，运道梗塞，畿民枵腹，卫士脱巾，将胡以待之？"③ 栗在庭，陕西会宁人，隆庆二年进士，历官吏户二科给事中，河南布政使。他认为漕运官员请求改折百万石，实在不符合京师官军匠役所需的实际。因此他不同意每年改折百万石。万历十五年（1587），户部上言："除苏、松等，俱系京边及本地方正供，非奉恩诏及遇重大灾伤，不得议免。"④ 万历三十年（1602）管仓场刑部左侍郎谢杰上奏，批评了改折、截留等对京师仓廪的影响：

国家漕东南之粮四百万石以实京师，此二百年定额也。近因旱涝频仍，改折数多；流离相望，议赈日增。兼此河工告急，坚请截留。臣视事未及五月，制签未及两轮而粮已报完。计收粟米、粳米共一百三十八万一千五百石有奇。累年入数未有如此其少者。今京仓实在之数四百四十八万余石，仅足二年之支，设便明年之运，又如今年，则

---

① 《明熹宗实录》卷三十四，天启三年五月丙午。
② 《明宪宗实录》卷一七二，成化十二年十一月辛卯。
③ 《明穆宗实录》卷七十，隆庆六年五月乙酉。
④ 《明神宗实录》卷一八三，万历十五年二月乙卯。

并此二年之积亦耗矣。……乞天语叮咛，敕下户部，乘此会计之期，通行各省直地方，非真有十分之灾，不许轻言截留，每年粮运必至三百万石以上；每年积粮必至数十万石以上，则数年之漕可余一年之食，庶几根本之地可支，而将来之忧可度。①

谢杰认为，每条四百万石漕粮，不能轻易改折截留，否则难以应付京师所需。以上所引，张海"务不失原额"的话，反映了官员们对四百万石漕粮的重视：栗在庭、谢杰都认为漕粮关系国计，不可轻议改折、截留。这都说明了漕运南北粮至京师这种政策，具有不可轻易改变的性质。

（二）"江浙税粮甲天下"的国家政策

元明时期，人们认为，在南粮中江浙税粮占的比重很大，"江浙税粮甲天下"既是皇帝意志的体现，又是国家政策使然。

北运至京师的南粮中，江浙税粮约占京粮的五六成。前引元《经世大典》载海运数量，"初岁运四万余石，后累增及二百万石，今增至三百余石"②，五十年间增加了七十多倍。这些粮食多取之于江浙行省。朝廷岁入之数，文宗天历二年（1329）天下岁入一千二百一十一万石，其中腹里二百二十七万石，行省九百八十四万石。行省中，江浙、江西、湖广三省为六百四十九万石，江浙行省为四百四十九万石③。腹里占全国税粮的18%；江南三省占全国税粮数54%，江浙行省占全国税粮数37%。江浙田赋是腹里的两倍以上，但腹里的面积是江浙行省的三倍，所以，江浙田赋实际是腹里田赋的六倍以上。从天历二年海运数和天历二年江浙行省税粮数看，江浙行省的税粮收入的一大半，都要解运到大都。《续文献通考》载："文宗天历二年命江浙行省明年漕运粮二百八十万石赴京师……是岁当天历之变，海漕舟有后至直沽者，不果输，复漕而南还。……令其计石数，附次年所漕舟达京师……至顺元年（1331）中书省臣言：江浙民饥，今岁海运

---

① 《明神宗实录》卷三七六，万历三十年九月癸未。
② 《永乐大典》卷一五九四九，《经世大典·漕运》。
③ 《元史》卷九十三，《食货志一·税粮》。

为米二百万石，其不足者，来岁补运，从之。九月，江浙行省臣言今岁夏秋霖雨，大水没民田甚多，税粮不满旧额，明年海运本省止可二百余万。二年中书省臣言：明年海运二百四十万石，已令江浙运二百二十万，河南二十万，今请江浙复增二十万，从之。……顺帝至元四年，江浙海运粮数不足，拨江西、河南五十万石补之。……至正元年（1341）中书省奏海运不给，宜令江浙行省于中政院财赋府拨赐诸人寺观田粮，总运二百六十万石，从之。"① 可见江浙海运粮有固定数额，在三百万石上下，"其不足者来岁补运"，或调运河南、湖广、江西粮，或付钞购买隶属于徽政院的江淮财赋都总管府和隶属于中正院的江浙等处财赋都总管府的粮食。史书说："江浙税粮甲天下，平江、嘉兴、湖州三郡当江浙什六七。"② 今有论者说："大约在世祖末成宗初，各省督办的钱粮赋税已有了数额方面的规定。行省等官督办钱粮数额，即所谓'合办额'，是以年份为单位计算的。'合办额'直接向朝廷负责，或增余，或足额，或亏欠，各行省所督办的钱粮数额并不相等，而是高下悬殊，差距甚大。"③ 可以说，"江浙税粮甲天下"完全出自国家的政策。阎复说："惟两浙东南上游，襟带江湖，控扼海外诸番，贸迁有市舶之饶，岁入有苏湖之熟，榷货有酒盐之利，节制凡百余城，出纳亿万计，实江南根本之地。盖两浙安则江南安，江南安则朝廷无南顾之忧。"④ 这形象地表达了江南财赋在国家财政中的地位。

明代漕粮中，南粮三百二十四万四千四百石，除浙江、江西、湖广共一百二十五万石，南直隶的应天、苏州、松江、常州、镇江、宁国、池州、庐州、淮安、太平、安庆、凤阳、扬州、徐州十二府二州承粮近二百万石。这项制度约始于永乐十三年（1415）浚复会通河，罢海运，"令浙江嘉、湖、杭与直隶苏、松、常、镇等府秋粮，除存留并起运南京及供给内府等项外，其余尽拨运赴淮安仓。扬州、凤阳、淮安三府秋粮内，每岁定拨六十万石。徐州并山东兖州府秋粮内，每岁定拨三十万石，俱赴济宁仓。以

① 《续文献通考》卷四十，《国用考·海运·海运始末》。
② 《元史》卷一三〇，《彻里传》。
③ 李治安主编《唐宋元明清中央与地方关系研究》，南开大学出版社，1996，第195页。
④ 阎复：《江浙行省新置记》，见周南瑞《天下同文集》卷七，雪堂丛刻本。

浅河船三千只，支淮安粮，运至济宁；二千只，支济宁粮，运赴通州仓。每岁通运四次，其天津并通州等卫官军，于通州接运至北京"。江浙税粮占五成左右，形成永久制度。"国朝自永乐定都于北，军国之需，皆仰给东南。漕运之法日益详备。"①

万历《明会典》规定：

兑运米三百三十万石

  浙江六十万石；

  江西四十万石；

  湖广二十五万石，内折色三万七千七百三十四石七斗；

  应天府一十万石；

  苏州府六十五万五千石；

  松江府二十万三十石；

  常州府十七万五千石；

  镇江府八万石；

  宁国府三万石；

  池州府二万五千石；

  庐州一万石；

  淮安府二万五千石；

  太平府一万七千石；

  安庆府六万石；

  凤阳府三万石；

  扬州府六万石；

  徐州三万石；

  山东二十八万石，内折色七万石；

  河南二十七万石，内折色七万石。

改兑米七十万石：

---

① 《明会典》卷二十七，《户部十二·会计三·漕运》。

江西一十七万石；

应天府二万八千石；

苏州府四万二千石；

松江府二万九千九百五十石；

广德州八千石；

镇江府一万石；

淮安府一万一百五十石，以上旧俱运淮安府常盈仓。

浙江三万石；

扬州府三万七千石；

凤阳府三万三百石；

徐州一万八千石；

镇江府一万二千石；

淮安府六万九千石，以上旧运徐州广运仓。

山东二万六百石；

河南五万石，以上旧运临清广济仓；

山东七万五千石；

河南六万石，以上旧运德州德州仓。[①]

引文稍长，不过可以直观地看出江浙漕粮在南粮中的比例，是国家制度，是基本国策，载在《明会典》，以法典来保证南粮的北运。以上不过是正额数，如果加上加耗、盘用、脚价，则在一千四五百万石左右。

除漕粮之外，苏、松、常、嘉、湖五府，每年都要供应内府，并京师各官吏俸米，谓之白粮；供应两京各衙门并公侯驸马禄米，谓之禄米。白粮和两京禄米都由民运。成化六年（1470）前，"苏、松、常、嘉、湖五府，输送内府白熟粳米，并各府部造［糙］粳米，每岁十六万石"[②]。成化八年（1472）规定，五府输送内府白熟粳糯米十七万四十一石，输送各府部糙粳

---

① 《明会典》卷二十七，《户部十二·会计三·漕运·漕运总数》；王在晋：《通漕类编》卷二，《漕粮近额》，明代史料丛刊。

② 徐学聚：《国朝典汇》卷九七，《户部十一·漕运》。

米四万四千余石①。万历十七年（1589）湖广道御史林道南言："苏、松、常、嘉、湖五府解纳白粮，额派二十万石有奇"②。直到崇祯年间仍保持在二十万石左右。两京白粮、正额粮数在二十万石左右，加上脚价、加耗、盘用，则在九十余万石。成化七年（1471）刑部侍郎王恕为河道总督。王恕说："苏、松、常、嘉、湖五府税粮，除起运两京内官监、供用库、光禄寺衙门白熟粳米白熟糯米一十四万三千九百九十余石，每石连加耗脚价盘用……共用糙米四十余万石；苏、松、常三府，又起运两京各衙门并公侯驸马禄米二十八万石，连加耗脚价盘用，共用糙米五十余万石。约用运夫二万有余，自备衣粮盘费，又不可以数计。"③ 白粮及加耗、脚价、盘用计九十余万石。

综上，可以说海运漕运江南粮食至京师，体现了元明两朝统治集团的群体意识，并以法典的规定加以保证，是元明两朝的基本国策。

二　江南官员学者对江南赋税之重的强烈意识及其论证

（一）元代江南赋税之重意识的产生及初步论证

元代，不少江南籍官员学者提出了江南赋税重的问题④。他们认为江南赋税为天下最，吴赋又为东南最，吴赋中又以松江和长洲为重。赵汸说："方今经费所出，以东南为渊薮。"⑤ 吴师道说："江浙财赋之渊，经费所仰，曰盐课，曰官田，曰酒税，其数不轻也。以三者而论，盐课，两浙均；官田，浙西为甚；酒税，止于杭州。"⑥ 指出了江浙财赋中盐课、官田、酒税各占的比例。陈旅说："浙江行省……土赋居天下十六七。"⑦ 杨维桢说："江浙粮赋居天下十九，而苏一郡又居浙十五。"⑧ 贡师泰至正十九年至二十二年（1359～1362）在福建以闽盐易粮给京师，说："闽、粤诸郡……租入

---

① 《明史》卷七十九，《食货志三·漕运》。
② 《明神宗实录》卷二一三。
③ 《明经世文编》卷三十九，王恕《王端毅公集》卷之一《议事奏状》。
④ 育菁：《元代江南赋税之重》，《北京师范大学学报》1999年第2期。
⑤ 《东山存稿》卷二，《送浙江参政契公赴司农少卿序》，文渊阁四库全书电子版。
⑥ 《礼部集》卷十九，《国学策问四十道》，文渊阁四库全书电子版。
⑦ 《安雅堂集》卷九，《浙江省题名记》，文渊阁四库全书电子版。
⑧ 《东维子集》卷二十九，《送赵季文都水书吏考满诗》，文渊阁四库全书电子版。

之数不当东吴一县"①，从江、浙、闽、粤租税比较中说明了江浙赋重。后至元年间，郑元祐说：长洲"秋输粮夏输丝也，粮以石计至三十有万，丝以两计至八万四千有奇，余皆略之也。……其困疲之极如此"②；"吴独赋天下十之五，而长洲县又独擅吴赋四之一"③；"中吴号沃壤，壮县推长洲，秋粮四十万，民力疲诛求"④。人致至正二十二至二十五年（1362～1365）间，戴良说："东南民力乃多在于吴郡，吴郡所需乃多出于长洲……岁出田赋上送于官者为财五十余万。"⑤ 上述对江南赋税在天下赋税中比例的认识不尽相同，但都肯定江南赋税重。河南人王沂的说法，可作为江南人对江南海运粮比例认识的旁证，他说："当今赋出于天下，江南居十九。浙之地，在江南号膏腴，嘉禾、松江又号粳稻厌视他壤者，海漕视他郡居十七八。"⑥

江南籍官员学者认为，江南赋税与其土壤质量、疆域面积不相称。《至正金陵新志》记载江南赋税等则与土壤等级不相称："《禹贡》扬州厥土涂泥，厥田下下。惟人工修而山泽之利行，故其赋但居下上，杂出中下，不与田之等相当。……以《宋史》考之，东南之取于民者亦已悉矣。……今国家都燕，岁漕东南粟数百万。"⑦ 至正十一年（1351）陈基说："吴之土不如雍州之黄壤，其田不及豫州之中土，而其赋视梁州乃在上者，……古今殊时，风气异宜，涂泥之土贡倍于黄壤，下下之田赋浮于上上。"⑧ 这都隐含了对东南赋税与土壤质量相差悬殊的不满。郑元祐认为"长洲旧为平望县，其以里计者未必数倍子男封邑也"⑨，所以他对长洲赋重感到愤愤不平。

元代江南籍官员学者还追溯江南赋重的历史与现实根源。江西赋较少，

① 《玩斋集》卷六，《送李尚书北还序》，文渊阁四库全书电子版。
② 《侨吴集》卷十一，《长洲县达鲁花齐元童君遗爱碑》，文渊阁四库全书电子版。
③ 《侨吴集》卷九，《长洲县儒学记》，文渊阁四库全书电子版。
④ 《侨吴集》卷一，《送刘长洲》，文渊阁四库全书电子版。
⑤ 《九灵山房稿》卷十，《吴游稿第三·长洲县丞去思碑》，文渊阁四库全书电子版。
⑥ 《伊滨集》卷十四，《送刘伯温序》，文渊阁四库全书电子版。
⑦ 《至正金陵新志》卷七，《田赋志》，中华书局，1990年宋元方志丛刊本。
⑧ 《夷白斋稿》卷十三，《送丁经历序》，文渊阁四库全书电子版。
⑨ 《侨吴集》卷十一，《长洲县达鲁花齐元童君遗爱碑》，文渊阁四库全书电子版。

但揭傒斯对"贡赋之变,未尝不再三深致其意"①,表示了对赋税问题的思考意识。后至元末(1340),吴师道说:"官田者,盖仍宋公田之旧,输纳之重,民所不堪"②,认为官田赋税额重。至正二年(1341)后,宋禧研究了松江赋重的历史:"松江……疆实宋之一邑,而赋之出至今益重。宋绍熙间米之赋于秋者为石十有一万二千三百有奇,其季世有公田之役而赋以增,国初理土田,增于宋赋。延祐间复理而增之,前后以罪人家田没入官,其赋又再增之。盖今七倍于绍熙者矣,民其困矣乎。……凡赋之积逋,至正二年十余万石,其民益困,……松江之民受困如是乎?"③他认为南宋后期的公田法、元朝的两次经理土田,以及籍没罪人的没官田,使元朝松江赋税总额比宋绍熙时增加七倍。陈旅说:"皇王既壹宇内,以东南财赋足以裕国用矣,乃以故宋水衡少府之所有、与其宗室之所私、其大臣之尝籍入者,设官掌之,以备宫壸之奉,而天子得以致孝养焉。至元十六年(1279),始立江浙等处财赋总管府,二十六年改江淮府,至大元年(1308)始立江淮等处都总管府,至顺元年(1330)复立焉。大抵财赋之隶东朝者,不总于大农,而使数官岁集褚泉三百余万缗、米百余万石于江淮数千里之地。"④陈旅认为江南官田租重是江南民困的原因之一。

江南籍官员学者认为,江南重赋的直接后果是江南民贫,即盛者衰,登者耗,富者贫,贫者或死或徙。《至正金陵新志》云:"豪民大家笼水陆之利,人莫能与之争,田连阡陌,其取于农者十常五六,官不为之限制也。及陷于罪没入之,又即其私租以为税额,计日责收,蘥以严刑,重以他色贡敛,故小民乐岁食常不足,一有水旱之灾,不徙而死耳。江淮以南大抵皆然。"⑤作者不仅指出了江南私租重,"又即其私租以为税额"这个江南赋重的原因,还指出了江南赋重的情况下人民"不徙而死"的后果。吴莱诗云:"自从唐季来,吴越岁无兵。至于宋南徙,淮蜀此都会。大田连阡陌,

① 《文安集》卷八,《丰水续志序》,文渊阁四库全书电子版。
② 《礼部集》卷十九,《国学策问四十道》,文渊阁四库全书电子版。
③ 《庸庵集》卷十二,《送宇文先生后序》,文渊阁四库全书电子版。
④ 《安雅堂集》卷九,《江淮等处财赋都总管府题名记》,文渊阁四库全书电子版。
⑤ 《至正金陵新志》卷七,《田赋志》,中华书局,1990年宋元方志丛刊本。

居第拟王侯。锦衣照车骑,玉食溢酒浆。居然甲东南,遂以侈济侈。掊克自此始……富家仅藏蓄,官府更急粮。贫偻徒艰馁,妻子易徙向。散行向淮壖,随便拾稆粟。虽然远乡土,庶可完骨肉……国家自充实,财赋有渊数。"① 郑元祐诗云:"昔时兼并家,夜宴弹筌篌。今乃呻吟声,未语泪先流。委肉饿虎蹊,丁今二十秋。亩田昔百金,争买奋智谋。安知征敛急,田祸死不休。膏腴不论值,低洼宁望酬。卖田复有献,惟恐不见收。日觉乡胥肥,吏台起高楼。"② 两诗均道出吴赋重的原因及后果。郑元祐还说:"旧号兼并而以财雄吴下者,数年来困于诛求,殚于掊剥,至荡析奔溃,父子兄弟不相保";③"江南归职方……六七十年之久……然其间衰荣代谢,何有于今日人事之亏成,天运之更迭,非惟文献故家牢落殆尽,下逮民旧尝脱编户、齿士籍者,稍觉衣食优裕者,并消歇而靡有孑遗。若夫继兴而突起之家,争推长于陇亩之间,彼衰而此盛,不为少矣。"④ 余阙说:"东南民力自前已谓之竭矣,况今三百余年,昔之盛者衰,登者耗,今其贫者力作以苟生,其穷而无告甚于前矣。"⑤ 郑元祐诗"江南乔木几家存"⑥ 可以概括他们的认识。

　　上述元代江南籍官员学者对江南赋重的议论,探究了江南赋重的根源,并描述江南赋重的后果,但他们的议论,多是零散的、片段的,间或有较深入的分析。他们的论述方法,即从土壤等级与赋税等则、耕地面积、公田租重等方面探讨江南赋税之重,启发了明朝江南官员学者继续探讨江南赋重问题。

(二) 明代"苏松二府田赋之重"观念的发展及论证

　　自唐代韩愈提出"赋出天下而江南居十九"⑦ 的论点后,元朝江南籍官

---

① 《渊颖集》卷三,《方景贤回吴中水涝甚戏效方子清依言》,文渊阁四库全书电子版。
② 《侨吴集》卷一,《送刘长洲》,文渊阁四库全书电子版。
③ 《侨吴集》卷十一,《前平江路总管道童公去思碑,代贡推官作》,文渊阁四库全书电子版。
④ 《侨吴集》卷八,《鸿山杨氏族谱序》,文渊阁四库全书电子版。
⑤ 《青阳集》卷二,《送樊时中赴都水庸田使序》,文渊阁四库全书电子版。
⑥ 《侨吴集》卷二,《送范子方掌故》,文渊阁四库全书电子版。
⑦ 《韩昌黎集》卷十,《送陆歙州诗序》,文渊阁四库全书电子版。

员学者产生了江南赋重意识。明朝，许多江南籍官员学者都有江南赋税之重的意识，人们言谈中往往说江南赋重。嘉靖九年（1530）谕德顾鼎臣奏："今天下税粮，军国经费，大半出于东南，苏、松、常、镇、杭、嘉、湖诸府，各年起运，存留不下百万。"① 是说除起运外，存留不下百万。嘉靖十六年（1537）礼部尚书顾鼎臣又疏奏："苏、松、常、镇、杭、嘉、湖七府，财赋甲天下。"② 万历十四年（1586）侍读赵用贤奏："天下财赋，东南居其半，而嘉、湖、杭、苏、松、常六府者，又居东南之六分；他舟车诸费又六倍之。是东南固天下财赋之源也。"③ 万历十五年（1587）御史徐元题："苏、松、常、杭、嘉、湖六府，钱粮颇重。"④ 除赵用贤说江浙六府占东南六分是定量描述外，其他人都随口而出，言者、听者都无异议，江浙财赋甲天下，似成为不争之论。

有些江南籍官员学者进一步论证了江南赋重的存在，并探究其成因，寻找解决方案。这里以丘濬和郑若曾的论证为代表，说明江南官员学者对江南赋重问题的认识。丘、郑引用《诸司职掌》《明会典》《弘治会计录》及其他史料，论证了江南赋税之重问题。成化间，丘濬《大学衍义补》说："以今观之，浙直又居江南十九，苏、松、常、嘉、湖又居浙直十九也。"丘濬进一步论证其观点，其一，洪武中，天下夏税秋粮二千九百四十三万余石，而浙江、苏州府、松江府、常州府占七百三十二万余石。"此一藩三府之地，其田租比天下为重，其粮额比天下为多。"其二，"今国家都燕，岁漕江南米四百余万石，以实京师。而此五府者，几居江西、湖广、南直隶之半"。其三，洪武时，苏州府垦田占全国垦田八十八分之一弱，税粮二百八十万九千余石，约居全国税粮的十分之一弱⑤。

嘉靖、隆庆间，江南人郑若曾提出"今日赋额之重，惟苏松为最"的观点。郑若曾著《论财赋之重》和《苏松浮赋议》，用《明会典》《弘治会

<hr />

① 《明世宗实录》卷一一八，嘉靖九年十月辛未。
② 《明世宗实录》卷二〇四，嘉靖十六年九月戊戌。
③ 《明神宗实录》卷一八二，万历十四年七月己酉。
④ 《明神宗实录》卷一八三，万历十五年。
⑤ 《大学衍义补》卷二十四，《经制之议》，顾炎武：《日知录》卷十"苏松二府田赋之重"，岳麓书社，1994。

计录》的数据证明苏、松赋重。他从四方面论证这个问题。

其一，明代苏松赋额比宋元重。宋代苏州府赋米三十余万石，松江府赋米二十余万石。元代延祐间苏州府多至八十万石。明太祖定天下田赋，苏州府共计二百八十余万石，松江府共计一百零三万石，正统元年周忱减苏松秋粮，但苏州府尚存浮额二百万石，松江府尚存浮额九十万石，明代苏松赋税比宋元时增加三倍。

其二，苏松赋比湖广、福建二省重。弘治十五年（1502），苏州税粮二百零九万石，松江府税粮一百零三万石；而湖广税粮二百一十六万石，福建税粮八十五万石，两省"每亩仅科升合"，苏松一岁一熟，湖广、福建一岁两熟："苏属一州七县之额粮反浮于全楚一十五府十六州一百七县之赋税，松属二县之正供较多于全闽八府一州五十七县之输将"。

其三，同年，南直隶的应天、凤阳、扬州、淮安、庐州、徽州、宁国、池州、太平、安庆、常州、镇江十二府十二州七十八县的夏秋税粮一百六十五万石，而同年实征苏松税粮数额三百多万石，"直隶十二府属十二州县七十八县赋额计之，不及苏州一府；举凤阳府属五州十三县赋额计之，不及苏州府一小县；尤不平者，又如苏州府属崇明一县，每亩额征亦谨以升合计，而长、吴、昆、太等州县则数倍之"。通过比较，郑若曾指出"今日赋额之重，惟苏松为重"；"天下惟东南民力最竭，而东南之民又惟有田者最苦"①。

其四，他又从土地亩数与税粮额数进行比较，万历六年（1578）全国垦田七百零一万三千九百七十六顷，苏州府垦田九万二千九百五十九顷；弘治十五年（1502）全国夏秋两税共计二千六百七十九万石，浙江布政司二百五十一万石，苏州府二百零九万石，松江府一百零三万石，常州府七十六万石，他说："此一藩三府之地，其民租比天下为重，其粮额比天下为多"②；其征科之重，民力之竭，可知也"③。

丘、郑论证江南赋重，有两个特点：一是引用《诸司职掌》《明会典》

---

① 《郑开阳杂著》卷十一，《苏松浮赋议》，文渊阁四库全书电子版。
② 《郑开阳杂著》卷二，《财赋之重》，文渊阁四库全书电子版。
③ 《郑开阳杂著》卷二，《财赋之重》，文渊阁四库全书电子版。

《弘治会计录》的方法，用纵向比较（宋、元、明）和横向比较（苏松和湖广、江西等）的方法，来说明苏松赋税之重，是让人信服的；二是他们以法典的规定来反对法典。以上诸引书，不仅是官方文献，而且更重要的是，《诸司职掌》《明会典》都具有行政法典性质，以法典的规定来反对法典，这很能说明，明代江南籍官员学者具有反对江南赋重的强烈意识。

明代江南籍官员学者不仅论证江南赋重的存在，而且着力探讨江南赋重的现实原因和历史根源。

关于江南赋重的现实原因，江南籍官员学者有许多分析，归结起来，大要有三。其一，江南田地分官田、民田。"官田，官之田也，国家之所有，而耕者，犹人家之佃户也。民田，民自有之田也。各为一册而征之。犹夫《宋史》所谓"一曰官田之赋，二曰民田之赋，《金史》所谓'官田曰租，私田曰税'者"[①]。江南官田在总垦田数中比重大，官田税粮在总夏税秋粮中比重大。宣德七年（1432）直隶苏州知府况钟言："本府所属长洲等县，旧有民三十六万余户，秋粮二百七十九万九千余石，其中民粮止一十五万三千一百七十余石，官粮二百二十六万五千九百三十余石。"[②] 顾炎武引用况钟的奏疏，推论说，苏州"一府之地土无虑皆官田，而民田不过十五分之一也。……吴中之民，有田者什一，为人佃作者十九。其亩甚窄，而凡沟渠道路皆并其税于田之中。岁仅秋禾一熟，一亩之收不能至三石，少者不过一石有余"[③]。上引文表明，江南官员学者认为江南官田、官粮在总田数、粮数中比重大。

其二，官田税粮之轻重，决定了江南赋税之轻重。江南官田租重，依私租起税，故江南赋重。洪熙元年（1425），广西右布政使周幹，自苏、常、嘉、湖等府巡视民瘼还朝，他说"臣窃见苏州等处人民多有逃亡者，询之耆老，皆云由官府弊政困民及粮长、弓兵害民所致"，"吴江、昆山民田，亩旧税五升，小民佃种富室田，亩出私租一石，后因没入官，依私租减二斗，是十分而取其八也。拨赐公侯驸马等项田，每亩田输租一石，后

---

① 顾炎武：《日知录》卷十"苏松二府田赋之重"，岳麓书社，1994。
② 《明宣宗实录》卷九十一，宣德七年六月戊子。
③ 顾炎武：《日知录》卷十"苏松二府田赋之重"，岳麓书社，1994。

因事故还官，又如私租例尽取之"①。总之，人们认为江南官田租重是江南赋重的主要原因之一。实际上，宣宗承认江南官田租重，宣德五年（1430）宣宗诏："各处旧额官田，起科不一，租粮既重，农民弗胜。自今年为始，每田一亩，旧额纳粮自一斗至四斗者，各减十分之二；自四斗一升至一石以上者，减十分之三：永为定例。"② 江南民田少，官田多，官田税粮是漕粮的主要部分。官田租重，即江南赋重，即江南税粮甲天下。

至于为什么没官田要依私租起税，人们多认为是明太祖怒吴民归附张士诚。万历初，郑若曾说："因张士诚负固坚守，苏松久攻不下，怒民附寇，遂没豪家征租私簿，准作税额，一时增加有一亩征粮至七斗以上者，于是苏州府共计二百八十余万石，松江府共计一百三十余万石，著令苏松人不得官户部……江浙赋独重而苏松准私租起税，特以惩一时顽民耳。"③ 宣德七年（1432）宣宗赋诗："官租颇繁重，在昔盖有因。而此服田者，本皆贫下民。耕作既劳苦，输纳亦苦辛。"④ 万历二十一年（1593）大学士王锡爵题："江南财赋甲于天下，相传国初太祖高皇帝愤百姓为张士诚固守，抗拒天兵，贼平之日，遂将富民租簿定为粮额。累朝二百年来，头绪转多，如王府粮、练兵银之类，但有增加，并无宽减。连年虽因水旱频仍，每下蠲缓之令，而蠲租止于存留，已属虚名；缓征并于别年，反滋扰累。……言甚切直，不报。"⑤ 江南赋税重，朝廷所免租税，只是免地方上的存留，这是虚名。缓征租税，只是留待以后再征，反而增添麻烦。王圻说："太祖怒其附寇，持城不降，乃取诸豪族租簿俾有司加税，故苏赋特重，而松江、嘉湖次之。盖以惩一时云。"⑥ 顾炎武根据况钟所奏苏州情况，说："且夫民田仅以五升起科，而官田之一石者，奉诏减其什之三，而犹为七斗。是则民间之田一入于官，而一亩之粮化而为十四亩矣。……而私租之重者至一石二三斗，少亦八九斗。佃人竭一岁之力，粪壅工作，一亩之费可一缗，

① 《明宣宗实录》卷六，洪熙元年闰七月丁巳。
② 《明宣宗实录》卷六十三，宣德五年二月癸巳。
③ 《郑开阳杂著》卷二，《财赋之重》，文渊阁四库全书电子版。
④ 顾炎武：《日知录》卷十"苏松二府田赋之重"，岳麓书社，1994。
⑤ 《明神宗实录》卷二六三，万历二十一年八月乙未。
⑥ 《续文献通考》卷三，《历代田赋》。

而收成之日所得不过数斗，至有近日完租而明日乞贷者。"① 私租有达到每亩一石二三斗，少亦八九斗，使农氏有产无收，交租后所剩无几，甚至今日交租明日借贷。总之，明代君臣认为江南官田租重是出于明太祖的一时愤怒，以及后来累朝增加的王府粮、练兵银等。其实，明太祖承认江南赋重是惩罚吴民，并且有意缓解这种状况。洪武七年（1374），"上以苏、松、嘉、湖四府，近年所籍之田，租税太重，特令户部计其数，如亩税七斗五升者除其半，以苏民力。"② 十三年（1380），"命户部减苏、松、嘉、湖四府重租粮额"③。建文帝说："江浙赋独重，而苏松官田悉准私税，用惩一时，岂可为定则。"④ 明太祖和建文帝的话，证明江南官员学者对江南重赋直接原因的探讨，是符合实际的。

其三，洪武定都南京，永乐迁都北京，京师宗藩多，京边军队多，江南粮户（含官田粮户）于京、通仓纳粮，费用大增，"有二三石纳一石者，有四五石纳一石者"。洪熙时（1425）周幹对仁宗说："粮长之设，专以催征税粮……征收之时，于各里内置立仓囤，私造大样斗斛而倍量之；又立样米、抬斛米之名以巧取之，约收民五倍，却与平斗正数付与小民运赴京仓输纳，沿途费用，所存无几，及其不完，著令陪纳，至有亡身破产者。"⑤ 宣德七年松江人杜宗桓上书周忱，说："苏松二府之民，则因赋重而流离失所者多矣。今之粮重去处，每里有逃去一半上下者。请言其故。国初籍没土豪田租……有司……将没入田地，一依私租起粮，每亩四五斗，七八斗，至一石以上，民病自此而生。何也？田未没入之时，小民于土豪处还租，朝往暮回而已。后变私租为官粮，乃于各仓送纳，远涉江湖，动经岁月，有二三石纳一石者，有四五石纳一石者，有遇风波盗贼者，以致累年拖欠不足。"⑥ 宣德七年，宣宗敕谕："近年百姓税粮远运艰难，官田粮重，艰难尤

---

① 顾炎武：《日知录》卷十"苏松二府田赋之重"，岳麓书社，1994。
② 《明太祖实录》卷八十九，洪武七年五月。
③ 《明太祖实录》卷一三〇，洪武十三年三月壬辰。
④ 《明史》卷四，《恭闵帝本纪》。
⑤ 《明宣宗实录》卷六，洪熙元年闰七月丁巳。
⑥ 杜宗桓：《上巡抚侍郎周忱书》，顾炎武：《日知录》卷十"苏松二府田赋之重"，岳麓书社，1994。

甚","命自宣德七年始，减免官田（古额、近额）税粮。"① 弘治八年
（1495）兵部尚书马文升奏："近来宗藩位多，武职太滥，边务方殷，小民之粮，
尽拨京边上纳。每粮一石，少则用银八九钱，多则一两二钱；丰年用粮八九石，
方得易银一两，欠年则借取富室，加倍偿还。往年京通仓库，钱粮易于上纳，
近年使用之钱，过于所纳之数。……江南兑运京仓并各衙门粮米，运至京师者，
每正粮一石，亦该二石之上，甚至三四石者。"② 周幹、杜宗桓、马文升的奏
论，表明人们认为江南粮户，于京、通二仓缴纳官粮，是江南赋重的主要
原因之二。

明代江南官员学者分析江南赋重的更深远原因，有三个主要论点。

其一，江南赋重，与运河水源条件不足而导致的漕运弊端，互为因果。
关于这个问题，本书第三章第四节"对于漕运违反自然条件的总评论"中，
还要论述，此从略。

其二，江南赋重，是自唐安史之乱后，京师财赋仰给东南的财政政策
及历史传统的延续。郑若曾说："东南，财赋之渊薮也，自唐以来，国计咸
仰于是，其在今日尤为切要重地。"③ 王夫之说："自唐以上，财赋所自出，
皆取之豫、兖、冀、雍而已足，未尝求于江淮也。恃江淮以为资，自第五
琦始。当其时，贼据幽冀，陷两都，山东虽未尽失，而隔绝不通，蜀赋既
寡，又限以剑门栈道之险，所可资以赡军者唯江淮，故琦请督租庸自汉水
达洋州，以输于扶风，一时不获已之计也。乃自是以后，人视江淮为腴土，
刘晏因之辇东南以供西北，东南之民力殚焉，垂及千年而未得稍纾。"④ 漕
运江淮粮食以供应京师军国所需，第五琦只是用作一时权宜之计，但此后
成为惯例，"而唐终不倾者，东南为之根本也。唐立国于西北，而植根于东
南，第五琦、刘晏、韩滉皆藉是以纾天子之忧，以抚定西北之士马而定其
倾。东南之民，自元代以来，习尚柔和，而人能勤于耕织，勤俭足以自给

① 《明宣宗实录》卷八十八，宣德七年三月庚申。
② 《明孝宗实录》卷一〇三，弘治八年八月丁丑。
③ 《郑开阳杂著》卷二，《论财赋之重》，文渊阁四库全书电子版。
④ 《读通鉴论》卷二十三，《唐肃宗三》。

而给公，故……竭力以供西北而不敢告劳"①。王夫之认为唐朝自安史之乱后，北方藩镇割据，第五琦运江淮粮至京师，开京师粮食供应依赖东南的先例。在探讨明代江南赋税之重问题上，王夫之比较深刻地指出了元明江南赋税之重的历史根源，是自唐朝天宝以后京师以东南为财赋根本重地的财政政策及历史传统的延续。

其三，江南赋重，是自唐两税法以来赋税层累地增加的结果，即有赋税制度的根源。王夫之认为，两税法为法外之征，宋朝役法为庸外加役，明一条鞭法是两税外的加派，三饷为一条鞭外之加征②，这样，王夫之揭示了自唐至明赋税的层层加额的实质。南唐根据土地肥瘠于税外加赋，人民以有田为累，"有田不如无田，而良田不如瘠土也。是劝民以弃恒产而利其莱芜也。……故自宋以后，即其全盛，不能当汉唐十一，本计失而天下瘠也。……乃相承六百年而不革"③。这是说南唐根据土地肥瘠决定征税等级之制度，使民以有田为累，导致"南方之赋役所以独重""相承六百年而不革"的局面。王夫之从唐、宋、元、明赋税层累地增加方面，分析明朝江南赋重的赋税制度原因。顾炎武认为，"此固其积重难返之势，始于（宋）景定，迄于洪武，而征科之额，十倍于绍熙以前者也"④。

黄宗羲论赋税制度，认为赋税有积累之害，田税之外复有户税，户税之外有丁税，两税法并庸调入于租实为重出之赋。一条鞭法，并银力二差入两税，实为重出之差。合三饷为一，是新饷、练饷又并入两税。所以，明末两税比汉唐不止增加十倍。历代统治者以"其时之用而制天下之赋"，赋额日增："吾见天下之赋日增，而后之为民者日困于前。……今天下之财赋出于江南，江南之赋至钱氏而重，至张士诚而又重，有明亦未尝改。故一亩之赋自三斗起科至于七斗，七斗之外，尚有官耗私增。……其所以至此者，因循乱世苟且之术也。"⑤ 王夫之、黄宗羲对赋税制度层累地增加的

---

① 《读通鉴论》卷二十六，《唐宣宗九》。

② 《读通鉴论》卷二十四，《唐德宗四》。

③ 《读通鉴论》卷三十，《五代下五》。

④ 顾炎武：《日知录》卷十"苏松二府田赋之重"，岳麓书社，1994。

⑤ 《明夷待访录·田制三》，许啸天整理，上海群学社，民国15年。

探讨，既是对江南赋重问题的探讨，也是中国古代关于赋税制度演变实质的高度总结和概括，其理论高度，至今无人可及。

以上顾、黄、王论述了唐朝京师依赖江淮漕运、两税法之后赋税制度的积累之害对明朝江南赋税之重的影响，其中顾炎武"苏松二府田赋之重"的论点，习为人知，影响很大。实际明朝许多江南籍官员学者都论及了江南赋重问题，并探究其现实根源和历史根源。

江南籍官员还论述了江南赋重的后果，其直接的后果是江南民贫。洪武三年（1370），明太祖问户部："天下民孰富？产孰优？"户部臣对曰："以田税之多寡较之，惟浙西多富民巨室。以苏州一府计之，民岁输粮一百石以上至四百石者，四百九十户；五百石至千石者，五十六户；千石至二千石者，六户；二千石至三千八百石者，二户。计五百五十四户，岁输粮十五万一百八十四石。"① 洪武时苏州富民之多启发了明太祖迁富民于京师和籍没富民田产入官的念头。过了将近 200 年，情况大变。弘治十四年（1501），南京官员夏镍说："今国家之可忧有甚于北虏者。……本州（指浙江天台）之民，逃亡者多于现在，饥寒困苦者十八九。邻近州府，大率皆然。去是则为杭，天下称繁华矣。然多为浮靡之物以夸诱人财，苟营日给，非内不足，则不暇为。是繁华乃所以为贫也。又去是则为嘉、湖、苏、常，天下称殷富焉。然一家而兼十家之产，则一家富而十家贫。是以贫者反倍于他州，而富者亦不免于贫矣。江南如此，江北可知。淮扬以至畿甸，所过州县市集，类皆人烟萧索。虽临清、徐、济，号为繁盛，又皆游商，土著无几。臣沿途问之，舟人皆曰：'今幸少熟，不然尤甚'。陛下之民，憔悴如此，加以强房扇摇于外，供挽骚动于内，则岂独房为可忧哉？"② 夏镍所说的这几个地方，都是漕粮所出、漕运所经之地，他认为是漕粮征收和运输等造成江浙以至徐、济间的萧条。嘉靖时，归有光认为江南富民破产，贫民逃亡，"东南之民困于粮役蠹耗尽矣""富家豪户往往馨然""吴中罕有百年富室""吴中无百年之家"，这类话在《震川先生集》中比比皆是。根

---

① 《明太祖实录》卷四十九，洪武三年二月庚午。
② 《明孝宗实录》卷一七二，弘治十四年三月癸亥。

本原因是赋役负担的过重，倭变以来"又加以额外之征，如备海防，供军饷，修城池，置军器，造战船，繁役浩费，一切取之于民。……东南赋税半天下，民穷财尽，已非一日。今重以此扰，愈不堪命，故富者贫，而贫者死"①。尽管有些家族靠入仕取得优免赋役的好处，从而使家族衰而复振，但大部分家族都一蹶不振。② 嘉靖十九年（1540）归有光在乡试对策中说："东南之民，始出力以给天下之用"，"以天下之大而专仰给于东南"③。隆庆万历初，郑若曾说："西北之供役仰给东南"；"我国家财赋取给东南者十倍于他处，故天下惟东南民力最竭"④。

　　江南官员学者还认为，江南赋重的深远后果是造成了南北经济更加趋于不平衡发展。王夫之说，自唐朝以来，"朝廷既以为外府"，即京师依赖江南赋税的制度，大体实行了一千年，这造成了两个客观结果，一方面是江南赋重民贫，另一方面是西北因坐食江南而日益荒废："自唐以上，财赋所自出，皆取之豫、兖、冀、雍而已足，未尝求于江淮也"；自第五琦后，"人视江淮为腴土，刘晏因之辇东南以供西北，东南之民力殚焉，垂及千年而未得稍纾"⑤。王夫之追溯了江南重赋与西北仰食东南的财政决策渊源、失误及其后果，即由于南北区域经济的不平衡发展，以及具体的政策失误，使京师仰给东南，由此又造成了新的不平衡，即江南重赋与西北坐食，比较完整地体现了江南官员学者关于江南赋税之重与西北坐食荒废的看法，代表了自元中后期至清初江南官员学者对江南与西北两大区域经济社会发展不平衡认识的总成就。其所说西北包括今天的西北和华北，东南指今天长江流域广大地区。

　　以上，江南官员学者论证了江南赋重的存在，探讨了其中的现实根源和历史根源，分析了其直接的和间接的后果，提出了一些解决方案，如减租、减税

①　《震川先生集》卷八，《上总制书》。
②　王培华：《明中期吴中故家大族的盛衰》，《安徽史学》1997 年第 3 期。
③　《震川先生别集》卷之二上《嘉靖庚子科南京乡试对策》。
④　《江南经略》卷十一，《财赋之重》。
⑤　《读通鉴论》卷二十三，《唐肃宗三》。

额，恢复海运，发展三吴水利等①。清代，江南赋税之重，成为不争之论。

三　江南官员学者发展西北水利的主张与客观效果

（一）　北方地力未尽的观点

江南官员学者探讨了江南赋重的原因、后果，认为江南赋重的根本原因是国家都燕，而北方地力未尽。对北方地力未尽的探讨，是对于元明时期利用自然条件以发展北方农田水利实际效果的反思。

第二章第二节已论述了元明时人们多批评北方农桑水平的落后。这里还要补充的是，江南官员学者往来南北，沿途所见南北农业景观迥异。他们对北方土地荒废和水利失修，感到触目惊心。虞集说："予北游，尝过江淮之间，广斥何啻千里，海滨鱼盐之利，足备国用。污泽之潴，衍隰之接，采拾渔弋，足以为食。岁有涨淤之积，无待于粪。盖沃土也而民力地利殊未尽。汉以来屯田之旧，虽稍葺以赡军事，其在民间者，卤莽甚矣。麦苗之地，一锄而种之，明年晴雨如期，则狼戾可以及众。不捍水势，则束手待毙，散去而已。其弊在于无沟洫以时蓄泄，无堤防以卫冲冒。耕之不深，耰之不易，是以北不如齐、鲁桑蚕之饶，南不及吴、楚杭稻之富，非地之罪也。"② 这是说江淮间没有充分发挥人力和地力的作用。约至正十年（1350）赵汸说："大河以北，水旱屡臻，流亡未复，居民鲜少。五帝三王之所井牧，燕、赵、齐、晋、梁、宋、鲁、卫之所资以为富强，其遗墟古迹，多芜没不治，安得褒衣博带，从容阡陌间，劳来绥辑，复如中统至元时哉。"③ 赵汸在对中统至元间地方官员劝农的向往中，表达了对大河以北土地荒废不治的看法。至正十三年（1354），郑元祐说周、秦、汉、唐"莫不以屯田致富强"，而"我朝起朔漠，百有余年间，未始不以农桑为急务。……中州提封万井，要必力耕以供军国之需，如之何海运既开，而昔

---

① 王培华：《明中期至清初江南官员学者的民生思想与实践》，见《史学论衡》（3），北京师范大学出版社，1999。

② 《道园学古录》卷三十九，《新喻萧淮仲刘字说》，文渊阁四库全书电子版。

③ 《东山存稿》卷二，《送浙江参政契公赴司农少卿序》，文渊阁四库全书电子版。

之力耕者皆安在？此柄国者因循至于今，而悉仰东南之海运，其为计亦左矣"①。表达了对自元开海运后西北农田水利失修的不满。丘濬说："臣于京东一带海涯，虽未及行，而尝泛漳、御而下，由白河以至潞渚，观其入海之水，最大之处，无如直沽，然其直泻入海，灌溉不多。"② 崇祯十一年（1638），陈子龙说："内则关、陕、襄、邓、许、洛、齐、鲁，外则朔方、五原、云、代、辽西，皆耕地也。弃而荒之，专仰输挽，国何得不重困？"③张溥说："即今幅员，关、陕、襄、邓、许、洛、齐、鲁，与夫朔方、五原、云、代、辽西，其地可耕，等于东南。设仿耕植，道水利，近给京师，大省挽输，何所不赡？"④ 他们都指出东南重困是由于西北坐食，发展西北水利才是就近解决京师以及北边粮食供应的途径，从而缓解对东南的粮食压力。徐贞明说："惟西北有一石之入，则东南省数石之输，所入渐富，则所省渐多，先则改折之法可行，久则蠲租之诏可下，东南民力庶几获苏。"⑤这清楚地说明了江南官员学者提倡西北水利的长远目的，是使京师及北边就近解决粮食供应，从而缓解京、边粮食供应紧张对东南的压力。

（二）发展西北水利主张的由来与发展

西北水利的创议者是元代虞集，泰定年间（1324~1328），虞集首倡发展西北水利，在礼部会试策问中，他首先回顾大禹治水和秦朝蜀郡以及汉唐循吏兴修水利的历史，然后说："今畿辅东南，河间诸郡，地势下，春及雨霖，辄成沮洳。关陕之郊，土多燥刚不宜于暵。河南北平衍广袤，旱则赤地千里，水溢则无所归……然思所以永相民业，以称旨意者，岂无其策乎？五行之才，水居其一，善用之，则灌溉之利，瘠土为饶。不善用之，则泛滥填淤，湛渍啮食。兹欲讲求利病，使畿辅诸郡，岁无垫溺之患，而乐耕桑之业，其疏通之术何先？使关陕、河南北，高亢不干，而下

① 《侨吴集》卷八，《送徐元度序》，文渊阁四库全书电子版。
② 《明经世文编》卷七十一，《丘文庄公集》卷二，《屯营之田》。
③ 《农政全书·凡例》。
④ 《农政全书·序》。
⑤ 《潞水客谈》。

田不浸，其潴防决引之法何在？江淮之交，陂塘之迹，古有而今废者，何道可复？"① 虞集表达了应该恢复并发展西北水利的思想，其后，虞集多次在不同场合提倡发展西北水利，如经筵之余，他对泰定帝说："京师之东濒海数千里，北极辽海，南滨青齐，萑苇之场也。海潮日至，淤为沃壤。用浙人之法，筑堤捍水为田。"② 虞集的思想，启发了明代江南官员学者的思想③。

明代，有更多的江南官员学者遵从虞集的主张，倡导西北水利。丘濬是比较早倡导应继承虞集主张的。成化时，丘濬说："乞将虞集此策敕下廷臣计议，特委有心计大臣……先行闽浙滨海州县筑堤捍海去处，起取士民之知田事者，前来从行相视可否，讲究利害，处置既定，然后……一如虞集之策。……请于（直沽）将尽之地，依《禹贡》逆河法，截断河流，横开长河一带，收其流而分其水，然后于沮洳尽处，筑为长堤，随处各为水门，以司启闭，外以截碱水，俾其不得入，内以泄淡水，俾其不至漫流，如此，则田可成矣。"④ 嘉靖十九年（1540）归有光在乡试对策中提出西北之齐鲁、关中、两河、朔方、河西、酒泉等地，"宜少仿古匠人沟洫之法，募江南无田之民以业之……不但可兴西北之利，而东南之运亦少省矣"⑤。提倡在北方恢复古代的沟洫农业。

万历三年（1575）徐贞明为工科给事中，上疏请兴西北水利："陕西、河南，故渠废堰，在在有之；山东诸泉，引之率可成田。而畿辅诸郡，或支河所经，或涧泉自出，皆足以资灌溉。……顺天、真定、河间诸郡，桑麻之区，半为沮洳。……永平、滦洲，抵沧州、庆云，地皆萑苇，土实膏腴。……若仿（虞）集意，招徕南人，俾之耕艺，北起辽海，南滨青齐，皆良田也。宜特简宪臣，假以事权，勿阻浮议，需以岁月，不取近功。或抚穷民而给其牛种，或任富室而缓其征科，或选择健

---

① 虞集：《会试策问》，见《元文类》卷四十六，国学基本丛书本。
② 《元史》卷一八一，《虞集传》。
③ 王培华：《虞集及元明清西北水利》，《文史知识》1999 年第 8 期。
④ 《明经世文编》卷七十一，《丘文庄公集》卷之二《屯营之田》。
⑤ 《震川先生别集》卷之二上《嘉靖庚子科南京乡试对策》。

卒分建屯营，或招抚南人许其占籍，俟有成绩，次及河南、山东、陕西"；后来他坐事贬太平知府，经潞河南下，"终以前议可行，乃著《潞水客谈》以毕其说"①。潞河，即白河，在京师之东，为海河支流。书中进一步论证了兴修西北水利的必要性、可行性，以及具体方法步骤，是江南官员学者倡导开发西北水利思想主张的重要著作。徐贞明主张在京东天津海滨发展农用水利，这是切实可行的，可以作为示范。

约在万历二十八年至三十二年（1600～1604）冯应京于狱中著成《皇明经世实用编》，历引明太祖以来重农实绩，发挥虞集、徐贞明的西北水利思想，说："（北京）仓庾无二年之蓄，（江北）水旱有不时之忧，而三辅顾多旷土，海塥率成沮洳，在在可耕可凿"，"顷者征缮日烦，茧丝遍天下。……臣请言调治之方，则无如重农矣"。② 万历二十九年（1601）汪应蛟为天津、登、莱等处海防巡抚，请广兴直隶水利："臣境内诸川，易水可以溉金台，滹水可以溉恒山，溏水可以溉中山，滏水可以溉襄国。漳水来自邺下，西门豹尝用之。瀛海当诸河下流，视江南泽国不异。其他山下之泉，地中之水，所在而有，咸得以溉田。请通渠筑防，量发军夫，一准南方水田之法行之。"③ 易水、滹沱河、滏阳河、漳水都是海河支流。汪应蛟注重发展直隶水利。

天启元年（1621）左光斗出理屯田，说："北人不知水利，一年而地荒，二年而民徙，三年与地与民尽矣。今欲使旱不为灾，涝不为害，惟有兴水利一法。"他提出因天时地利人情、浚川引流、设坝建闸、筑塘设陂、相地、招徕、择人、择将、兵屯、力田、富民、拜爵等十四条发展西北水利的具体建议。④

万历四十一年（1613）以后，徐光启经常在天津讲求西北水利。崇祯三年（1630）徐光启上疏："京东水田之议，始于元之虞集，万历间尚宝卿徐贞明踵成之，今良（乡）、涿（州）水田，犹其遗泽也。臣广其说，为各

① 《明史》卷二二三，《徐贞明传》。
② 《农政全书》卷三，《农本·国朝重农考》。
③ 《明史》卷二四一，《汪应蛟传》。
④ 《明史》卷二四四，《左光斗传》。

省直概行垦荒之议；又通其说，为旱田用水之说。然以官爵招致狭乡之人，自输财力，不烦官帑，则［虞］集之策不可易也。"① 发展了旱田用水理论。后来他在《农政全书》中提出"东南水利"与"西北水利"。崇祯十一年（1638），陈子龙等编辑刊刻《农政全书》，说：西北水利"其议始于元虞集，而徐孺东先生《潞水客谈》备矣。玄扈先生尝试于天津三年，大获其利，会有尼之者而止。此已谈之成效。谋国者，其举而措之。"表达了对西北水利的关切，他们都对虞集和徐贞明表示敬意。

江南籍官员学者不仅认为兴修西北水利有必要和可能，而且认为西北水利要有步骤进行。徐贞明说："京东辅郡，而蓟又重镇，固股肱神京，缓急所必须者。……姑摘其土膏腴而人旷弃，即可修举以兆其端者，盖先之京东数处以兆其端，而京东之地皆可渐而行也。先之京东以兆其端，而畿内，而列郡……而西北之地，皆可渐而行也……先此蓟镇而诸镇皆可渐而行也……先之于丰润，而辽海以东青徐以南，皆可渐而行也，……特端之于京东数处，因而推之西北，一岁开其始，十年究其成，而万世席其利也。"② 徐贞明主张先发展京东水利作为示范，然后推广到直隶，最后推广到西北广大地区。陈子龙等编辑刊刻《农政全书》，叙述了西北水利的具体步骤："水利莫急于西北，以其久废也；西北莫先于京东，以其事易兴而近于京畿也。"陈子龙说得更简明："水利者农之本也，无水则无田矣。水利莫急于西北，以其久废也；西北莫先于京东，以其事易兴而近于郊畿也。"③。

西北水利到底有什么"利"？徐贞明列举兴修西北水利的十四项大利，大致有两方面。一方面，解决西北诸问题。如西北之地旱则赤地千里，潦则洪流万顷，寄命于天，水利兴而旱涝有备；今西北之地平原千里，寇骑得以长驱，若使沟渠尽举，则田野之间皆金汤之险，而田间植以榆柳枣栗，既资民用，又可以设伏而避敌；近边田垦，转输不烦；募（浮）农以修水利，修水利以举屯政；近塞水利既修，屯政大举，田垦而人聚，人聚而兵

---

① 《徐光启集》卷五，《钦奉明旨条画屯田疏》。
② 《潞水客谈》。
③ 《农政全书·凡例》。

足，可以省远募之费，可以苏班戍之劳，可以停勾补之苦；官以垦田分给宗室，使雄杰者不失为富家翁，庸劣者可以耕田力穑。

另一方面，解决东南赋重等问题。国家财赋取给东南，西北水利既兴，则田畴之间要皆仓庾之积；"东南转输，每以数石而致一石，民力竭矣。而国计所赖，欲暂纾之而未能也。惟西北有一石之入，则东南省数石之输，所入渐富，则所省渐多，先则改折之法可行，久则蠲租之诏可下，东南民力庶几获苏"；"东南之井生齿日繁，地苦不胜其民，而民皆不安其土。乃西北蓬蒿之野，常疾耕而不能遍。……今若招抚南人，修水利以耕西北之田，则民均而田亦均矣。"① 东南人口众多，土地少，而北方人少地多，招募南人，到西北，教民发展水利，有收成效果后，可将漕粮数量，或改折，或免除。总之，江南官员学者认为发展西北水利，可以收到许多效果，主要效果就是解决京师及北边的粮食供应，缓解对东南的压力。

（三）　西北水利实践的成效与遗憾

元泰定帝、文宗虽然认为虞集的建议很好，但都没有付诸实践②。至正十二年（1352）海运不通时，丞相脱脱建议开展京畿农田水利，至正十三年正式开展京畿屯田，召募二千江南农师北上③。这使江南籍学者颇有感触，陈基对西北水利前景相当乐观："驱游食之民转而归之农，使各自食其力，变潟卤为稻粱，收干戈为耒耜……将见漳水之利不专于邺，泾水之功不私于雍"④，他相信西北水利成功后，"将见中土之粟，又百倍东南矣。岁可省夏运若干万，分馈淮楚，因时变通，以攒漕运，此千载一时。"当年得谷二十余万石⑤，但元朝大势已去，无救其亡。

明万历、天启、崇祯时，江南籍官员学者的西北水利设想在北京附近，时兴时废。徐贞明《潞水客谈》受到一些官员赞同并有所实践："谭伦见而

---

① 《农政全书》卷十二，《水利》。
② 王培华：《虞集及元明清西北水利》，《文史知识》1999 年第 8 期。
③ 《元史·顺帝纪五》，《元史·脱脱传》。
④ 《夷白斋稿》卷十五，《送强彦栗北上诗序》，文渊阁四库全书电子版。
⑤ 《元史·乌古孙良桢传》。

美之，曰：'我历塞上久，知其必可行也。'已而顺天巡抚张国彦、副使顾养谦行之蓟州、永平、丰润、玉田，皆有成效"①。万历十三年（1585）贞明还朝，内阁首辅申时行"缘尚宝卿徐贞明议，请开畿内水田"②，"御史苏赞、徐待力言其说可行，而给事中王敬民又特疏论荐……户部尚书毕锵等力赞之"，朝廷"命贞明兼监察御史领垦田使"，贞明"躬历京东州县，相原隰，度土宜，周览水泉分合，……贞明先诣永平，募南人为倡。至明年二月，已垦至三万九千余亩"。正当徐贞明准备继续开垦荒地时，遭到北方籍官员的反对而终止。③万历二十九年（1601），天津登莱等处海防巡抚汪应蛟，"见葛沽、白塘诸田尽为污莱，询之土人，咸言斥卤不可耕，应蛟念地无水则碱，得水则润，若营作水田，当必有利。乃募民垦田五千亩，为水田者十之四，亩收至四五石，田利大兴"。他在保定组织垦田七千顷，每顷得谷三百石。后来他请广兴直隶水利，但卒不能行④。天启后京东水利时见成功。天启元年（1621）左光斗提出发展京东水利，"其法犁然具备，诏悉允行。水利大兴，北人始知艺稻。邹元标尝曰：'三十年前，都人不知稻草何物，今所在皆稻，种水田利也"⑤。稍后，董应举受命经理天津至山海关屯务，用公帑六千买民田十二万亩，合闲田凡十八万亩，召募安置在顺天、永平、河间、保定的辽人，给工廪田器牛种，浚渠筑堤，教之种稻，"费两万六千，而所收黍麦谷五万五千余石"⑥。崇祯十二年（1639）李继贞继任天津巡抚，经理屯田，"白塘葛沽数十里间，田大熟"⑦。

徐贞明发展西北水利中途而废，江南籍官员学者很痛心。归有光之子归子宁说："乃今西北之水田既废已久，而惟仰给东南之一隅，假使一旦有梗，其弊有不可言者……夫使治西北而能不赖于东南，治东南而不必倍加

① 《明史》卷二二三，《徐贞明传》。
② 《明史》卷二一八，《申时行传》。
③ 《明史》卷二二三，《徐贞明传》。
④ 《明史》卷二四一，《汪应蛟传》。
⑤ 《明史》卷二四四，《左光斗传》。
⑥ 《明史》卷二四八，《董应举传》。
⑦ 《明史》卷二四八，《李继贞传》。

输挽之费于西北，则犹一人之身而荣卫贯通矣……子宁每怀杞人之忧。"①
徐光启西北水利的建议，遭到朝中北方官员的反对，他感到恸苦："西北之
水一开浚，遂可无患而为利。大要浚上流入淀，浚下流入海而已。余尝为
有司及乡缙绅言之，以为然，而当事者不知此，遂中止"；"富教先劳，亦
私议于车尘马足之间而已，痛哉！可为恸苦者也"②。李自成起义后，方贡
岳说："在数十年之前，行文定公之法，东起辽东，西尽甘凉，因地势而相
土宜，分军垦种，凿沟堑，远烽堠，九边岁有蓄积，皆成雄镇，何至胡马
陆梁？"③ 方贡岳对朝廷没有及早实行徐光启的西北水利设想感到无限遗憾。

四　北方官员反对发展西北水利的认识根源与经济根源

（一）"开滹沱不便者十二" 的认识根源

明朝西北水利只限于京东，没有得到充分发展。徐贞明主持京东水田
事业半途而废，是因为遭到占有大量荒地的官员和宦官（大多是北方人）
的反对，其中有对北方水土特性不同看法的认识根源。

万历十四年（1586）二月，徐贞明"遍历诸河，穷源竟委，将大行
疏浚"，"奄人勋戚之占闲田为业者，恐水田兴而己失其利也，争言不
便，为蜚语闻于帝，帝惑之……御史王之栋，畿辅人也，遂言水田必不
可行，且陈开滹沱不便者十二"④：

> 一谓水迅土沙，难以修筑。征派纷出，地方滋扰。二谓堙塞无定，
> 故道难复。三谓深州故道，枉费无成；且水势漂湃，流派难分。四谓
> 挑浚狭浅，难杀水势；且淤沙害田，难资灌溉。五谓费少不敷，必资
> 剥削，恐生民怨。六谓群聚不逞，勤劳不息，恐致他变。七谓引流入
> 卫，恐妨运道。八谓三辅库藏仓储，不可罄竭。九谓减价易地，夺民
> 业生怨。十谓工夫鳞集，蹂躏为害。十一谓不可偏侯附邑。十二谓供

---

① 《三吴水利录》附录，《论东南水利复沈广文》。
② 《农政全书》卷三，《农本》。
③ 《农政全书》附录，《平露堂本原序》。
④ 《明史》卷二二三，《徐贞明传》。

费浩繁，羽士募化非体。①

王之栋，畿辅人，提出十二条理由，反对兴修滹沱河水利。其中有些是关于自然条件的，如水土不宜、水势散漫、淤沙害田等，有些是关于积聚人夫开河恐生事变，以及经费紧张，侵夺民地，还有引流入卫、恐妨运道等有关国计的。这些理由，有些属于认识问题，有些则属于经济、政治及社会问题。

（二）"惧加粮之遗累"的经济根源

北方官员反对发展西北水利，还有不便明说的理由，即北方官员及有势力之家占有大量荒闲土地，坐收芦苇薪刍之利，他们"惧加粮之遗累"，担心修水利后，像江南一样缴纳赋税，失去既得的经济利益，于是反对发展西北农田水利。

当王之栋提出滹沱河不可开发利用的十二条理由后，内阁首辅申时行对神宗说："垦田兴利谓之害民，议甚舛。顾为此说者，其故有二。北方民游惰好闲，惮于力作，水田有耕耨之劳，胼胝之苦，不便一也。贵势有力家侵占甚多，不待耕作，坐收芦苇薪刍之利；若开垦成田，归于业户，隶于有司，则己利尽失，不便二也。然以国家大计较之，不便者小，而便者大。惟在斟酌地势，体察人情，沙碱不必尽开，黍麦无烦改作，应用夫役，必官募之，不拂民情，不失地利，乃谋国长策耳。"② 申时行总结了北方官员及贵势之家反对徐贞明发展畿辅垦田水利建议的两条理由，一是民众惮于力作，二是贵势之家惧怕失去既得利益，指出了西北水利不能继续发展的社会根源及经济根源。同时他建议不必尽改旱田为水田，可以发展旱田的水利灌溉等。且"工部议之栋疏，亦如阁臣言"，但是神宗已经听信王之栋，欲追罪徐贞明，用阁臣言而止，于是"贞明得以无罪，而水田事终罢"③。申时行后来回忆说："北人官京师者，倡言水田既成，则必仿江南起税，是嫁祸也，乃从中挠之。御史王之栋疏请罢役，而中官在上左右者多

---

① 《明神宗实录》卷一七二，万历十四年三月癸卯。
② 《明史》卷八八，《洞渠志六》。
③ 《日下旧闻考》卷五，《形胜》引《赐闲堂杂记》，文渊阁四库全书电子版。

北人，争言水田不便，上意已动"①。万历十三年（1585），户部官员姚学闵指出宣府不肯修复水利之经济、社会原因："宣府该科，曾经阅视目击，沿河数处类多水田，尚有滨河旷衍，弃为榛莽而不垦者，惧加粮之遗累，与屯军之告争也。"② 申时行和姚学闵，都指出了北方官员反对发展西北水利的原因，是惧怕"仿江南起税"，惧加粮之遗累。明代北方官员"惧加粮之遗累"这种经济、社会根源，是阻碍北方农田水利发展的原因之一。

　　总之，元明时期，江南官员学者提倡发展西北水利，其实质是江南人对东南和西北两大区域经济不平衡发展与赋税负担不均问题的解决方案之一。他们认为京师粮食供应仰给东南（含山东、河南、江南），一方面使江南赋重民贫，另一方面使西北产生更大的依赖性，并使西北生态环境、社会经济日益落后。所以他们提倡发展西北水利，提高北方农业水平，使京师就近解决粮食供应，从而缓解对东南的压力。

第四节　辨析与评论

一　关于北方农业状况评价的辨析

　　元明时期，北方农业状况如何，这是需要讨论的问题。耕地面积、粮食产量、农具和作物品种等都是农业水平的直接指标。对于元明北方农业水平，历来人们的看法很不一致。前述元明时期人们对北方农业水平的低调评价是一种意见，主要是认为北方农桑水利成效不大，王祯、宋本、吴师道、虞集、徐贞明、徐光启等都有许多论述。

　　目前国内学术界对元朝农业生产状况大致有三种意见。第一种认为，元初由于战争的破坏，北方及两淮农业凋敝，中叶以后北方农业有所恢复，总的来说，南方农业生产和农耕技术比北方进步。③ 第二种认为，元代农业总水平有前进，当然有的地区由于战争破坏而发展缓慢，少数民族地区进

① 《日下旧闻考》卷五，《形胜》引《赐闲堂杂记》，文渊阁四库全书电子版。
② 《明神宗实录》卷一六六，万历十三年闰九月庚申。
③ 陈高华：《中国史稿》，人民出版社，1983。

步显著。从时间上看，元前期较好，中后期有衰退趋势。[①] 第三种意见认为，元代农业的确有长足进步，并达到一个较为先进的水平，认识论方面的突破和对生产工具较大幅度的改进，是农业史上十分显著的成就。[②] "宋元是中国传统农具发展中十分辉煌的一个时期，钢刃熟铁农具的推广，高效、省力、专用农具的出现，农具种类的增多和配套成龙（尤其是南方水田农具），水力、风力在农业上较广泛的使用，是这一时期农具发展的主要特点"；"王祯《农书》所载农具，有些是沿袭或存录前代的，但也有不少是宋元时期新创或改良的。……宋元时期的农具是种类繁多，有很多创新，我国传统农具发展至此，已臻于成熟"[③]。以上研究成果，主要依据对元代三部农书——王祯《农书》、大司农司《农桑辑要》和鲁明善《农桑衣食撮要》的研究。陈文华指出：元代"农业已开始走上以提高单产为主的道路，精耕细作的水平更加提高，一切农具的制造都要适应这个客观要求。……现在能看到的图文并茂的农具著作最早的只有元代王祯《农书》中的《农器图谱》……以后明清的农书如《农政全书》《授时通考》等著作中的农具部分，几乎都是照搬王祯《农书》中的《农器图谱》，没有什么重大突破。"[④] 上述意见，各有侧重，各有各的道理。第一、二种，侧重元代史研究，比较元代前、中、后三个阶段，边疆与内地，北方、两淮和南方不同地区的农业发展状况，在纵向比较中兼顾横向比较。但总的说，第一、二种，研究都是描述性的，缺少数量研究；第三种意见，侧重农业史的研究，根据元代三部农书所载农具，并利用了农业考古学的成果，把元代置于宋、元、明、清这一长时段进行比较，在面上研究中不忘纵向比较。

这里要补充两点。第一，以往多重视定性的描述，定量的研究较少。最近二三十年来，出现了对元代农业产量的研究。1980 年，余也非认为，

---

① 韩儒林主编《元朝史》，人民出版社，1986。
② 师道刚：《从三部农书看元朝的农业生产》，《山西大学学报》（哲学社会科学版）1979 年第 3 期。
③ 梁家勉主编《中国农业科学技术史稿》，农业出版社，1992，第 381、383 页。
④ 陈文华：《中国古代农业科技史图谱》，农业出版社，1991，第 360 页。

元代粮食亩产量比宋代增加了38%。① 吴惠认为，元代粮食亩产比宋回升了9.4%。② 陈贤春着力研究元代粮食亩产，根据元代各行省的粮食亩产测算出全国平均亩产，认为元代粮食亩产为243斤，相当于唐（116斤）的209%，相当于宋（197斤）的123%③。王培华根据元一石相当于宋1.497石的度量衡制度演变，指出元代粮食单产高于唐宋。④

第二，元明时期，北方水稻种植占一定的份额，有些作物种植界限北移，有些作物从海外引进到了中国，这是元明时期利用自然条件的新成就。《天工开物》中说："今天下育民人者，稻居什七，而麦、牟、黍、稷居什三。麻、菽二者，功用已全蔬饵膏馔之中。……四海之内，燕、秦、晋、豫、齐、鲁诸道，凡民粒食，小麦居半，而黍、稷、稻、粱仅居半。"这虽是对当时主要粮食消费状况的概述，但反映明朝末年全国范围内水稻种植占7/10；北方仍以小麦为主，占一半，而水稻连同黍子、谷子加起来只占另一半。当然这只是大概而言。这从一个侧面反映元明时期北方气候稍微湿润，有些地方水利资源较为充沛。元代棉、麻作物种植界限向北推移："苎麻本南方之物，木棉亦西域之产。近岁以来，苎麻艺于河南，木棉种于陕右，滋茂繁盛，与本土无异。二方之民，深荷其利"；⑤ 苎麻、木棉"兼南北之利"⑥。"自古中国所以为衣者，丝、麻、葛、褐四者而已。汉唐之世，远夷虽以木棉入贡，中国未有其种，民未以为服，官未以为调。宋元之间，始传其种入中国，关、陕、闽、广首得其利。盖此物出外夷，闽、广海通商舶，关、陕壤接西域故也。然是时犹未以为征赋，故宋、元史《食货志》皆不载。至我朝，其种乃遍布于天下，地无南北皆宜之，人无贫富皆赖之，其利视丝枲盖百倍焉。"⑦ 这是关于棉花种植北界的系统文献记

---

① 余也非：《中国历代粮食平均亩产量》，《重庆师院学报》1980年第3期。

② 吴惠：《中国历代粮食亩产研究》，农业出版社，1985。

③ 陈贤春：《元代粮食亩产探析》，《历史研究》1995年第4期。

④ 王培华：《土地利用与可持续发展——元代农业与农学的启示》，《北京师范大学学报》1997年第3期。

⑤ 《农桑辑要》卷九，《苎麻木棉》。

⑥ 《农书》卷九，《百谷谱计》。

⑦ 丘濬：《大学衍义补·贡赋之常》。

述。明代强制种植棉花，令"凡民田五亩至十亩者，栽桑、麻、木棉各半亩，十亩以上倍之"[1]。规定天下税粮可以金、银、布、棉花、绢折纳，这促使棉花种植扩大，"遍及江北及中州矣"[2]。明代中后期，从海外引进了番薯、玉米、马铃薯、花生、烟草等五种重要作物。这些作物在各地传播的速度不一，明末至清，逐渐成为我国广泛栽培的重要作物。这是农业史上的重大事件，是当时人民改造自然、利用自然的伟大成功。总之，元明时期，北方农业总体水平比前代有发展，个别地区发展稍微好于其他地区，这从农具的改造、认识论的发展、粮食产量的提高，传统作物水稻在北方的分布，棉麻作物种植北界的推移等方面都可以看出来。

元明时期，江南官员学者对北方农业发展水平评价很低，既有客观原因，也有主观原因。客观原因有以下三点。一是，尽管元明北方农业在某些方面和地区有进步，但毕竟北方地广人稀，土地利用程度和粮食产量都不如南方。王祯《农书》中所列的圃田、围田、柜田、架田、涂田、沙田等，都是南方出现的土地利用形式。他认为这是南方土地利用程度高的缘故："田尽而地，地尽而山。山乡细民，必求垦佃，犹胜不稼，其人力所致，雨露所养，不无少获。然力田至此，未免艰食。又复租税随之，良可悯也。"[3] 南方土地利用达到了无以复加的地步，北方则地广人稀，土地利用程度低。胡祗遹说："方今之弊，民以饥馑奔窜，地著务农者，日减月消。先畴畎亩，抛弃荒芜，灌莽荆棘，何暇开辟。中原膏腴之地，不耕者十三四，种植者例以无力，又皆灭裂卤莽。"[4] 说明元人已经认识到北方地广人稀的状况。二是，元明都燕，为统治者服务的人员多，牧场多，消费者多，生产者少。三是，北方包括山东、河南、山西、河北、陕西五省，赋役总量重，如平均到各府各州，则不多。南方虽然地域广大，但江浙赋税甲天下，苏、松、常、镇、杭、嘉、湖七府田赋重。

上述三种情况，江南官员学者能够认识到一些，如北方农业水平低，

---

① 《明史》卷七十八，《食货志二》。
② 《农政全书》卷三十五，《桑蚕广类》。
③ 《农书》卷十一，《农器图谱·田制门》。
④ 《紫山大全集》卷十九，《论司农司》，文渊阁四库全书电子板。

元明都燕后北方及京、边消费粮食的人口多，江南赋税重。从这个角度看，江南籍官员学者对北方农业水平的低调评价，符合历史实际，基本正确；有些情况，江南官员学者则认识不到，如北方赋役负担量，北方在供应边粮、宗禄中的负担和地位，北方牧场多，耕地减少，直接从事生产的人口减少等。从这个角度看，他们对北方农业水平低调评价，虽然符合历史实际，但不够全面，缺乏整体、全面看问题的意识。从主观原因看，元明时期江南籍官员学者更多地关注东南特别是江南地区的民生利病，而较少考虑其他地区的利病，缺乏关心天下郡国利病的精神。这也使他们低调评价北方农业水平时，不了解北方地区自有北方的利病。当明亡后，顾炎武关心天下郡国利病，王夫之探讨秦至明近二千年政治统治的兴衰得失。和他们的前辈思想家相比，顾炎武、黄宗羲、王夫之等，胸怀更开阔，眼光更深刻。

农业是人类利用自然条件、改造自然条件的最主要的活动，《吕氏春秋·审时》指出："夫稼，为之者人也，生之者地也，养之者天也。""天"指天时，气候条件，"地"是水土的结合，是农业生物赖以生长的载体。这是把农业生产看作农业生物（稼）和它周围的自然环境（天和地）以及作为农业主导者的人相互关系共同组成的整体。农业的自然条件包括气候、土壤、温度、水等多种因素，农业的社会条件包括政治稳定、人民安居乐业等；自然条件的因素要靠一定的社会条件的支持，才能发挥作用。从总的情况看，元明时期，北方经济的发展落后于南方，多种因素导致北方落后于南方。这里既有自然条件的因素，也有社会因素，而社会因素的作用不可轻视。

元明时期，北方自然条件中的某些因素得到改造利用，如土壤因素，元明时期精耕细作技术臻于成熟，有多种农书都指导农民如何精耕细作，增加土壤肥力，使地力常新壮；有些因素，如气温，经过农学家的理论认识和知识普及，桑、麻、稻种植界限北移，玉米、番薯、马铃薯、花生、烟草都引进到了中国，改变原有习性，并适应了新的环境。有些自然因素，如水的问题不好解决，这本身有水资源短缺的问题，更有制度因素，还有社会因素。

　　元明时期北方农业水平低，社会因素的作用不可轻视。这些社会因素有许多，如辽金以来北方战争多，北方既是南北民族交锋的主战场，又是供应北边和战争前线粮食草料的主要经济区；京师粮食供应依赖东南政策下的依赖心理。这些问题，此处不赘言。这里着重分析以下几个因素。

　　一、元明定都北京，人民劳役多，直接从事生产的人口减少，农业劳动力不足。元朝胡祗遹说："农者日消日减，食粟者日增日广。略具不农品类于左：儒、释、道、医、巫、工、匠、弓手、曳剌、祗候、走解、冗吏、冗员、冗衙门、优伶、一切坐贾行商、娼妓、贫乞、军站、茶房、酒肆、店、卖药、卖卦、唱词货郎、阴阳二宅、善友五戒、急脚庙官杂项、盐灶户、鹰房户、打捕户、一切造作赋役、淘金户、一切不农杂户、豪族巨姓主人奴仆。右诸人每丁所费，十农夫不能供给。"[1] 他认为不农者多，致使北方地力有余，人力不足，"古者一夫受田百亩……后世贪多而不量力，一夫而兼三四人之劳，加以公私事故，废夺其时，使不得深耕易耨，不顺天时，不尽地力，膏腴之地，人力不至，十种而九不收，良以此也"[2]。"古人一夫受田百亩，余夫二十五亩，田亩与民力相应；今欲使一夫效两人之力，一日成二日之功，断无是理。"[3] 所谓"一夫而兼三四夫之劳"是说一夫而种三四百亩，这种情况在卫所屯田中普遍存在，如左翼屯田万户府人均屯田六十八亩，宗人卫人均一百亩，大司农司所辖永平屯田总管府每户屯田三百五十亩，广济署每户屯田一千亩，宣徽院所辖尚珍署每户屯田二千一百三十八亩[4]，虽然各类官屯有耕牛，但肯定存在着粗放经营；一般民户则是"一夫百亩常力常业之外"，还有"督责种木、区田等事、义仓、社仓"等[5]，但古代百步为亩，后世二百四十步为亩，"一夫而兼三四人之劳"，所以胡氏的说法是有道理的。明朝北方军屯中，每名屯军所占屯田亩数，据王毓铨《明代各地区军屯分地亩数表》，九边（九镇）即辽

　　① 《紫山大全集》卷十九，《论积贮》，文渊阁四库全书电子版。
　　② 《紫山大全集》卷十九，《论农桑水利》，文渊阁四库全书电子版。
　　③ 《紫山大全集》卷二十二，《论司农司》，文渊阁四库全书电子版。
　　④ 王培华：《土地利用与可持续发展——元代农业与农学的启示》，《北京师范大学学报》1997 年第 3 期。
　　⑤ 《紫山大全集》卷二十二，《论司农司》。

东镇、蓟镇、宣府镇、大同镇、山西镇、延绥镇、宁夏镇、固原镇、甘肃镇，及大宁都司、万全都司，北京及北直隶地区的军屯，每名屯田军的分地亩数，一般为五十亩，或一百亩，有的却高达五百亩、六百亩[①]。这么多土地，加上耕牛不多，难免粗放经营。北方地多人少，劳动力不足，农业产量不高。而南方人多地少，精耕细作，加上水土条件比较充分，故农业产量高。

二、优先保证漕运用水的政策，使农业用水受到限制。元朝至元九年（1272）元世祖降旨：各路水利河渠修成后制定使水法度，"须管均得其利……如所引河水干障漕运粮盐，及动磨使水之家，照依中书省已奏准条画定夺，两不相妨"[②]。要优先保证漕运粮盐用水，其次才能保证农业灌溉用水，这体现了漕运用水优先于农业灌溉用水的国家意志。在大都乃至腹里，农业用水与漕运用水往往发生矛盾。有关官员认为，应优先保证漕运用水。"至元三年（1266）七月六日都水监言：'运河……沧州地分，水面高于平地，全藉堤堰防护。其园圃之家掘堤作井，深至丈余，或二丈，引水以溉蔬花。复有濒河人民就堤取土，渐至阙破，走泄水势，不惟涩行舟，妨粮运，或致漂民居，没禾稼'。部议以濒河州县佐贰之官兼河防事，于各地分巡视……仍禁园圃之家毋穿堤作井，栽树取土。都省准议。"[③] 都水监、中书省官员都认为保证漕运用水是首要任务，灌溉用水在其次。"文宗天历三年（1330）三月，中书省臣言：'世祖时开挑通惠河，安置闸座，全藉上源白浮、一亩等泉之水以通漕运。今各枝及诸寺观权势，私决堤堰，浇灌稻田、水碾、园圃，致河浅妨漕事，乞禁之。'奉旨：白浮、瓮山直抵大都运粮河堤堰泉水，诸人毋挟势偷决，大司农司、都水监可严禁之。"[④] 这里所禁止的多是有势力的贵族宗亲的灌溉、水磨、园圃等用水，一般农民的灌溉自然在禁止之例。这表明，当漕运用水与农业用水发生矛盾时，国家

---

①　王毓铨、刘重日、郭松义、林永匡著《中国屯垦史》（下），农业出版社，1991，第99～104页。

②　《元典章》卷二十三，《户部九·兴举水利》。

③　《元史》卷六十四，《河渠志一·御河》。

④　《元史》卷六十四，《河渠志一·通惠河》。

优先保证漕运用水，明令禁止农业用水。明代京师粮食全依漕运，优先保证漕运用水的制度更多更严厉。这使北方农业发展的水利条件受到限制。

三、统治者的主观"注意"。元朝设置司农司和劝农使，其工作有成效，这只是问题的一个方面。另一方面，元明官员学者对劝农制度有不同的认识。一是，劝农反而扰民。至元时，胡祗遹说："劝农之弊，反致劳民，废夺农时。"① 王祯在南北方都担任过地方官，他认为有些劝农官不懂农事，反而到处扰民："今长官皆以劝农冒衔，农作之事，已犹未知，安能劝人，借曰劝农，比及命驾出郊，先为移文，使各社各乡预相告报，期会斋敛，只为烦扰耳！"② 这些言论，恐非虚言。二是，农民和劝农者及地方官员弄虚作假，上下相蒙。胡祗遹说："劝之以树桑，畏避一时捶打，则植以枯枝，封以虚土。劝之以开田，东亩熟而西亩荒，南亩治而北亩芜。……力不足也。……农官按治，司县供报簿集数目，似为有功，核实农人箧笥仓廪，一无实效。他日以富贵之虚声达于上，奸臣乘隙而言可增租税矣，可大有为矣，使民因虚名而受实祸，未必不自农功始。"③ 许有壬回忆自己延祐六年（1319）除山北道廉访司经历时④，亲眼所见各县上报农桑成果中的弄虚作假："卑职向叨山北宪幕，盖亲见之，而事发者亦皆有案可考。以一县观之，一地凡若干，连年栽植，有增无减，较其成数，虽屋垣池井，尽为其地犹不能容，故世有'纸上栽桑'之语。大司农岁总虚文照磨，一毕入架而已，于农事果何益哉！"⑤ 胡、许说的是北方情况。江南也是如此。至正九年（1349）前后，赵汸说："尝见江南郡邑，每岁使者行部，县小吏先走田野，督里胥相官道旁有墙堑篱垣类园圃者，辄树两木，大书'畦桑'二字揭之。使者下车，首问农桑以为常。吏前诣畦处按视，民长幼扶携窃观，不解何谓，而种树之数，已上之大司农矣。"⑥ 以上三段引文说明，元朝官员认为元代劝农中存在许多弄虚作假、上下相蒙的现象。

---

① 《紫山大全集》卷十九，《论司农司》，文渊阁四库全书电子版。
② 《农书》卷四，《劝助篇》。
③ 《紫山大全集》卷十九，《论司农司》，文渊阁四库全书电子版。
④ 《元史》卷一八二，《许有壬传》。
⑤ 《至正集》卷七十四，《风宪十事·农桑文册》。
⑥ 《东山存稿》卷二，《送江浙参政契公赴司农少卿序》。

官员弄虚作假是为政绩，农民作假，或者因为不乐于听从不懂农事官员的指导，或因上级官员的逼迫，或因为从中得不到实惠，原因相当多。这些都说明检查、统计农桑成果中，普遍存在着弄虚作假现象。但北方距离京师近，劝农使下移，这种情况恐怕更严重。所以说，统治者的过分"注意"农业，也是使农业发展水平低下的原因之一。至于统治者的主观忽略，即京师粮食仰给东南的制度和政策延续，忽略北方农田水利，则更是主要因素。

二　元明北方赋役轻重问题

元明时期，江南官员学者一致认为江南赋重。其实，江南赋重是漕粮重，即原额科则重，加耗重，沿途需索重。北方赋役负担状况如何，是需要讨论的问题。弄清这个问题，有助于从赋役负担上作南北对比，有助于正确评价江南官员学者的认识。元明许多江南官员学者主要关心本地区的经济、社会状况，一种意见认为江南赋重民贫，但并没有考察北方地区赋税徭役负担的情况。另一种意见认为，元代"南困于粮，北困于役"，到了明代"论者皆知，东南之民，困于税粮；西北之民，困于差役"[①]。明代"江南之患粮为最，河北之患马为最"[②]。江南"赋重而役轻"，北方"赋轻而役重"[③]。杨学涯教授历引上述说法，认为"虽然这种说法并不完全正确，但大体上也可以说明南北人民赋役负担的情况"。他研究了明代北方重役的几个侧面：工役、徭役、马政、铺行之役，结论是明自中期以后，徭役越来越多，北方杂役较重，流民较多，"不当差"成为农民起义的口号[④]。田培栋教授从赋税、徭役、兵役三方面进行比较，认为明代北方五省赋役负担沉重。单以田赋说，明代全国田赋总额二千六百余万石，北方五省田赋总额占2/5；万历《明会典》载：弘治十五年（1502）北方五省每年输送京师及北边军仓粮食三百八十三余万石，万历六年（1578）为五百九十四

---

① 钱思元：《吴门外乘》卷一。
② 顾炎武：《天下郡国利病书》第一册，《北直中》。
③ 顾炎武：《天下郡国利病书》第七册，《常镇·里徭》。
④ 杨学涯：《略论明代中后期北方地区的重役》，《河北师范大学学报》1985年第2期。

余万石。从以上数字可知北方五省的经济在全国所处的地位。"过去人们只
知道江南地区的苏、松、嘉、湖、杭及江西的赋税沉重，殊不知北方五省
的赋役负担更为沉重。明朝自永乐之后，建都北京，每年虽从江南漕运大
米四百万石供应北京，但小麦及各种豆类和杂粮的需求，仍需仰给于北直
隶、山东及河南等地。再加上北边对蒙古的防御，沿长城一线驻军60万～
70万，每年军粮的供应，以及马料、马草的输送，都出自北方五省。这五
省还要负担各种沉重的各项徭役，及明中期以后的民兵征派等。从总的负
荷量来看，该地区大大超过了江南地区的负担。"① 杨、田二位教授的论文，
对于我们认识明代北方赋税负担有积极的意义。

以上引文主要是对客观历史的研究，即对事实的研究；同时，应注意
对主观认识的研究。把二者结合起来，或许会对元明时期北方赋税徭役负
担的情况，取得较为合理的认识。明朝官员认为北方各省税粮负担很重，
一是，北方各省负担的边粮、马草、马料占全国总田赋的1/3。弘治时，户
部马文升奏疏说："山、陕之民，供给各边粮饷，终岁劳苦万甚。"② 隆庆时
户部尚书马森说："祖宗旧制：河淮以南，以四百万石供京师；河淮以北，
以八百万石供边境。"③ 以弘治十五年（1502）和万历六年（1578）全国夏
税秋粮二千六百万石计④，则八百万石边粮占田赋的1/3。这两位官员认为
北方各省税粮负担很重；如果考虑到北方粮一石随草一大束或二小束⑤，则
北方粮草负担更重。二是，北方省份存留粮，只够当地宗禄一半。嘉靖四
十一年（1562），御史林润说："天下岁供京师粮四百万石，而诸府禄米凡
八百五十三万石。以山西言，存留百五十二万石，而宗禄三百十二万；以
河南言，存留八十四万三千石，而宗禄百九十二万。是二省之粮，借令全

---

① 田培栋：《论明代北方五省的赋役负担》，《首都师范大学学报》1995年第4期。
② 《明孝宗实录》卷一〇三，弘治八年八月丁丑。
③ 《明经世文编》卷二九八，《马恭敏公奏疏·国用不足乞集众会议疏》。
④ 《明会典》卷二十四，《户部十一·会计一·税粮一》，《明会典》卷二十五，《户部十二·会计二·税粮二》。
⑤ 张之俊修、张昭美纂《五凉全志》之《武威县志》卷一，《地理志·田亩》，乾隆十四年刻本。

输，不足供禄米之半，况吏禄、军饷皆出其中乎?"① 林润认为，山西、河南两省宗禄五百余万石，两省存留粮共二百三十多万石，勉强够宗禄所需的一半。隆庆五年（1571），礼部官员复河南巡抚官栗永禄、杨家相和礼科都给事中张国彦奏："以天下通论之，国初，亲郡王、将军，才四十九位，今则玉牒内现存者共二万八千九百二十四位，岁支禄粮八百七十万石有奇。……是较之国初，殆数百倍矣。天下岁供京师者止四百万石，而宗室禄粮则不啻倍之。是每年竭国课之数，不足以供宗室之半也。"② 以上所引，反映了明朝官员认为，北方各省存留粮，不够供应宗禄的一半。每年宗室成员禄粮八百七十万石。以万历六年全国夏税秋粮二千六百万石计，则宗禄占田赋的 1/3。以上两点认识显示，明朝人们认为北方各省税粮在全国田赋中的比重、在供应京边粮食中的重要地位、存留粮不够宗禄的一半。

明朝官员认为北方力役重。弘治八年（1495）八月，兵部尚书马文升言："今天下之民，河南者，因黄河迁徙不常，岁起夫五六万，每夫道里费须银一二两，逐年挑塞以为常。近因修筑决河，又起河南、山东夫不下二十万。江南苏松等府挑浚海道，亦起夫二十万。南北直隶、河南、山东沿河沿江烧造官瓦及湖广前后修吉、兴、岐、雍四王府，用夫匠役，不下五十余万。江西前后修益、寿二王府，山东青州修衡王府，二布政司，又该用夫数十万。……山、陕之民，供给各边粮饷，终岁劳苦尤甚。及金派天下王府校尉、厨役、斋郎、礼生，每当一名，必至倾家荡产。即今在京各项工程亦众，操军连岁少休息；及在外诸司官私造作者亦多。裹河一带直抵南京，并因三次亲王之国，接应夫役，不下数十余万。役繁民困，未有甚于近岁者也。"③ 弘治三年（1490）十二月南京礼部尚书童轩上疏言："近年以来，东南之民恒困于岁办，西北之民恒疲于力役。……力役如牵船、送扛之类，有赍公文一角，而索车数辆；有带军册一本，而起船一只者。小民被役，月无虚日，户无闲丁。民当里甲之差，而又有此分外之

---

① 《明史》卷八十二，《食货志六·宗禄》。
② 《明穆宗实录》卷五十八，隆庆五年六月丁未。
③ 《明孝宗实录》卷一〇三，弘治八年八月丁丑。

役。"① 弘治三年十二月监察御史涂升说："南方之民困于转输，北方之民困于差役。"② 以上弘治时官员对北方力役负担情况的认识，有助于我们认识明朝北方力役的状况，即山东、河南沿黄河和运河各处，出夫修河挽船多；山西、陕西沿边各处供给边饷多；从南京至北京，沿途烧砖、接应夫役多；北直隶附近出夫修筑在京工程多。童轩之"东南之民恒困于岁办，西北之民恒疲于力役"，涂升之"南方之民困于转输，北方之民困于差役"的说法，反映了人们对南北赋役负担各有所重特点的认识。

为什么会形成这种特点，成化九年（1473）巡抚山东左佥都御史牟俸的奏疏，可以提供一点解释。他说："易州山厂功用柴炭，始皆用人来输，所以惟取山西、山东、北直隶夫役而不及河南、江南者，盖以南方之民轻财赋而重力役，北方之民轻力役而重财赋，故各就其所便役之。今诸山采取殆尽，柴炭类输银价，犹独取给于山东、山西、北直隶之民，而江南、河南财赋所出之地，乃不知及，殊于立法初意不侔。姑以山东一处言之，岁额夫二万八百八十四人，人征价三两，共六万二千六百五十二两。"③ 这里说的是供给京师惜薪司夫役情况，由此可以推知其他情况。明初赋役确立的原则恐怕不会如此简单，但牟俸提供了对京师朝廷惜薪司采薪力役确立原则的解释，即北方力役的征派有地区特点。

综上，明代人们认为北方五省赋役负担很重。边粮、马草、草粮占全国田赋的1/3，各省存留粮中宗禄又占去了一半，力役也很重。

三 京师粮食依赖东南政策之得失及其认识根源、历史根源析论

不论北方农业发展的水平如何，也不论北方五省的赋役负担如何，元明两朝，京师粮食所需仰给东南，这是不争的事实。元明都燕，京师粮食仰给江南（明代还包括山东、河南），海道和运河成为元明时期京师军队、皇室成员、匠役的生命线。这种海运、漕运不是一项经济活动，不是市场意义上的粮食运输贸易，而是一种超经济的政治强制活动，以皇帝的旨意、

---

① 《明孝宗实录》卷一〇七，弘治八年十二月戊辰。
② 《明孝宗实录》卷四十六，弘治三年十二月辛酉。
③ 《明宪宗实录》卷一二一，成化九年十月乙亥。

法律的规定，保障这项制度的实施。京师粮食供应依赖东南（含山东、河南），元朝实行了近百年，明朝实行了二百二十多年，是一项基本国策。

由于自然条件的变化和社会条件的变化，造成南北经济的不平衡发展，京师需要大量粮食供应。唐玄宗、第五琦漕运江淮粟至京师，临时措施一变而成为一千多年的制度，宋、元、明、清都从江南漕运或海运粮食。唐玄宗、第五琦以及其他官员对江淮经济地位的认识，唐朝自安史之乱后京师粮食供应仰给东南（包括江南、山东和河南）供应的财政政策，是元、明、清时期京师粮食供应依赖东南的国家政策的久远的认识根源和历史根源。

这种政策，是专制主义中央集权的表现，因而不同时期人们对这种政策和制度有不同的反映。元及明中期以前，江南官员学者只是抱怨这种政策，明末清初一些江南学者如顾炎武、黄宗羲、王夫之等开始批判这种财政经济政策和制度。元、明、清时期，江南官员学者探讨京师粮食依赖东南供应政策之得失及其认识根源与历史根源，王夫之对这个问题的认识，比较全面、深刻。本章第三节讨论"明代'苏松二府田赋之重'观念的发展及论证"时已经叙述了王夫之对第五琦漕运江淮粟建议、唐代京师粮食仰给东南供应的政策的探讨，这里补充他对南北经济不平衡发展、京师粮食仰给东南供应后所造成的新的不平衡的认识。王夫之写道：

> 自汉以上，吴、越、楚、闽，皆荒服也。自晋东迁，而江淮之力始尽。然唐以前，姚秦、拓拔、宇文，唐以后，自朱温以迄于宋初，江南割据，而河洛、关中未尝不足以立国。九州之广，岂必江滨海澨之可渔猎乎？祖第五琦、刘晏之术者，因其人惜廉隅，畏鞭笞，易于弋取，而见为无尽之藏。竭三吴以奉西北，而西北坐食之；三吴之人不给饘粥之食，抑待哺于上游，而上游无三年之积，一罹水旱，死徙相望。乃西北蒙坐食之休，而民抑不为之加富者，岂徒天道之亏盈哉？坐食而骄，骄而佚，（月）［日］倍三釜之餐，土无再易之力，陂堰不修，桑蚕不事，举先王尽力沟洫之良田，听命于旱蝗而不思捍救，仍饥相迫，则夫削妻骸，弟烹兄肉，其强者弯弓驰马以杀夺行旅，而犹

睥睨东南，妒劳人之采桮剥蟹也。谁使之然？非偏因东南以骄西北者
纵之而谁咎邪？骄之使横，佚之使惰，贪欲可遂，则笑教以忘所自来；
供亿不遑，则恲忿而狂兴以逞。其野人恶舌暗噁，以胁赢弱之驯民；其
士大夫气涌胆张，恫喝以凌衣冠之雅士。于是国家无事，则依中涓、
附戚里而不惜廉隅；天下有虞，则降盗贼、戴夷狄而不知君父；何一
而非坐食东南之教猱蒌虎，以使农非农、士非士，日渐月靡，俾波逝
而无回澜哉？

冀土者，唐尧勤俭之余泽也；三河者，商家六百载奠安之乐土也；长
安者，周、汉之所久安而长治也。生于此遂，教于此数，一移其储偫之权
于江介，而中原几为无实之土。第五琦不得已而偶用之，害遂延于千载。①

王夫之探讨了自唐朝第五琦以来京师粮食供应依赖江淮政策之得失，所谓
"竭三吴以奉西北，而西北坐食之"，"三吴……待哺于上游，而上游无三年
之积"，"西北蒙坐食之休，而民抑不为之加富"，即本来由于南北经济的不
平衡发展，才使京师粮食供应仰给东南，这种政策又进一步加据了南北两
个区域经济的更加不平衡发展，是很具有历史眼光的。他在这个问题上所
取得的认识成就，至今无人能及。

自唐末五代以来南北经济的不平衡发展，现代学者如冀朝鼎教授《中
国历史上的基本经济区与水利事业的发展》、张家驹教授《中国社会中心的
转移》和《两宋经济重心的南移》、瞿林东教授《中国通史·导论卷》第二
章等，对此多有研究，他们的研究成果已广为人知，此处不赘言。史念海
教授指出：

正由于长江下游各地农业的发展，也由于天宝末年安史之乱的猝
发，江淮各地就成为唐政府财政重要收入的基地。还在至德元年（公
元 756 年）时，第五琦在蜀中谒见了唐玄宗，就已经提出了："方今之
急在兵，兵之强弱在赋；赋之所出，江淮居多"（《资治通鉴》卷二一
八《唐纪》）。这样的主张自然得到唐政府的赞成，事实上第五琦也成

---

① 王夫之著《读通鉴论》卷二十三《唐肃宗三》，中华书局，2011。

为这样政策的执行人，向江淮进行搜刮。第五琦的主张主要是由于军兴之际，北方租赋的减少，后来事情的发展具体证明他的观察的不错；因而成了当时政府的共同认识。和第五琦同时的萧颖士就曾经说过，"兵食所资在东南"（《新唐书》卷二〇二《萧颖士传》）。唐宪宗上尊号时所下的敕书，更是公然说："天宝以后，戎事方殷。两河宿兵，户赋不加，军国费用，取资江淮。"（《全唐文》卷六十三《宪宗元和十四年七月二十三日上尊号敕》）也就在这个时候，韩愈又说："赋出天下而江南居十九"（《韩昌黎集》卷十《送陆歙州诗序》）。说是江南占全国赋收十分之九，未免有些夸大。但以江淮为唐朝的国命，却是合于当时情理的说法。[①]

史念海教授论述了唐代江南经济的发展，自第五琦以来使江南成为国家财政的重要基地，以及人们对江南经济发展与国家财赋关系的认识。

漕粮是田赋的一部分，即南直隶（今江苏安徽）、浙江、江西、湖广、山东、河南省田赋中起运到京师之京、通二仓的四百万石米麦豆，一石漕粮需三至四石粮食作运费及其他损耗，共计一千五百万石。纳粮当差是人民必须承担的义务。"漕运是封建赋役的特殊形式，它既是赋役的一个重要而特出的部分，又是赋役压榨的集中表现。这一点可从漕粮的征收和运输两个方面来说明。……粮户不仅必须完纳漕粮，而且还要承担漕粮的运输义务，亦即要承担全部运费。因此漕运的赋役压榨性质，除了体现于漕粮的沉重剥削外，更突出地体现于漕粮加耗（即运费）的征收和搜刮方面。"[②]"由于中央政府或各军事区域所需粮食须通过长短途运输以及时供应，所以粮食起运是一件大事又是一件难事。在运输条件很差的情况下，远道输粮的费用成了纳粮者很重的负担。"[③]

京师粮食供应依赖东南的政策，其得在于使京师、北边得到了粮食供应。

①　史念海：《河山集》，三联书店，1963，第 229 页。
②　鲍彦邦：《明代漕运研究》，暨南大学出版社，1995，第 13、29 页。
③　彭雨新：《清代田赋起运存留制度的演进——读梁方仲先生〈田赋史上起运存留的划分和道路远近的关系〉一文书后》，《中国经济史研究》1992 年第 4 期。

其失则表现在经济、生态与社会思想等方面。在经济上，第一，加重了南方的经济负担。第二，使北方更加落后，使南北区域经济更加趋于不平衡发展，第三，因为运河水源条件的不足和漕运制度的弊端，漕运东南粮食的政策、制度，很不经济，浪费了很多社会财富。如杜宗桓所说"有二三石纳一石者，有四五石纳一石者"，则每年四百万石定额，运输的费用是一千五百万石左右。而且，维护运河、治黄的费用不赀，治黄即所以治运也。第四，会通河的修建，如欧阳玄所说，元朝修会通河，"水涓滴以上，皆为我国家所用"①，山东有限的水资源不能用于农业灌溉。运河沿线兴起的城市，如临清、徐州、济宁等，"号为繁盛，又皆游商，土著无几"②。元明时期，江南官员学者对漕粮运输的不经济，有许多论述，现代学者也有论述，绪论关于"20世纪的主要研究成果"中，引用了邹逸麟教授对运河作用的论述。这里再次引用邹逸麟教授关于运河历史作用的评价。他说：运河"其作用主要表现为政治方面，经济作用固然有，相比之下，居于次要地位"；"由于自然条件的限制，在我国东部平原上兴建的运河，航运条件并不十分理想。其经济作用的发挥有很大限度。同时，统治集团为本集团的利益出发，往往采取一些破坏自然环境的措施，给运河地区带来了严重的后果。而且，为保证漕运，甚至不惜牺牲当地农业为代价，则更不利于社会生产的发展。因而对我国封建社会时期开凿的运河不能不加分析地一味颂扬，应该一分为二，全面地考察它的作用和影响，才能作出恰如其分的评价"③。在社会思想上，产生了两个认识后果：一方面，江南官员学者产生了江南赋税之重的认识并加以论证；另一方面，他们产生了发展西北水利的主张，并在一定地区有所实践，但遭到北方官员的反对，最终归于失败。这样，从元明时期的江南地区产生了批判专制主义的萌芽，关于南粮北运是一项重要内容。④ 关于运河的修建及漕运制度在生态上所造成的问题，本书第三章第

---

① 欧阳玄：《中书右丞相领治都水监政绩碑》，见王琼《漕河图志》卷之五。
② 《明孝宗实录》卷一七二，弘治十四年三月癸亥夏堰奏疏。
③ 邹逸麟：《从地理环境的角度考察我国运河的历史作用》，见《中国史研究》1982年第3期。
④ 王培华：《明中后期至清初江南学者的民生思想与实践》，见《史学论衡》（3），北京师范大学出版社，1997。

三、四节还要论述，此处从略。总之，漕运南粮，得失不相当。失多于得，弊多于利。

江南官员学者一致认为江南赋重民贫，并探究其历史的和现实的根源，他们的认识有符合历史实际之处，因此是合理的、可信的。其时北方五省赋税徭役等负担也很重，但因为自唐宋以来江南经济的发展导致文化的发展，南方人中举、仕宦者多于北方人，与众多的江南官员学者众口一词申述江南赋重民贫形成鲜明对照，当时很少有北方官员学者探讨北方的赋役负担问题。直到20世纪八九十年代，才有杨学涯、田培栋等教授的研究成果，但还没有引起足够的重视。但如果能计算出北方运输京粮、边粮等的费用和力役等情况，北方五省与江南苏松等五府赋税、耕地面积的比例，则可能对江南或北方赋役孰轻孰重问题，做出相当准确的说明，可惜，这方面的研究还很缺乏。

四　江南官员学者发展西北水利主张的合理性与局限性

元、明、清时期江南官员学者提出发展西北水利的主张，有其合理性。可以从以下几个方面来分析。

第一，江南官员学者提出发展西北水利的主张，这个问题的实质是江南人对东南和西北两大区域经济发展不平衡与赋税负担不均问题的解决方案之一，涉及了区域经济持续发展与生态环境变迁问题。说明他们注意到了自唐末五代以来，因自然条件的变化，黄河流域和长江流域经济的不平衡发展，以及这种不平衡与政治发展的关系。他们的认识有合理之处。而且他们勇于实践的精神，让人敬佩。

第二，从北方官员反对发展西北水利的经济根源，可以反观江南官员学者发展西北水利主张的合理性。北方官员反对发展西北水利，或在西北招募富民垦种，这个问题有许多方面，起源很早，也很复杂。其一是西北势力之家侵占水利的问题。第二章第二节第二目的细目之一"西北农田水利管理法规化意识的恢复"曾论述到甘肃、宁夏等大小军官侵占水利的问题。在西北地区，有水源就有了农业生产的保证。如果按照徐贞明的设想重新招募富民耕垦，则西北势力之家必失去既得的水利资源和土地收入。

其二是西北屯田亩小与民田亩大的问题。这里说的民田，是势力之家的民田，不可理解为一般老百姓的民田。民田中有许多官豪之家。如果按照徐贞明的设想发展西北水利，则官豪之家必失去既得的广亩土地资源。这里要做一些说明。明初，迁狭乡民就宽乡，主要在北方，屯田掺杂民田之间，造成了屯田与民田顷亩大小不一，嘉靖六年（1527）十二月癸丑，吏部尚书桂萼言："分豁南北粮土之说，不可以不讲焉。祖宗时，以北方民寡，徙山、陕无田之民分屯其地。当时，本民占地，顷亩广，屯民后至，顷亩狭。故北方之土，有小亩、广亩之异。至于则壤成赋，虽历朝因革不同，而轻者居多。若我朝则江南多抄没之产，当时所收籍册，即以民间所入客租为粮，谓之官粮。故南方之粮，有轻则、重则之殊。此不均之怨所难免也。今北方官豪之家，欲独享广亩之利，不肯为屯民分粮。南方官豪之家，欲独出轻则之粮，不肯为里甲均苦。间有巡抚守令，欲为均则、量地者，即上下夤缘，多方阻抑。故臣愿有以均平之。"① 这里所说，指北方的山东、河南、河北等。桂萼所奏，反映了三种情况：南粮赋税等则有轻则、重则之别，北土民田、屯田有大亩、小亩之分；南方官豪之家，欲独出轻则之粮，不肯为里甲均粮；北方官豪之家，欲独享广亩之利，不肯多担待税粮；历来巡抚守令欲改革粮、土不均，却遭到反对。同时，反映了他请求以平均原则"均则、量地"的主张，即按照平均的精神，划分南方官粮的等则即纳税等级，丈量北方民田顷亩，使之与屯田一样计亩出粮。但明世宗说："南北粮土，则版籍已定，姑已之。"② 否定了桂萼的主张。这说明历来改革南北赋役不均、田亩大小不一弊端的建议，都遭到有势力之家与朝中某些官员的反对，即"上下夤缘，多方阻抑"。

综上所述，西北势力之家多占水利，与北方官豪之家欲独占广亩之利，都是北方官员反对发展西北水利的经济根源。如果发展西北水利，这些北方官豪之家必失去既得的经济利益，但可以解决京边粮食供应，可以缓解对东南的粮食供应，可以招募南方富人到北方垦田，解决南方人多地少的矛盾。

---

① 《明世宗实录》卷八十三，嘉靖六年十二月癸丑。
② 《明世宗实录》卷八十三，嘉靖六年十二月癸丑。

从这个角度看，徐贞明发展西北水利的主张是有合理性的，由于社会政治的因素即北方官员的反对，而没有实现。

第三，江南官员学者发展西北水利主张中的某些具体建议，如关于发展经济时要注重增加人民蓄积、兴修水利时要在田间渠岸种植榆柳枣栗、招募江南富民到西北兴修水利、治理黄河水患与开发农田水利相结合等，有合理之处。

如果说江南官员学者发展西北水利的思想有局限性，那就是他们的主张中有改旱田为水田的内容，这是不可取的，是有局限性的。北方发展农田水利，特别是发展水稻生产，受自然条件的限制多，有水利上的困难。当日申时行认为，旱田可以不必完全改水田，旱地作物可以不必完全改水稻。申时行是南畿人，他的建议，是对徐贞明建议的补充或修正，也是有可行性的。

清代，乾隆皇帝、李鸿章等人，在否定清代发展西北水利的主张时，连带着否定了徐贞明的主张。这里要把话题说得远点。清代，随着招商海运、改折减赋、漕粮折征银两，以及东北农业的发展、粮食贸易的活跃，京师无须依赖东南漕粮，因此畿辅农田水利的根本目标不存。尽管仍有江南籍官员学者提倡发展西北水利，但都没有得到采纳和实行。而且，清代后期，北方气候日渐干旱，缺乏地表水资源，为了缓解旱情，直隶等北方各省兴起凿井热潮，取地下水，人们认识到北方发展农田水利的自然条件不充足。道光二十三年（1843），"直隶总督讷尔经额疏陈直隶难以兴举屯政水利，略云：'天津至山海关，户口殷繁，地无遗利。其无人开垦之处，乃沿海碱滩，潮水碱涩，不足以资灌溉。至全省水利，历经试垦水田，屡兴屡废，总由南北水土异宜，民多未便。而开源、疏泊、建闸、修塘，皆需重帑，未敢轻议试行。但宜于各境沟洫及时疏通，以期旱涝有备，或开凿井泉，以车戽水，亦足裨益田功。'如所议行"①。讷尔经额简述了直隶水田难以兴举的自然因素和经济因素。光绪十六年（1890）给事中洪品良以直隶频年水灾，请筹疏浚以兴水利。直隶总督李鸿章上奏反对：

---

① 《清史稿》卷一二九，《河渠志四·直省水利》。

原奏大致以开沟渠、营稻田为急。大都沿袭旧闻,信为确论。而于古今地势之异致,南北天时之异宜,尚未深考。……(直隶径流)沙土杂半,险工林立,每当伏秋盛涨,兵民日夜防守,甚于防寇,岂有放水灌入平地之理?今若语沿河居民开渠引水,鲜不错愕骇怪者。且水田之利,不独地势难行,即天时亦南北迥异。春夏之交,布秧宜雨,而直隶彼时则苦雨少泉涧。今滏阳各河出山处,土人颇知凿渠艺稻。节界芒种,上游水入渠,则下游舟行苦涩,屡起讼端。东西淀左近洼地,乡民亦散布稻种,私冀旱年一获,每当伏秋涨发,辄遭漂没。此实限于天时,断非人力所能补救者也。

以近代事考之,明徐贞明仅营田三百九十余顷,汪应蛟仅营田五十顷,董应举营田最多,亦仅千八百余顷,然皆黍粟兼收,非皆水稻。且其志在垦荒殖谷,并非藉减水患。今访其遗迹,所营之田,非导山泉,即傍海潮,绝不引大河无节制之水以资灌溉,安能藉减河水之患,又安能广营多获以抵南漕之入?雍正间,怡贤亲王等兴修直隶水利,四年之间,营治稻田六千余顷,然不旋踵而其利顿减。九年,大学士朱轼、河道总督刘于义,即将距水较远、地势稍高之田,听民随便种植。可见治理水田之不能尽营,而踵行扩充之不易也。

恭读乾隆二十七年圣谕“物土宜者,南北燥湿,不能不从其性。倘将洼地尽改作秧田,雨水多时,自可藉以储用,雨泽一歉,又将何以救旱?从前近京议修水利营田,始终未收实济,可见地利不能强同”。谟训昭垂,永宜遵守。即如天津地方,康熙间总兵蓝理在城南垦水田二百余顷,未久淤废。咸丰九年,亲王僧格林沁督师海口,垦水田四十余顷,嗣以旱潦不时,迄未能一律种稻,而所废已属不赀。光绪初,臣以海防紧要,不可不讲求屯政,曾饬提督周盛传在天津东南开挖引河,垦水田千三百余顷,用淮勇民夫数万人,经营六七年之久,始获成熟。此在潮汐可恃之地,役南方习农之人,尚且劳费若此。若于五大河经流多分支派,穿穴堤防浚沟,遂于平原易黍粟以粳稻,水不应时，土非泽埴，窃恐欲富民而适以扰民，欲减水患而适以增水患也。①

李鸿章从地势、天时、土性、物种等各方面，反对北方之直隶开五大河经流引水种稻，有一定道理。元明时期，江南官员学者因急于解决东南重赋问题，可能没有考虑到北方自然条件特别是发展水田的水源不足情况。

---

① 《清史稿》卷一二九，《河渠志四·直省水利》。

第三章 关于漕运、海运与地理条件的关系及认识

第一节 元明以前人们的观念

一 汉、隋、唐、宋时期人们对漕运与京师粮食供应关系的观点

（一）对"因藉人力开通漕运"的认识、实践与评价

汉初，"漕转山东粟，以给中都官，岁不过数十万石"①。武帝时官员认识到转漕的困难，一是砥柱之限，如河东守番係所说"漕从山东西，岁百余万石，更砥柱之限，败亡甚多，而亦烦费"②。二是渭水水道曲折，加上封冻和水量不足，一年中只可通航六个月，如郑当时说："异时关东漕粟从渭中上，度六月而罢，而漕水道九百余里，时有难处。"③ 番係和郑当时因职务关系，更深切地体验了转漕山东西至关中的困难。

汉武帝君臣积极探索从关东至长安的便易漕渠。元光六年（前129）大农令郑当时建议："引渭穿渠起长安，并南山下，至河三百余里径，易漕，度可令三月罢；而渠下民田万余顷，又可得溉田：此损漕省卒，而益肥关中之地，得谷。"汉武帝接受其建议，"令齐人水工徐伯表，悉发卒数万人穿渠漕，三岁而通。通，以漕，大便利，其后漕稍多而渠下之民颇得以溉田矣。"④漕渠，引渭水为漕渠水源，经长安南山至华阴，仍入渭水，与黄

---

① 《史记》卷三十，《平准书》。
② 《史记》卷二十九，《河渠书》。
③ 《史记》卷二十九，《河渠书》。
④ 《史记》卷二十九，《河渠书》。

河汇合，长三百余里，称漕直渠。① "岁漕关东谷四百万斛，以给京师"②，成为制度，"京师之钱累巨万，贯朽而不可校。太仓之粟陈陈相因，充溢露积于外，至腐败不可食"。③

东汉明帝永平十二年（69），王景、王吴主持修浚汴渠，"筑堤自荥阳至千乘海口千余里"④。汴渠是沟通洛阳与江淮的主要水道，是隋朝通济渠的前身。表达了汉明帝对国家兴利除弊、主持公共工程重要性的认识。永平十三年（70）汴渠成，汉明帝巡行河渠，诏书说：

> 自汴渠决败，六十余岁，加顷年以来，雨水不时，汴流东侵，日月益甚，水门故处，皆在河中，漭瀁广溢，莫测圻岸，荡荡极望，不知纲纪。今兖、豫之人，多被水患，乃云县官不先人急，好兴它役。又或以为河流入汴，幽、冀蒙利，故曰左堤强则右堤伤，左右俱强则下方伤，宜任水势所之，使人随高而处，公家息壅塞之费，百姓无陷溺之患。议者不同，南北异论。朕不知所从，久而不决。今既筑堤理渠，绝水立门，河、汴分流，复其旧迹，陶丘之北，渐就壤坟。⑤

诏书指出了河汴合流给南岸人民带来的危害、东汉初关于是否治理汴河的不同议论，以及此次治理后河汴分流的成功，充分认识了国家在兴利除弊、主持公共工程中的积极作用。其中所说的"议者不同，南北异论"，结合《王景传》则知，东汉建武之世，人们对是否治汴有三种议论：上游南岸官员主张改修堤防，上游北岸官员主张顺水势自流，下游兖、豫人民抱怨国家不先民急，三种意见涉及了三个地区，各地区都有自己的利益，即诏书说的"左堤强则右堤伤，左右俱强则下方伤"。在这种情况下，"永平十二年，议修汴渠，乃引见景，问以理水形便。景陈其利害，应对敏给，帝善之"⑥。可知明帝、王景等深切了解各方不同的利害，不仅为汴、河找到了

---

① 《汉书》卷二十四上《食货志》。
② 《汉书》卷二十四，《食货志上》。
③ 《史记》卷三十，《平准书》。
④ 《后汉书》卷七十六，《王景传》。
⑤ 《后汉书》卷二，《明帝纪》。
⑥ 《汉书》卷七十六，《王景传》。

理想河道，而且调和了三方利益，使之各得其所，体现了国家在主持大型公共工程中的重要作用。

隋初漕运困难，开皇三年（583），京师仓廪空虚，漕运关东、汾、晋之粟以给京师，"以渭水多沙，流有深浅，漕者苦之"①。渭水多沙，流有深浅，不利于漕运。开皇四年（584），隋文帝下诏：

> 京邑所居，五方辐辏，重关四塞，水陆艰难。大河之流，波澜东注，百川海渎，万里交通。虽三门之下，或有危虑，但发自小平，陆运至陕，还从河水，入于渭川，兼及上流，控引汾晋，舟车来去，为益殊广。而渭川水力，大小无常，流浅沙深，即成阻阂。计其途路，数百而已，动移气序，不能往复，泛舟之役，人亦劳止。

> 朕君临区宇，兴利除害，公私之弊，情实愍之。故东发潼关，西引渭水，因藉人力，开通漕运。量事计工，易可成就。已令工匠，巡历渠道，观地理之宜，审终究之议，一得开凿，万代无毁。可使官及私家，方舟巨舫，晨昏漕运，沿溯不停，旬日之功，堪省亿万。诚知当时炎暑，动致疲劳。然不有暂劳，安能永逸。宣告人庶，知朕意焉。②

诏书意思有三：一是京师长安人口众多，粮食供应至为重要；二是从关外漕运的困难：黄河砥柱之险，渭水大小无常，一次转漕往往需要三四个月，而对人力的劳费亦不小；三是利用渭水，开通自潼关至长安漕运水道的必要。其中所说的"因藉人力，开通漕运"，体现了隋文帝对利用改造自然条件以漕运粮食供给京师关系的认识；而"不有暂劳，安能永逸"，"一得开凿，万代无毁"，则体现了隋文帝对一时劳费与千载功业关系的认识，即道德评价与事实评价关系的认识，似乎隋文帝已意识到开通漕运在当时会招致劳民伤财的批评，而后世则享其遗利。

隋文帝不仅认识到改造利用自然条件与漕运关东粮食以供应京师的直

---

① 《隋书》卷二十四，《食货志》。
② 《隋书》卷二十四，《食货志》。

接关系，而且勇于实践。开皇四年六月，文帝命宇文恺率水工凿渠，引渭水，自长安皇城东至潼关三百余里，名曰广通渠（炀帝即位后，改为永通渠）。广通渠连接了渭水和黄河，修成后，"转运通利，关内赖之。诸州水旱凶饥之处，亦便开仓赈给。……其后，关中连年大旱……发广通之粟三百余万石，以拯关中"。开皇七年（587），'于扬州开山阳渎，以通运漕。"① 隋炀帝大业元年（605）隋朝开通济渠，"自西苑引谷、洛水达于河"②，"又自板渚（今河南荥阳西）引河通于淮，谓之御河"③；大业四年（608）"开永济渠，引沁水南达于河，北通涿郡"④；大业六年（610）开江南河，自京口（今镇江）至余杭 800 余里⑤。以上几条运河，沟通江、淮、河、汴、海，完成沟通南北水道交通的大业，为后世带来利益。隋朝所开运河，大部分是利用前代已有河渠，以及自然河道，加以拓宽或连接。这说明隋朝君臣善于改造、利用自然条件。

唐宋时期，人们评价了隋朝修运河及其在后世的作用。主要观点是：隋修运河，在隋则大害，在唐宋则大利；大害与大利，出于天意。唐朝皮日休盛赞隋修运河为唐带来的利益，其《汴河怀古》云："尽道隋亡为此河，至今千里赖通波。若无水殿龙舟事，共禹论功不较多。"他认为，隋开运河为隋民之害，唐民之利："隋之疏淇汴，凿太行，在隋之民不胜其害也，在唐之民不胜其利也。今自九河外，复有淇汴，北通涿鹿之渔商，南运江都之转输，其为利也博哉！不用一夫之荷畚，一卒之凿险，而先功巍巍，得非天假暴隋，成我大利哉？……在隋则害，在唐则利。"⑥ 皮日休的评价，不仅涉及对历史上的人物、制度、事件的道德评价和事功评价问题，而且涉及了以往人类改造利用自然条件的成果对当前政治影响的问题。皮日休的评论，内容很丰富。后人对隋修运河的评论，大体不出其范围。

宋朝君臣评价了隋朝运河对唐宋的积极作用。宋太宗"淳化二年

---

① 《隋书》卷一，《文帝本纪》。
② 《隋书》卷三，《炀帝本纪》。
③ 《隋书》卷二十四，《食货志》。
④ 《隋书》卷三，《炀帝本纪》。
⑤ 《资治通鉴》卷一八一，《隋纪》。
⑥ 《文苑英华》卷七八八，《铭三·汴河铭》。

（991）六月，汴水决浚仪县，帝乘步辇出乾元门，……帝曰：'东京养甲兵数十万，居人百万家，天下转漕，仰给在此一渠水，朕安得不顾。'……至道元年（995）九月，帝以汴河岁运江淮米五七百万斛以济京师，问侍臣汴水疏凿之由。令参知政事张洎讲求其事以闻"①。这既体现了宋太宗对汴渠漕运与东京甲兵粮食供应关系重要性的认识，也表现了他探讨运河修建历史与汴河利害的意识。

张洎从大禹疏渠讲起，历述汉、晋、隋、宋时期汴河兴废的历史，以及唐朝对汴渠的改造和利用，最后讲宋代受漕运之利：

> 至国家膺图受命，以大梁四方所凑，天下之枢，可以临制四海，故卜京邑而定都。……今天下甲卒数十万众，战马数十万匹，并萃京师，悉集七亡国之士民辇下，比汉唐京邑，民庶十倍。旬服时有水旱，不至艰歉者，有惠民、金水、五丈、汴水等四渠，派引脉分，咸会天邑，舳舻相接，赡给公私，所以无匮乏。唯汴水横亘中国，首承大河，漕引江湖，利尽南海，半天下之财赋，并山泽之百货，悉由此路而进。然则禹力疏凿以分水势，炀帝开圳以奉巡游，虽数湮废，而通流不绝于百代之下，终为国家之用者，其上天之意乎！②

张洎的奏疏全长 1600 多字，是一篇关于汴河兴废与汴河利害的论文。他认为，汴河关系宋朝国计根本，沟通江、湖、南海与京师的交通，"半天下之财赋，并山泽之百货，悉由此路而进"。他提出了一些重要的观点，一是京师兵士居民多寡决定漕运量大小；二是隋炀帝开运河出于个人巡行目的，但客观上为唐宋所用；三是杜佑改革江淮漕路的设想，避开淮河徐州洪、吕梁洪之险，"径于旧路二千里，功寡利博"，后来因徐州藩镇归顺，这个设想没有实现。宋朝定都大梁为天下中枢，四渠之一的惠民河（蔡河），客观上部分实现了杜佑的设想。

皮日休、张洎都提出了隋修运河为唐宋所用是出于天意的观点。他们

---

① 《宋史》卷九十三，《河渠志三·汴河上》。
② 《宋史》卷九十三，《河渠志三·汴河上》。

不是从天命论论述这个问题，而是从人们的主观意志与客观效果上说的，即隋修运河本来是出于个人目的，但客观效果则是为后世所用。其中贯彻了历史评论的一些原则问题，即关于历史人物、制度、事件在当时和后世的作用，帝王一时之劳废与千载之功业，当时改造自然条件与后世利用自然条件的问题，他们关于这些问题的回答，对后世有启发意义。

（二）"军国费用取资江淮"的实践与认识

汉、隋、唐、宋时期，京师都依赖山东和江淮漕运。唐都关中，漕运规模不大。贞观、永徽之际，每年转运至关中者一二十万石。开元二十二年（734）裴耀卿为转运使，三年共运 700 万石。[①] 肃宗时，刘晏领东都、河南、江淮、山南等道转运租庸盐铁使，"自此每岁运米数千［十］万石济关中"[②]。代宗时，藩镇阻隔，"南北漕引皆绝，京师大恐"[③]。代宗时刘晏改革漕运制度，"凡岁致四十万斛，自是关中虽水旱，物不翔贵矣"[④]。［德宗］"贞元初（785），关辅宿兵，斗米千钱，太仓供天子六宫之膳不及十日，禁中不能酿酒，……增江淮之运，浙东西岁运米七十五万石，复以两税易米百万石，江西、湖南、鄂岳、福建、岭南米亦百二十万石，……诏浙江东西节度使韩滉，淮南节度使杜亚，运至东西渭桥仓。岁终宰相计课最"[⑤]。可见漕运对唐京师长安之重要。但唐朝漕运规模不大，只有德宗贞元初漕运才达到三四百万石。

宋都大梁，有四河以通漕运，曰汴河、黄河、惠民河、广济河，汴河所漕为多。陈傅良说："本朝定都于汴，漕运之法分为四路：江南、淮南、浙东西、荆湖南北六路之粟自淮入汴，至京师；陕西之粟，自三门白波转黄河入汴，至京师；陈蔡之粟自闵河（惠民河）、蔡河入汴，至京师；京东之粟自五丈河（广济河）历陈、济及郓至京师。四河所运，惟汴河最重。"[⑥]

---

① 《旧唐书》卷四十九，《食货志》。
② 《册府元龟》卷四九八，《邦计部·漕运》。
③ 《新唐书》卷五十三，《食货志三·漕运》。
④ 《新唐书》卷一四九，《刘晏传》。
⑤ 《新唐书》卷五十三，《食货志三·漕运》。
⑥ 《文献通考》卷二十五，《国用考三》。

四河漕运各有分工：江南、淮南、两浙、荆湖诸路租米，由汴河漕运至京师；陕西诸州菽粟，由黄河三门沿流入汴以达京师；京东之十七州粟帛，自广济河而至京师；陈、颍、许、蔡、光、寿六州粟帛由惠民河而至京师。四河漕运主要供应京师皇室、百官、军队，以及开封附近及河北军队。汴河漕粮的大部分成为"太仓蓄积之实"，供应京师及河南府（府治在今河南洛阳）、应天府（府治在今河南商丘）二陪都所需粮食。小部分转运河北补充军食不足①。

漕运数量，逐年增加。太平兴国六年（981）规定各河岁运定额："汴河岁运江淮米三百万石，菽一百万石；黄河粟五十万石，菽三十万石；惠民河粟四十万石，菽二十万石；广济河粟十二万石：凡五百五十万石。……至道初（995），汴河运米五百八十万石。（真宗）大中祥符初（1008），至七百万石"②，到真宗天禧末年（1021），京城所积仓粟1560万余石③。英宗"治平二年（1065）漕粟至京师，汴河五百七十五万余石，惠民河二十六万七千石，广济河七十四万石。治平四年，京师粳米支五岁余"④。京师漕粮中，汴河所漕江淮米的2/3左右，体现了汴河漕运对国家的重要。

漕运加强了人们对漕运重要性的认识。唐朝的认识成就，表现在两个方面。一方面，人们认识到建都与漕运的直接关系。唐玄宗多次就食东都，认为关中转输困难，东都更接近江淮漕运米，诏书说："顷年关辅之地，转输实繁……因时以巡幸，卜洛万方之奥，维嵩五岳之中，风雨之所交，舟车之所会，流通江汴之漕，控引河淇之运。……今欲省其费务，以实关中。即彼敖庾，少留河邑。"⑤开元四年（716）唐玄宗将巡东都，制书说洛阳"当天下之枢，陆行漕引，方舟击舷，费省万计，利逾十倍"⑥。诏书阐述巡行东都以便就粮的观点，并说到关中漕运之难与东都漕运之易，认识到建

① 《包拯集》卷十，《请支拨汴河粮纲往河北》。
② 《宋史》卷一七五，《食货志上三·漕运》。
③ 《文献通考》卷二十五，《国用考三》
④ 《宋史》卷一七五，《食货志上三·漕运》。
⑤ 《全唐文》卷二十八，《幸东都诏》。
⑥ 《文苑英华》卷四六二，《翰林制诏四十三·幸东都制》。

都与漕运难易的关系。

另一方面，人们认识到关中对江淮漕运的依赖。白居易说："都畿者……虽利称近蜀之饶，犹未能足其用；虽田有上腴之利，犹不得充其费。……国家岁漕东南之粟以给焉，时发中都之廪以赈焉。所以赡关中之人，均天下之食，而古今不易之制也。"[①] 代宗时，刘晏认为，南方漕粮对京师和畿辅政治经济发展有重要作用，"则潭、衡、桂阳必多积谷，关辅汲汲，只缘兵粮。漕引潇、湘、洞庭，万里几日，沧波挂席，西指长安。三秦之人，待此而饱；六军之众，待此而强。天子无侧席之忧，都人见泛舟之役；四方旅拒者可以破胆，三河流离者于兹请命"[②]。刘晏给宰相元载写信，陈述漕运四利："京师三辅百姓，苦税入之重，淮湖粟至，可减徭赋半，为一利。东都彫破，百户无一存，若漕路流通，则聚落邑廛渐可还定，为二利。诸将有不廷，戎虏有侵盗，闻我贡输错入，军食丰衍，可以震耀夷夏，为三利；若舟车既通，百货杂集，航海梯崤，可追贞观、永徽之盛，为四利。"[③] 宪宗敕书："军国费用，取资江淮。"[④] 权德舆说："赋取所资，漕挽所出，军国大计，仰于江淮。"[⑤] 宣宗制书说："禹贡九州，淮海为大，幅员八郡，井赋甚殷……通彼漕运，京师赖之。"[⑥] 这说明唐代君臣都认识到江淮漕运对稳定关中粮食供应以及政治统治的重要。

宋朝，人们更加认识到汴河漕运对于京师政治、军事以及社会生活的重要。神宗说："汴渠岁运甚广，河北、陕西资焉。又京畿公私所用良材，皆自汴口而至。"[⑦] 熙宁四年（1071），王安石欲开汴河灌溉之利。五年，张方平奏论汴河利害：

> 国家漕运，以河渠为主。国初浚河渠三道，通京城漕运，自后定

---

① 《文苑英华》卷五〇一，《策问二十五》，白居易《议罢漕运之可否》。
② 《旧唐书》卷一二三，《刘晏传》。
③ 《新唐书》卷一四九，《刘晏传》。
④ 《全唐文》卷六十三，宪宗《元和十四年七月二十三日上尊号敕》。
⑤ 巫宝三主编《中国经济思想史资料，三国两晋南北朝隋唐部分》，中国社会科学出版社，1992。
⑥ 《全唐文》卷七六三，沈询《授杜琮淮南节度使制》。
⑦ 《宋史》卷九十四，《河渠志四》。

立上供年额：汴河斛斗六百万石，广济河六十二万石，惠民河六十万石。广济河所运，多是杂色粟豆，但充口粮马食，止给太康、咸平、尉氏等县军粮而已。惟汴河专运粳米，兼以小麦，此乃太仓蓄积之实。今仰食于官廪者，不惟三军，至于京师士庶以亿万计，太半待饱于军稍之余，故国家于漕事，至急至重。然则汴河乃建国之本，非可与区区沟洫水利同言也。近岁已罢广济河，而惠民河斛斗不入太仓，大众之命，惟汴河是赖。今陈说利害，以汴河为议者多矣。臣恐议者不已，屡作改更，必致汴河日失其旧。国家大计，殊非小事。[①]

张方平此论是针对王安石欲开发汴渠灌溉水利而发的，不过他论述了汴渠漕运对于保证京师军队和百姓生活的重要，史载："富弼读其奏，漏尽十刻，帝称善。弼曰：'此国计大本，非常奏也。'悉如其说行之。"[②]

汉、隋、唐、宋时期，人们认识到漕运对京师的重要。但不同之处则是，汉、隋时期，人们认为漕运粮食主要来自山东、山西（今华山以东和山西汾晋地区）；唐朝人们认为，军国费用取资江淮，宋朝四河漕运中汴河漕运江淮米占绝大部分。这说明由于区域经济发展的不同，人们的认识也逐渐发生变化。

（三）对漕运利病的分析

人们不仅认识到漕运之利，也分析漕运之弊。大体说来，人们认为漕运之弊在于：费时、风险、劳民、伤财、不符合经济发展常规等。

费时——汉朝漕粟经渭水入京师，渭水一年只有六个月可通航。隋朝漕运从陕州至京师，直线距离三百里，但经渭水往往经过三四个月。唐朝漕运，从扬州到长安需五个月。开元十八年裴耀卿说，江淮漕运"以岁二月至扬州入斗门，四月以后始渡淮入汴，常苦水浅，六七月乃至河口，而河水方涨，须八九月水落，始得上河入洛，而漕路多梗，船樯阻隘"[③]。

---

① 张方平：《乐全集》卷二十七，《论汴河利害事》。
② 《宋史》卷三一八，《张方平传》。
③ 《新唐书》卷五十三，《食货志》。

风险——陆贽说："邦畿之税，给用不充。东方岁运租米，冒淮湖风浪之险，溯河渭湍险之艰。"① 《新唐书》说，唐初漕运，"多风波覆溺之患，其失尝十七八，故其率一斛得八斗为成劳。……河有三门砥柱之险……挽夫辄坠死"。德宗时"岁漕经砥柱，覆者几半"，雇门匠领航，一舟百日乃能通过三门峡，门匠皆溺死。②

以上费时、风险，都是说漕运受自然条件限制。

劳民——一是运送，二是附加租税。汉文帝时，贾谊说："天子都长安，而以淮南东道为奉地……乃越诸侯，而远调均发征，至无状也"，"上之所得甚少，而人之苦甚多也"③。宣帝时（前74—前48年在位），大司农耿寿昌奏："故事，岁漕关东谷四百万斛以给京师，用卒六万人。"④ 唐朝开元二十五年（737）唐玄宗说："江淮漕运，固甚烦劳，务在安人，宜令休息。其江淮间今年所运租停。"⑤ 漕运增加了江淮地区人民的负担，引起人民起义。陈谏申述刘晏功绩，说："初，州县取富人督漕挽、谓之'船头'；主督邮，谓之'捉驿'；税外横取，谓之'白著'。人不堪命，皆去为盗贼。上元、宝应间，如袁晁、陈庄、方清、许钦等乱江淮，十余年乃定。"⑥ 这如实地反映了漕运给江淮人民带来的劳费。

伤财——汉代主父偃批评秦从今山东沿海"转输北河，率三十钟而致一石"⑦。德宗时杜佑推算，"计其道路所费，凡用百九十二斛乃得一石。"⑧ 唐人认为漕运费用巨大："朝廷用度亦广，不计道里之费……民间传言用斗钱运斗米。"⑨ 洋州刺史赵匡认为："官司运江淮之储，计五费其四，乃达京邑。"⑩ 德宗贞元初（785），有人认为漕运"费多而益寡……今淮南诸州米

---

① 《文献通考》卷二十五，《国用考三》。
② 《新唐书》卷五十三，《食货志》。
③ 《贾谊集·上都输疏》，上海人民出版社，1976，第205页。
④ 《汉书》卷二十四上《食货志上》。
⑤ 《册府元龟》卷四九八，《邦计部·漕运》，中华书局影印。
⑥ 《新唐书》卷一四九，《刘晏传》。
⑦ 《史记》卷一一二，《主父偃列传》。
⑧ 《通典》卷十，《食货典十·漕运》。
⑨ 《新唐书》卷五十三，《食货志》。
⑩ 《通典》卷十七，《选举典五》引洋州刺史赵匡《举选议》，中华书局，1995。

每斗当钱一百五十文,从淮入渭桥,每斗船脚又约用钱二百文,计运米一斗总当钱三百五十文,其米既糙且陈,尤为京邑所贱,据市有司月估,每斗之粜得钱三十七而已,耗其九而存其一,馁彼人而伤此农,制事若斯,可谓深失矣"①。大约运斗米费三百五十文,到京师后,斗米只值三十七文。这大约是十费其九。杜佑说:"粟不可推移,则籴之者无利,粜之处受害。……物重而粗者为近赋,物轻而精者为远赋。若数千里漕运,其费百倍。"②认为长途运输以供应京师粮食费用达百倍。

以上劳民、伤财,都是说漕运给人民造成负担。

不符合经济发展常规——司马迁认为,汉武帝时改革漕路劳费甚多,而且漕粮至京师后,"太仓之粟陈陈相因,充溢露积于外,至腐败不可食"③。他认为这是国家由盛转衰的表现,也损害农民的利益。宣帝时大司农耿寿昌奏言:"宜籴三辅、弘农、河东、上党、太原郡谷足供京师"。宣帝接受其建议,就近籴粮,"漕事果便",又置常平仓,既解决了京师、边郡粮食供应,又保护了农民的利益。④耿寿昌的就近籴粮、置常平仓,是对汉朝漕运不符合经济发展常规的修正,也表明了他对这个问题的认识。

唐宋时,有些人能从经济发展常规上来评价漕运的利弊得失,出现了一些重要的论述。唐德宗贞元初,关于漕运,有两种意见:第一种意见认为应在畿内和籴,既易济事,又能劝农,漕运可停;第二种意见认为漕运为国家大事,明知劳烦,漕运不可停。陆贽批评这两种意见都有片面性。当国家安定,钱谷俱富,"常以羡财,益广漕运,虽有厚费,适资贫人"。但是当贞元初,京师三辅缺粮,有司为省脚钱奏停漕运,致使郊畿烟火殆绝,这是"睹近利而不防远患"。近年畿辅年谷屡登,农家苦于谷贱。今夏江淮水涝,漂损田苗,米价倍贵,流庸颇多。于是有人认为"关辅以谷贱伤农,宜加价籴谷以劝稼穑。江淮以谷贵民困,宜减价粜米以救凶荒。今宜籴之处则无钱,宜粜之处则无米,而又运彼所乏,益此所余"。"约计一

---

① 《文献通考》卷二十五,《国用考三》。
② 《通典》卷十,《食货典十·漕运上》。
③ 《史记》卷三十,《平准书》。
④ 《汉书》卷二十四上,《食货志上》。

年和籴之数可当转运二年，一斛转运之资足以和籴五斛，比较即时利害，运务且合悉停"。这是"习闻见而不达时宜"。

陆贽认为，先停江淮运米八十万斛，每斗取八十钱，共得钱六十四万缗。以部分折钱救济江淮水灾州县，以赈贫乏；以部分折钱于京兆籴米，补充渭桥仓之缺数，每斗百钱，以利关中农民；以部分折钱付边镇，使籴米，供十万人一年之食；余钱供来年和籴之价。[①]

陆贽所述关于漕运的几种看法，有价值的地方在于三方面。一、关于漕运的第二种意见，批评唐代漕运制度不能有利地调节不同地区的经济、不同人群的利益，是从调节粮食生产与供应关系上立论的。二、陆贽认为漕运虽不经济，但从长远利益看，漕运不可停，一则为保证京师粮食供应，二则漕运费用大，可以养活一批以漕运为生的人，如运夫。胡寄窗教授认为陆贽对漕运的这种看法，是"通过国民收入的再分配增加劳动人民的生计"[②]。三、陆贽对漕运制度的改良建议，让江淮田税部分折钱，以折钱赈济当地水灾州县，在京师、畿辅、边境购买粮食，是充分发挥政府以及货币的作用。这些意见，都比较符合经济常规。这对后世漕粮改折即折征银两有启示意义。

宋太宗端拱二年（989），李觉上言：

> 今王都万众所聚，导河渠、达淮海、贯江湖，岁运五百万斛以资国费，此朝廷之盛，臣庶之福也。近来都下粟麦至贱，仓廪充牣，红腐相因，或以充赏给，斗直数十钱，此工贾之利，而军农之不利也。夫军士妻子不过数口，而月给粮数斛，即其费有余矣。百万之众所余既多，游手之民资以给食。农夫之粟何所求售？况粮之来也至远至艰，官之给也至轻至丰。岁丰俭不可预期，倘不幸有水旱之虞，卒然有边境之急，何以救之？今运米斛至京师，其费不啻三百钱，诸军旧日给米二升，今若月赋钱三百，人必乐焉。是一斗为钱五十。计江淮运米工脚，亦不减此数。望明敕军中，各从其便。愿受钱者，若市价官米

---

① 《文献通考》卷二十五，《国用考三》。
② 胡寄窗：《中国经济思想史》中册，上海人民出版社，1963，第436~437页。

斗为钱二十，即增给十钱，裁足以当工脚之费。而官私获利，数月之内，米价必增，农民受赐矣。若米价腾踊，即官复给粮，军人粜其所余，亦获善价，此又戎士受赐矣。不十年，官有余粮，江外之运亦渐可省。①

李觉认为，京师仓廪红腐相因，虽然是工商游食之福利，但却是农夫、军人之不利。充足的粮食有利于稳定京师粮价，但却打击了农民的生产积极性，也不利于军人的生活。他认为当市场上粮价低时，可以用钱充军饷，保证军士生活，提高粮食价格，有利于调动农民积极性。当粮价低时，可直接以粮食充当军饷，军士获利。总之，李觉认为漕运不仅费用大，而且不符合市场供求关系，但还必须根据市场上粮食价格来安排军饷的发放。陆贽、李觉二人是懂得经济的，他们的设想在当时没有实现，但对后世有启发意义。

以上人们对漕运弊端的分析，大多具有认识上的意义，而刘晏对漕运利弊的分析，不仅具有认识意义，还具有实践意义。刘晏"主财谷三十余年"，对漕运利弊有深切的体会，并加以改革。代宗时刘晏"乃自按行，浮于淮泗，达于汴，入于河"，"尽得其利病"②。他给宰相元载写信，陈述漕运江淮湖米的利与害：

> 起宜阳、熊耳、武牢、成皋五百里，见户才千余，居无尺椽，爨无盛烟，兽游鬼哭，而使转车挽漕，功且难就，为一病；河、汴自寇难以来，不复穿治，崩岸灭木，所在廒淤，涉泗千里，如冈水行舟，为二病；东垣、砥柱，渑池、北河之间六百里，戍逻久绝，夺攘奸宄，夹河为薮，为三病；淮阴去蒲坂，亘三千里，屯壁相望。中军皆鼎司元侯，每言衣无纩，食半菽，挽漕所至，辄留以馈军，非单车使者折简书所能制，为四病。③

---

① 《文献通考》卷二十五，《国用考三》。
② 《新唐书》卷一四九，《刘晏传》。
③ 《新唐书》卷一四九，《刘晏传》。

漕运之四病，漕挽所需人力不易得，运河修浚不易，漕船所经地区，易为反叛者抢劫，易为藩镇截留。这些社会因素和自然因素，是唐朝漕运量不多的原因之一。刘晏以盐利雇佣船工水手运输，分段运送，"江船不入汴，汴船不入河，河船不入渭。江南之运积扬州，汴河之运积河阴，河船之运积渭口，渭船之运入太仓。岁转粟百一十万石，无升斗溺者……又分官吏主丹杨湖，禁引溉，自是河漕不涸"①。刘晏的改革，使雇佣的船工水手熟悉各河道自然特性，免除了人民输送漕粮的困苦，是对漕运制度的重大改革。

上述汉唐时期人们对漕运利弊的分析，多是当时人评论当时事，不仅有认识上的成就，有些认识还对实践有指导意义，但有些认识则难免个人见识等因素的限制，因而不够客观。汉、唐、宋时期，人们对改造利用自然条件与京师粮食供应关系的认识与实践，对后世漕运有直接的借鉴意义。元、明时期人们在讨论漕运及漕运利弊时，往往与汉、唐漕运比较。

二 宋金时人们对华北平原水源条件与京边粮食供应关系的认识

（一）北宋朝廷对改造永济渠的论争

隋朝永济渠，北通涿郡（治蓟县，今北京市），宋朝称御河。宋在河北驻有大军。江淮漕运米经汴渠至汴梁，再经汴河入黄河至黎阳（今河南俊县东北），或者至马陵道口（今河北大名县南），再以车辆搬运到御河沿岸，装船下运，很不方便。北宋时，有人想改造御河，有人坚决反对。宋神宗熙宁二年（1069）开始酝酿改造御河上源运道，沟通江淮至河北漕运。熙宁八年（1075），程昉、刘璿建议在卫州界开沙河沟通黄、御：

> 卫州沙河湮没，宜自王供埽开浚，引大河水注之御河，以通江、淮漕运。仍置斗门，以时启闭。其利有五：王供危急，免河势变移而别开口地，一也。漕舟出汴，横绝沙河，免大河风涛之患，二也。沙河引水于御河，大河涨溢，沙河自有限节，三也。御河涨溢，有斗门

---

① 《新唐书》卷五十三，《食货志三·漕运》。

启闭，无冲注淤塞之弊，四也。德（治所在今山东陵县）、博（治所在今山东聊城县）舟运，免数百里大河之险，五也。一举而五利附焉。请发率万人，一月可成。[①]

工程历时一月完成。大名安抚使文彦博审查核实上述工程后，指出工程的弊端：

去秋开旧沙河，取黄河行运，欲通江淮舟楫，彻于河北极边。自今春开口放水，后来涨落不定，所行舟筏皆轻载，有害无利，枉费工料极多。今御河上源，只是百门泉水，其势壮猛，至卫州以下，可胜三四百斛之舟，四时行运，未尝阻滞。堤防不至高厚，亦无水患。今乃取黄河水以益之，大即不能吞纳，必致决溢；小则缓漫浅涩，必致淤淀。凡上下千余里，必难岁岁开浚。况此河穿北京（今河北大名东北）城中，利害易睹。今始初冬，已见阻滞，恐年岁间，反坏久来行运。倘谓通江、淮之漕，即尤不然。自江、浙、淮、汴入黄河，顺流而下，又合于御河，大约岁不过一百万斛。若自汴顺流径入黄河，达于北京，自北京和雇车乘，陆行入仓，约用钱五六千缗，却于御河装载赴边城，其省工役、物料及河漕衣粮之费，不可胜计。[②]

文彦博认为，由黄河引水济运，河水倒灌御河，使大名附近发生水灾。况且御河运量才百万石，雇车转运，费用较省。同年，朝廷命熊本等考察，熊本也反对引河济运：

河北州军赏给茶货，以至应接沿边榷场要用之物，并自黄河运至黎阳出卸，转入御河，费用止于客军数百人添支而已。向者，朝廷曾赐米河北，亦于黎阳或马陵道口下卸，倒装转致，费亦不多。昨因程昉等擘画，于卫州西南，循沙河故迹，决口置闸，筑堤引河，以通江、淮舟楫，而实边郡仓廪。自兴役至毕，凡用钱米、功料二百万有奇。

---

① 《宋史》卷九十五，《河渠志五·御河》。
② 《宋史》卷九十五，《河渠志五·御河》。

今后每岁用物料一百一十六万，厢军一千七百余人，约费钱五万七千余缗。开河行水，才百余日，所过船筏六百二十五，而卫州界御河淤浅，已及三万八千余步；沙河左右民田，淹浸者几千顷，所免租税二千石贯有余。有费无利，诚如议者所论。

然尚有大者，卫州居御河上游，而西南当王供、向著之会，所以捍黄河之患者，一堤而已。今穴堤引河，而置闸之地，才及堤身之半。询之土人云，自庆历八年（1048）后，大水七至，方其盛时，游波有平堤者。今河流安顺三年矣，设复縻水暴涨，则河身乃在闸口之上。以湍悍之势而无堤防之阻，泛滥冲溢，下合御河，臣恐垫溺之祸，不特在乎卫州，而濒御河郡县，皆罹其患矣。

夫此河之兴，一岁所济船筏，其数止此，而萌每岁不测之患，积无穷不赀之费，岂陛下所以垂世裕民之意哉！臣博采众论，穷极利病，咸以谓茸故堤，堰新口，存新闸而勿治，庶可以销淤淀决溢之患，而省无穷之费。万一他日欲由此河转粟塞下，则暂开亟止，或可以纾飞挽之劳。①

熊本认为，引河济运不仅不符合自然条件，效果得不偿失。这实际是说沟通华北平原与江淮漕运，有自然条件的限制。事实证明，文彦博和熊本对引黄济运的认识是正确的，果然在引河济运后，由于黄河汛情的严重，河决卫州，产生垫溺之祸。

御河漕运，在北宋时作用不大，这不仅有自然条件的限制，而且有北宋政治风气的因素，"是时，每有一议，朝廷辄下水官相度，或作或辍，迄莫能定。"② 宋人的上述不同意见，反映了宋人对华北平原水运条件与边粮运输关系的不同认识，有些是对自然条件的认识不同，有些则是意气之争。

（二）有关金朝河北漕运艰难的议论

金自海陵王都燕后，京师所需粮食依赖山东、河北等地的供应。初时使用陆运，劳费特甚。后来使用御河漕运山东、河北粮食，至通州，再由

---

① 《宋史》卷九十五，《河渠志五·御河》。
② 《宋史》卷九十五，《河渠志五·御河》。

通州水运至京师。史载："世宗大定四年八月，以山东大熟，诏移其粟以实京师。史载："世宗大定四年八月，以山东大熟，诏移其粟以实京师。……二十一年，以八月京城储积不广，诏沿河恩、献等六州粟六百万石运至通州，輂入京师。……承安五年，边河仓州县，可令折纳菽二十万石，漕以入京，验品级养马，于俸内带支，仍漕麦十万石，各支本色。"①

金朝，通州至中都的水道时常浅涩，"船自通州入闸，凡十余日方至京师"。"大定十年，议决卢沟以通京师漕运，上忻然曰：'如此，则诸路之物可径达京师，利孰大焉。'……十一年十二月，省臣奏复开之，自金口疏导至京城北入壕，而东至通州之北，入潞水。……及渠成，以地势高峻，水性浑浊。峻则奔流漩洄，啮岸善崩，浊则泥淖淤塞，积滓成浅，不能胜舟。其后，上谓宰臣曰：'分卢沟为漕渠，竟未见功，若果能行，南路诸货皆至京师，而价贱矣。'……竟不能行而罢。"② 这主要是因为金口河道比降过陡与永定河水含沙量太大，造成严重冲刷与淤积的缘故。御河浅涩，影响漕运。泰和五年（1205）敕尚书省发山东、河北、河东、中都、北京军夫六千疏凿御河霸州段。为保证御河畅通，泰和六年尚书省规定，凡漕河所经之地，州府官衔内皆带"提控漕河事"，县官则带"管勾漕河事"，使其催检纲运，营护堤岸。

元修《金史·河渠志》说：

> 金都于燕，东去潞水五十里，故为闸以节高良河、白莲潭诸水，以通山东、河北之粟。凡诸路濒河之城，则置仓以储旁郡之税，若恩州之临清、历亭，景州之将陵、东光，清州之兴济、会川，献州及深州之武强，是六州诸县皆置仓之地也。其通漕之水，旧黄河行滑州、大名、恩州、景州、沧州、会川之境，漳水东北为御河，则通苏门、获嘉、新乡、卫州、浚州、黎阳、卫县、彰德、磁州、洺州之馈，衡水则经深州会于滹沱，以来献州、清州之饷，皆合于信安海壖，溯流而至通州，由通州入闸，十余日而后至于京师。其它若霸州之巨马河，

---

① 《金史》卷二十七，《河渠志·漕渠》。
② 《金史》卷二十七，《河渠志·卢沟河》。

雄州之沙河，山东之北清河，皆其灌输之路也。然自通州而上，地峻
而水不留，其势易浅，舟胶不行，故常从事陆挽，人颇艰之。世宗之
世，言者请开卢沟金口以通漕运，役众数年，竟无成功。事见《卢沟
河》。其后亦以闸河或通或塞，而但以车挽矣。[①]

金朝高良河、莲花池水源不足以应付京通间漕运的要求，河北之水都是
"溯流而至通州"，违反了水向下流的自然规律，自通州至中都地势高峻，
河水浅涩，舟行困难，只能陆运。这些因素，使得金朝漕运比较艰难。

第二节　元明时期人们的认识与实践（上）

一　对京通之间地势水源问题的争论

（一）有关元朝通惠河河道浅涩等问题的论争

元至元三十年（1293）修成通惠河，从昌平县引白浮等山水，至通州
高丽庄，总长 164 里，以漕运南粮。但元朝官员认为，通惠河存在一些问
题，影响了漕运。

第一，通惠河截断通州旧漕河上游的水源，使运河通州段河道浅涩，
影响漕运。至元三十年九月漕司官员说："通州运粮河全仰白、榆、浑三河
之水，合流名曰潞河，舟楫之行有年矣。今岁新开闸河，分引浑、榆二河
上源之水，故自李二寺至通州三十余里，河道浅涩。今春夏天旱，有止深
二尺处，粮船不通，改用小料船搬载，淹延岁月，致亏粮数。"[②] 这是说新
开的通惠河截断通州运粮河的上游水源，加以气候干旱少雨，故通州运粮
河河道浅涩，漕船入通州后，要靠小船搬载至通州粮仓，影响漕运定额。

第二，通惠河上游水源不足，又有权贵盗决河水灌溉，影响漕运。文
宗天历三年（1330）三月中书省臣言："世祖时开挑通惠河，安置闸座，全

① 《金史》卷二十七，《河渠志·漕渠》。
② 《元史》卷六十四，《河渠志一·白河》。

藉上源白浮、一亩等泉之水以通漕。今各枝及诸寺观权势，私决堤堰，浇灌稻田、水碾、园圃，致河浅妨漕事"。① 中书省官员反映了通惠河上游水源不足，其原因在于豪门权贵盗决水源灌溉。由于水源不足，通惠河浅涩，不能行舟，漕船进入通州后，由车户陆运漕粮进京，通惠河不能发挥正常作用。

元明时，有不少人提出引浑河（即今永定河）水以补充通惠河水源。但是因石景山以上河道坡陡流急，两岸岩石峻峭，河道曲折，除郭守敬开金口河取得三十年的短暂成效外，大部分时间基本没有成功。至正二年（1342），中书参议字罗帖木儿、都水傅佐建言："起自通州南高丽庄，直至西山石峡铁板开古金口一百余里，创开新河一道，深五丈，广十五丈，放西山金口水东流至高丽庄，合御河，接引海运至大都城内输纳。"② 当时多数朝臣坚决反对："廷臣多言其不可，而左丞许有壬言尤力。"③ 许有壬认为金口新河不可开，他的主要观点是：

> 大德二年（1298），浑河水发为民害，大都路都水监将金口下闭闸板。五年间，浑河水势浩大，郭太史恐冲没田薛二村、南北二城，又将金口已上河身，用砂石杂土尽行堵闭。至顺二年（1331），因行都水监郭道寿言，金口引水过京城至通州，其利无穷。工部官并河道提举司、大都路及合属官员耆老等相视议拟，水由二城中间室碍。又卢沟河自桥至合流处，自来未尝有渔舟上下，此乃不可行船之明验也。且通州去京城四十里，卢沟止二十里，此时若可行船，当时何不于卢沟立马头，百事近便，却于四十里外通州为之？
>
> 又西山水势高峻，亡金时，在都城之北流入郊野，纵有冲决，为害亦轻。今则在都城西南，与昔不同。此水性本湍急，若加以夏秋霖潦涨溢，则不敢必其无虞，宗庙社稷之所在，岂容侥幸于万一。若一时成功，亦不能保其永无冲决之患。且亡金时此河未必通行，今所有

---

① 《元史》卷六十四，《河渠志一·通惠河》。
② 《元史》卷六十六，《河渠志三·金口河》。
③ 《元史》卷六十六，《河渠志三·金口河》。

河道遗迹，安如非作而复辍之地乎？又地形高下不同，若不作闸，必致走水浅涩，若作闸以节之，则泥沙浑浊，必致淤塞，每年每月专人挑洗，盖无穷尽之时也。且郭太史初作通惠河时，何不用此水，而远取白浮之水，引入都城，以供闸坝之用？盖白浮之水澄清，而此水浑浊不可用也。①

许有壬分析了元朝堵塞金口河始末，以及金口河不能行船的原因。他认为，由于元朝都城位置与金朝不同，开金口河对元大都城威胁太大；而且，都城与金口河地势相差悬殊，浑河浑浊，泥沙太大，作闸与不作闸都有其难度。这些分析有一定道理。但是中书右丞相脱脱力排众议，务于必行。完工后，"起闸放金口水，流湍势急，沙泥壅塞，船不可行。而开河时毁民庐舍坟茔，夫丁死伤甚众。又费用不赀，卒以无功。继而，御史纠劾建言者，孛罗帖木儿、傅佐俱伏诛"②。元代对修金口河认识的分歧，以及实际工程的失败，说明通州至北京之间的水源问题难以解决。

明孝宗弘治九年（1496）王琼说：

愚意元始开通惠河，导神山泉，过双塔榆河，则榆河亦引而西；自都城南又引浑河注之，二水相合，故河水盈溢，而舟楫行焉。其后，值时亢旱，二河之源以及诸泉皆微细，故河浅而不能通舟。漕司言因引浑、榆二河上源之水，故通州河道浅涩。殊不知浑、榆二水虽引入新开闸河，而其下流亦必至于通州，别无走泄。其浅涩不能载重者，乃时旱水涸之故，非引其上源之所致也。

至于脱脱开金口河，则因开河之始，偶值浑河泛滥而致壅淤耳。若当水势平缓之时引之，而又于分流之处为之节制，未必遽而泥壅也。使果水性善淤如是，则自卢沟以至通州，浑河流经之道，至今淤为平地矣，岂理也哉。兼陆运车户得利，而漕卒受害。元时亦多陆运，故接运粮提举司有车户之设，隶都水监。漕司之言未必不惑于车户之私，

---

① 《元史》卷六十六，《河渠志三·金口河》。
② 《元史》卷六十六，《河渠志三·金口河》。

因时亢旱而为沮废之计者。①

王琼认为，影响元朝通惠河使用的，有自然条件因素，也有社会因素，前者指气候干旱少雨，后者指车户不愿失去从通州至京师的陆运利益，漕司又受其影响，故提出通州运粮河河道浅涩、不能行舟的问题。

总之，关于元朝通惠河是否截断通州运粮河上游榆河、浑河水源，经王琼辨析，已初步明朗。但关于是否可以引用浑河（即永定河）以补充通惠河水源不足，元明时期存在不同意见，一种是如许有壬所说的金口新河不可开，一种如王琼所说，合理措置可以引用浑河。总之，关于通惠河是否可引用浑河，也成了明朝讨论是否恢复通惠河使用中的重要问题。

（二）明朝关于是否恢复通惠河问题的两种意见

明嘉靖八年（1529）以前，人们认为，京通之间水源问题难以解决，漕粮至通州后，仍靠车户搬运至京师，这是影响京师粮食供应的大问题。人们对于是否恢复通惠河的使用，有两种截然相反的意见。

一种意见是，反对恢复通惠河的使用。这里，既有从各种社会因素角度提出反对意见的，也有从自然条件因素来提出反对意见的。从社会因素来反对，其理由主要有三：一是风水之说，即元朝修建通惠河，其上源引自昌平县白浮泉水，白浮泉水往西逆流，往北就是皇陵，有人以为如修浚通惠河，必破坏祖宗山陵风水地理；二是经费之说，即修河经费困难；三是车户失业之说，因为明自永乐定都北京后，南来的漕船向来停泊在通州，由车户陆运至北京入京仓；如修浚通惠河，漕船直接入京，则车户失业，必生事变。嘉靖时，陆粲著论，批驳了反对修浚通惠河的三种理由，"凡悠悠之谈，其大指不出此三端"②。概括了反对恢复通惠河的三种理由。嘉靖六年（1527）十月，巡仓御史吴仲，在请浚通惠河奏疏中，就指出了有人反对恢复使用通惠河的社会经济根源，他说："通州运河，元时郭守敬创见，已有明效。……今通流等八闸遗迹尚存，原设官夫具在，因而成之，

---

① 王琼：《漕河图志》卷二，《诸河考论·大通河》，中国水利电力出版社，1990。
② 《明经世文编》卷二百九十，《陆贞山集·诏修浚通州闸河议》。

为力甚易。而权势罔利之家,从中挠之;或倡风水之说,或谓绝(陆运)湾民之利,皆不足信。"① 指出了反对恢复通惠河使用的根本原因是权势之家担心失去既得利益,从中阻挠,以及风水之说和车户失业之说,皆不足信。

从自然条件方面提出反对理由的,主要是认为通州地势低于北京,地形、水势高下悬绝,违背水润下的特性。嘉靖时,赵时春指出人们反对修复通惠河的理由:"苟欲修浚,竟达京师,实为至优。然百年以来,议者曾不是顾,窃窥其意,必以为通州之于京师,地势崇卑,既戾水性,又沙涨浅涩,难以利涉。"② 这是指出了从自然条件方面反对修复通惠河的理由。他主张修浚通惠河,但没有从自然条件上提出有力的根据。

另一种意见认为,应该恢复通惠河的使用。这种主张分前、后两个阶段,前一阶段指成化、正德、弘治时期,人们认为从通州至京师,陆运既劳苦,又费用巨大,所以应该恢复通惠河的使用。后一阶段指嘉靖时,人们认为京师积贮置于通州,无安全可言,应该恢复通惠河的使用。成化时,漕运总兵官都督杨茂奏:"每岁漕运,自张家湾舍舟陆运,遇雨泥泞。每车雇银一两,仅载八九石,其费皆出于军",他建议恢复使用通惠河。③ 成化七年(1471)十月乙亥户部、吏部会奏:运粮船至通州,"僦车费多,出息称贷,劳苦万状",建议修复通惠河。④ 成化七年十月杨鼎、乔毅奏:"今若复兴,则舟楫得以环城湾泊,粮储得以近仓上纳,在内食粮官军得以就近关给;通州该上纳粮储,又得运米都城。"⑤ 成化十一年,平江伯陈锐附议成化七年恢复通惠河的建议。⑥ 弘治九年(1496)王琼分析明朝恢复通惠河的必要:"本朝通州至京师,自来陆运。虽屡有言者,欲开河通舟而竟不能行。……今若不惑于众议,修复元之旧河……如此,惟大旱之岁,舟不能行;雨若时降,上源有水,舟必可通,使漕军免四十余里陆运之劳,其为

① 《明世宗实录》卷八十一,嘉靖六年十月戊午。
② 《明经世文编》卷二百五十八,《赵浚谷集·修浚通州闸河议》。
③ 《明宪宗实录》卷九十七,成化七年十月丙戌。
④ 《明宪宗实录》卷九十七,成化七年十月乙亥。
⑤ 《明宪宗实录》卷九十七,成化七年十月丙戌。
⑥ 《宪宗实录》卷一百四十四,成化十一年八月辛巳。

利可胜言哉。"① 嘉靖时，赵时春主张修浚通惠河，认为修河之费，"岂若车挽有岁岁无穷之用"②。这些官员都主张恢复通惠河的使用。

主张修浚通惠河者，一一批驳了反对者所提出的风水之说、经费之说、车户失业之说。其中以陆粲的论说最全面。嘉靖六年，明世宗以吴仲请求修浚通惠河，下诏户、工二部相度可否时，陆粲说：

> 今之议者曰，风水之说，世所恒言，通惠河源出自西山，流经大内，今欲开导，虑于诸陵及京城形势有妨。臣以为是特卜史鄙浅之言，君子不道也。就令有之，河道、山陵，地绝辽远，于其所谓阴阳向背之说，亦邈乎不相及。矧今不过因仍故道，稍加浚治，非有凿山通道动绝地脉之患也。而于京城形势，亦何所损乎！
>
> 难者又曰：国家财力方困，公私耗竭，骤兴大役，何以堪之。且水道之迟，孰与陆挽之疾乎？臣以为成大事者不计小费，而不一劳者不永逸。陆挽之费，岁无虑数十万，诚令捐三四年之赀，以就此役，犹将为之，而况故迹尚存，泉源不竭，功可计日而成，所费未必至是乎！且舍陆就舟，所费十倍，水道淹留，不过数日。虽有剥载之劳，而无雨雪泥泞之阻，以其费之多寡，而当其行之迟疾，利害亦较然矣。
>
> 难者又曰：京城内外，游手何啻万人，藉挽运佣值以糊口，一旦罢之，将使失业，恐生他变，臣又以为不然。夫所谓浚河者，非曰遂废陆挽也。谓与陆挽并行也。河成之后，立为禁例，惟以通军民之运船，余若商贾之负载，官民之往来，仍从陆行，则舟楫不至壅塞，车辆可以无废，一举而两利存焉，民方便之，何变之生哉！③

陆粲批驳了风水之说、经费之说、运户失业之说，指出了倡导以上三说者，是经济利益既得者，"彼倡为异议者，特世家大姓，利佣值之入而已"。④ 这

---

① 王琼：《漕河图志》卷二，《诸河考论·大通河》，中国水利电力出版社，1990。
② 《明经世文编》卷二百五十八，《赵浚谷集·修浚通州闸河议》。
③ 《明经世文编》卷二百九十，《陆贞山集·诏修浚通州闸河议》。
④ 《明经世文编》卷二百九十，《陆贞山集·诏修浚通州闸河议》。

是指出了反对修浚通惠河的社会经济根源。

主张恢复通惠河者，还详细考察并论证恢复通惠河可能遇到的自然条件及社会条件方面的困难，并就这两种困难提出解决的方案。成化时杨茂提出恢复通惠河，户部、吏部官员认为，恢复通惠河"可以泊船，可以运粮，诚有益于国计。但地形、水势高下，并合用军夫、物料，俱难约度"，建议派户部、吏部堂上官各一员，会同漕运参将袁佑，率识达水利官匠前往相度，如果可行，再将该用军夫物料及修理事宜具折上奏。于是朝命户部尚书杨鼎、工部侍郎乔毅等人，"亲诣昌平县元人引水去处，及宛平、大兴、通州地方三里河各河道，将行船古迹逐一踏勘；及据《元史》并闸现树碑文所载事迹稽考"。考察后，他们上奏，提出了恢复通惠河的水源及其他社会条件的困难。

这些自然及社会条件的困难因素如下。

第一，"闸河原有旧闸二十四座以通水道。但元时水在宫墙外，船得进入城内海子湾泊。今水从皇城中金水河流出，难循故道行船，须用从宜改图"。即元时通惠河渠道及积水潭都在宫城外，故漕舟得入城内。明初，北京城扩大，积水潭已被隔在禁城之北，漕舟远来，竟无停泊的地方。且由积水潭流出之水，须经紫禁城，然后从金水河南出，其间的启闭蓄泻，非外人所能掌握，因而通惠河故道不可复行。

第二，"除元人旧引昌平东南百善、白浮泉水往西逆流，经过祖宗山陵，恐于地理不宜，及一亩泉水，经过白羊口山沟，两水冲截，俱难导引"。即元时引白浮泉是往西逆流，如果现在仍要引白浮泉，就要经过明皇陵，这就可能妨碍地脉。至于所引的一亩泉，要经过白羊口山沟，两水冲截，难以引用。

第三，三里河之水浅涩，沿岸居民多，开工费用较大。"勘得城南三里河至张家湾运河口，延袤六十余里，旧无河源，正统年间，因修城壕，作坝蓄水，虑恐雨多水溢，故于正阳桥东南低洼处开通壕沟以泄其水，始有三里河名。自壕口三里至八里，始接浑河旧渠。两岸多人家庐舍、坟墓。流向十里迤南，全接旧河，流入张家湾白河，其水深处止有二三丈，浅处一尺余；阔处仅丈余，窄处未及一丈。今若用此河行船，凡河身窄狭淤浅处，必用浚深开阔；凡遇人家房埂坟所，必须拆毁挪移。且以今宽处一丈计之，水深二尺，若散于五尺之宽，止深四寸；况春夏天旱，泉脉易干，流水更少，粮船、驳船，俱难行使。兼且沿河堤岸高者必须铲削，低者缺者必须增筑填塞。又有走沙急湍处，俱要创闸，派夫修挑。倘水浅少，又须增引别处水来相济。……大抵此河天旱则淤壅浅涩，雨涝则漫散冲突，徒劳人力，卒难成功，决不可开。况元人开此河，曾用金口之水，其势汹涌，冲没民舍，船不能行，卒为废河，此乃不可行之明验也。"[①] 以上意见否定了创开三里河工程的可行性。嘉靖六年十月，当巡仓御史吴仲提出修浚通惠河时，十一月，礼部尚书桂萼"上疏称修通惠河不便，请改修三里河，上以其疏下大学士杨廷和、一清、张璁拟票"。杨一清支持修通惠河的建议，张璁认为"桂萼所论开三里河，则费广而见效难，非直有地理之忌而已也"[②]。

杨鼎、乔毅提出新的方案：

> 今会堪得玉泉、龙泉及月儿、柳沙等泉诸水，其源皆出于西北一带山麓，勘以导引，汇于西湖。现今太半流出清河。若从西湖源头将分水青龙闸闭住，引至玉泉诸水，从高梁河量其分数，一半仍从皇城金水河流出，其余从都城外壕流转，通会流于正阳门东城壕；再将泄入三里河水闸住，并流入大通桥闸河，随时开闭，天旱水小则闭闸潴水，短运驳船；雨涝水大则开闸泻水，以行大舟。……较之欲创三里河工程甚省。……自西山玉泉一带并都城周围壕堑及大通桥直抵张家湾，一路河道，分工逐一修浚。[③]

明朝通惠河，自大通桥以东五十余里，抵通州高丽庄，入白河，称大通河或大通桥河。杨鼎、乔毅认为，新恢复的通惠河河道，应从大通桥始，至通州张家湾，绕开昌平县白浮泉等，引用西北山麓泉水，以及三里河泄水，从高梁河分流入城壕，再流入大通桥。

---

① 《明宪宗实录》卷九十七，成化七年十月丙戌。
② 《明世宗实录》卷八十二，嘉靖六年十一月乙亥。
③ 《明宪宗实录》卷九十七，成化七年十月丙戌。

以后，成化、正德时，两次修复通惠河，但效用不大。这里既有自然条件因素，又有社会因素，还有政治因素。成化十一年（1475）命平江伯陈锐浚旧通惠河，次年浚通惠河成，自都城东大桥至张家湾浑河口六十里，但是效果不好。《明实录》作者说："是河之源，在元时引昌平县之三泉，俱不深广。今三泉俱有故难引，独西湖一泉，又仅分其半。而河制窄狭，漕舟首尾相衔至者，仅数十艘而已。无停泊之处，河又沙水易淤，雨则涨溢，旱则浅沍。不逾二载而浅涩如旧，舟不复通。"① 这只是论述了新浚通惠河不便的自然因素。实际上，政治因素、社会因素也起了一定的延缓作用。陆粲说："纯皇帝时，尝议修复，而豪贵不便，讹言沸腾，假造妖异以动上听。"② 张瑄说：宪宗成化十二年（1476），"河道已通，运船已至城外，适有黑眚之异，惑于讹言，遂止，识者恨之"③。所谓黑眚，不过是黑气，别有用心者利用了这种天气异常而造谣生事。武宗正德二年（1507），修复大通桥至通州河河道及闸十二，坝四十一，但是"议者谓，漕粟自张家湾入京，僦车甚费，故欲开河通船，以免陆运之艰。然地形、水势高下玄绝，河虽开而无所济也"④。这些事实证明，影响通惠河使用的水源、地势问题不易解决，这是很重要的自然条件因素。此外，还有政治因素。嘉靖六年（1527），明世宗说："疏浚闸河，诚转漕便计。永乐以来，屡议修复，因大小臣工，不肯实心任事，以致因循至今，为奸人嗜利者所阻。"⑤ 明朝官员的因循守旧，以及从陆运中得到实际利益者即车户及其代言人的造谣反对，是自永乐以来，通惠河不能恢复正常使用的社会因素和政治因素。

但人们仍然继续论证修复通惠河的可能性。孝宗弘治九年（1496），王琼说："近京之地，土脉坚实，水之所经，遏塞导引，其法易施。若以为此河经历贤哲多矣，果可漕运，必不至今。是不然，水性有定者，利害易

① 《明实录》卷一五四，成化十二年六月丁亥。
② 《明经世文编》卷二九○，《陆贞山集·诏修浚通州闸河议》。
③ 《明世宗实录》卷八十二，嘉靖六年十一月乙亥。
④ 《明武宗实录》卷三十，正德二年九月丙午。
⑤ 《明世宗实录》卷八十一，嘉靖六年十月戊午。

见；其盈涸不常者，不可即一时之事而昧变通之宜，苟遇引有方，未有不可兴利除害者。岂可以前人所未及为而遂弃不为哉。"① 这是认为近京土质坚硬，水势丰枯不常，引水并加以修堤设闸等措施，可以恢复通惠河；应该利害相权取其利，兴利除害。

由于成化、正德时修复通惠河没有取得良好效果，嘉靖时人们再次提出修浚通惠河的主张，与前一阶段相比，第二阶段，人们不仅提出从通州至京师陆运之劳费的理由，而且提出一个更紧迫的政治问题，即京师粮食贮在通州的安全问题。

（三）对京师积储半在通州的忧虑

明朝南粮北运后，由通仓、京仓分别收储的制度，是逐步发展的。明成祖永乐二十一年（1423）平江伯陈瑄言："每岁馈运，若悉输京仓，陆行往还八十余里，不免延迟妨误。计官军一岁可三运，请以两运赴京仓，一运贮通州仓为便。"② 明英宗正统元年（1436）规定："正统二年（1437）运粮四百五十万石……通州〔仓〕收六分，京仓收四分。"③ 明宪宗成化三年（1467）九月，漕运会议规定："兑运成化三年秋粮三百二十六万石。淮安、徐州、临清、德州仓支粮七十四万石。……兑运米以十分为率，京仓收六分，通州仓收四分。支运俱通州仓收"④ 明神宗万历三十年（1602），户部复仓场侍郎赵世卿议："漕粮有正兑，有改兑。正兑者解入京仓，改兑者解入通仓。比因两仓岁有定额，而改兑数少，往往拨正兑以补之。……宜自今日始，不拘三七、四六之例，将漕粮正兑尽入京仓，以俟三数年间，京庾稍裕，乃仍改拨通仓，以补改兑之不足。"⑤ 这说明成化八年（1472）确定漕运定额后，正兑入京仓，改兑入通仓。而万历三十年的规定只是临时性的。江南运粮的军民船到通州后，自费雇佣车户陆运至京仓。通仓粮

---

① 王琼：《漕河图志》卷二，《诸河考论·大通河》，水利电力出版社，1990。
② 《明太宗实录》卷二六四，永乐二十一年十月己酉。
③ 《明英宗实录》卷二十二，正统元年九月甲午。
④ 《明宪宗实录》卷四十六，成化三年（1467）九月癸酉。
⑤ 《神宗实录》卷三六九，万历三十年闰二月乙未。

食供京军军饷，由京军亲自到通州仓支粮。由于通惠河无法使用，漕船不能入京，江南漕粮北运后，由京仓、通仓分别收储，这是明朝实行京仓、通仓制度的自然条件因素。明朝人们也认识到这个问题："昔者置仓于通州，正以挽运艰难，不能全达京师，而为此权宜不得已之计"①。这是认为设置通仓是权宜之计，是受自然条件限制。

京师漕粟在通州储藏，有不少弊端。明朝统治者对此有很深切的感性认识。明英宗正统十四年（1449）七月，瓦剌部也先率众大举进攻辽东、甘肃、宣府、大同等地，八月英宗亲征，被俘。朝命"移通州粮入京师"②。朝廷担忧通仓粮食为也先所得，在搬运不及时，下令焚烧通仓粮食。

嘉靖时，人们再次提出修浚通惠河的主张，其主要理由就是通仓的设置，使京师积储半在通州，对于政治稳定极为不利。嘉靖六年（1527）十月巡仓御史吴仲在请浚通惠河奏疏中说："诚令闸运，岁可省脚价银十万。又汉、唐、宋时，漕皆从汴渭直达京师，未有贮储于五十里之外者。今令京军支粮通州，率称不便。而密云诸处皆有间道可通，设虏因向导轻骑疾驰，旋日可至，烧毁仓庾，则国储一空，京师坐困，此非细故。"③吴仲从汉、唐、宋漕粮直接入京师的历史中得到启发，认为京师粮食未有贮储于五十里之外者，而且京军于通仓支粮不便，还受到来自北边骑兵的威胁。吴仲不是危言耸听，而是有事实根据的，只是他没有明说罢了。陆粲则说：通仓之设，本为权宜之计，"有识者深以为忧。己巳之难，尝用言者计，焚马房之刍粟矣。斯实前事之明鉴也。此河既开，通仓可罢。军士之受粮于官者，免往来担载之劳，而太仓陈陈之粟，深贮严城，可无意外之虑也"④。陆粲直接指出了通仓的危险。十一月，明世宗以修通惠河河道善否，问大学士张璁，张璁陈述了对京师粮食积储半在通州的担忧：

---

① 《明经世文编》卷二九○，《陆贞山集·诏修浚通州闸河议》。
② 《明史》卷十一，《景帝本纪》。
③ 《明世宗实录》卷八十一，嘉靖六年十月戊午。
④ 《明经世文编》卷二九○，《陆贞山集·诏修浚通州闸河议》。

臣闻积储，天下之大命。今京师［粮食积储］半在通州，非计也。尝闻正统间，虏薄都城，彼时以通州储积米多，下令军民搬运入京。首一日，令运得二石者，以一石入官；次日，令运得者，俱入己；又次日，搬运不及，纵火焚之，此以前之明患也。①

张璁只是提起正统十四年（1449）因蒙古也先进犯，搬运通粮不及而烧毁的历史，并提出一个观点："今京师半在通州，非计也"，即京师粮食积储，半在通州，非长久之计，对于都城的粮食供应乃至政治统治，都是极为不利的。人们认为南粮北运后，储存于京仓，为正确的政策。赵时春指出："通州至京师曾不数舍，而令财力屈于佣估，漕功隳于垂成，损军国之实，伤力臣之心。"认为"通州单薄，又无重兵，不若直抵大通桥，贮米京师为当也"②。

嘉靖时，人们多希望通惠河疏通后，能部分替代陆运。吴仲说："傤舟夫，各运百万，诚与陆运兼行，俟次第就渠，径达京仓。"③ 主张逐步以水运代替陆运。陆粲说："惟以通军民之运船，余若商贾之负载，官民之往来，仍从陆行。"④ 主张漕粮水运、商贾陆运。张璁说："况一舟之运，约当十车。每年运船已到，则令驳运新粮；未到，则令驳运通州积粮。庶京师充实，永无意外之患矣。"⑤ 主张用河运尽量把通州仓粮食运到京城储存。

对于自然条件因素，人们也提出解决的方案。陆粲说："京城地势，视通州为高，而水势就下，蓄泄为难，河身浅，则遇旱易涸而难行；闸坐毕，则泉源迅疾而难积。今宜于近京之处，大通桥迤东，挑掘令深，去高就卑，使略平坦，增置闸坐，多为板级。上去则河平，板高则水深，而挽舟逆上者无艰阻之患矣。"⑥ 与成化时从三里河开始的修浚主张相比，陆粲提出从大通桥修起，这是比较实际的。张璁说："其河道经元郭守敬修浚，今闸坝

① 《明世宗实录》卷八十二，嘉靖六年十一月乙亥。
② 《明经世文编》卷二五八，《赵浚谷集·修浚通州闸河议》。
③ 《明世宗实录》卷八十一，嘉靖六年十月戊午。
④ 《明经世文编》卷二九〇，《陆贞山集·诏修浚通州闸河议》。
⑤ 《明世宗实录》卷八十二，嘉靖六年十一月乙亥。
⑥ 《明经世文编》卷二九〇，《陆贞山集·诏修浚通州闸河议》。

俱存。臣闻京城至通州五十里，地形高下才五十尺。以五十里之远近，摊五十尺之高下，何所不可？诚浚瓮山泊以蓄西山诸水，引神山泉以合下流之归，迂回以顺其地形，因时以谨其浚治，一劳而永逸，未有不可也。"① 他提出了"以五十里之远近，摊五十尺之高下"的主张，也是可行的。

明世宗嘉靖八年（1529）巡仓御史吴仲主持疏浚通惠河，自此"漕艘直达京师"②，"岁省车脚银十余万"③。明神宗万历十四年（1586）申时行说，嘉靖时修浚的通惠河"至今为利"④。实际上，嘉靖八年疏浚通惠河后，京通之间，仍是水陆兼运，漕粮自通州石坝，用驳船运至大通桥，由大通桥陆运至京城东仓，根本原因，仍是水源问题未得到很好的解决。

以上明朝人们对是否恢复使用元朝通惠河的认识，实际上是对人们改造利用自然条件以漕运南粮之后果的反思，这种反思有益于进一步改造利用自然条件，同时说明，京通之间的地势水源问题，不易解决。

二　对运河水源不足与利用运河困难的共同认识与实践

（一）关于会通河自然特性的看法

元朝所修会通河，起于东平路须城（今山东东平）安山之西南，西北到临清，长二百五十里。北合于御河，南接于济州河，是大运河的重要河段。会通河，又叫闸河、闸漕，因为平地开河，缺少水源，完全靠三十一个船闸，加以调节水势，所以又叫闸河。元朝南粮主要由海运来，从至元二十年（1283）的四万石，到天历二年（1329）的三百三十万石，会通河每年运粮三十万石左右，在元朝的作用不大。这有自然条件的因素。当时人们的议论，主要反映出几种看法。

第一，会通河非自然长流河道，依靠其他水源接济，为一衣带之水。早在元世祖至元二十七年（1290）四月，都漕运使马之贞就指出："新开会

---

① 《明世宗实录》卷八十二，嘉靖六年十一月乙亥。
② 《明史》卷八十六，《河渠志四·运河下·海运》。
③ 《明世宗实录》卷一〇六，嘉靖八年十月戊子。
④ 《行水金鉴》卷一二四。

通并济州汶、泗相通河，非自然长流河道，于兖州立闸堰，约泗水西流；堈城立闸堰，分汶水入河，南会于济州，以六闸撙节水势，启闭通放舟楫，南通淮、泗，以入新开会通河，至于通州。"① 马之贞的意思是，会通河非自然长流水道；平地开河，缺乏水源。为了增加会通河水量，兖州立闸堰，约泗水西流；堈城立闸堰，分汶水入河。这样就修筑了许多闸坝，人为地改变汶水、泗水的自然流向。会通河北段"北河殊无上源，必须疏瀹"②。欧阳玄说：元朝修会通河，"水涓滴以上，皆为我国家所用"③。这种说法，既赞扬了人们改造、利用自然的伟业，但也认识到了运河水源不足的自然条件。明朝人们对会通河的特性认识得更为清楚，说会通河是"一衣带之水"。高拱说："且一衣带之水，筑之甚难，决之甚易，通之甚难，塞之甚易。意外之防犹不可忽。"④ 周之翰说："举东南四百万石之粮艘，而以一衣带之水引之，则河重。乃比年以来，分黄而黄不顺，开加而加未通，则河难。"⑤ 高、周都指出会通河"一衣带之水"的特点。

第二，会通河所资利用的汶水及其支流洸河，发源于鲁中丘陵地带，夏秋季节多暴雨，冲毁闸坝，淤填河身，影响漕运。汶水河底多沙，拦水闸堰容易形成泥沙淤积，使会通河水源减少。李惟明说："汶，鲁之大川，底沙深阔"，"汶水盈缩不常"，夏秋霖潦时至，冲毁闸坝。⑥ 汶河支流洸河，源出于泰山附近，"时霖雨作，泰岱万壑沟渎之间，合注而之汶，洪涛汹涌，泥沙溷奔，径入于洸。此洸所以滇淤也"⑦。洸河渐被汶沙埋塞，"山水涨后，其流涓涓，几不接会通……所在浅涩，漕事不遄……论者尤谓堰壅沙，以致堙洸河，是得其一，未知其二也。近年泰山、徂徕等处，故所谓山坡杂木怪草盘根之固土者，今皆垦为熟地。由霖雨时降，山水涨逸，冲

---

① 《元史》卷六十四，《河渠志一·兖州闸》。
② 赵元进：《重浚会通河记》，王琼《漕河图志》卷五。
③ 欧阳玄：《中书右丞相领治都水监政绩碑》，王琼《漕河图志》卷五。
④ 《明经世文编》卷三〇二，《高文襄公文集·论海运漕河》。
⑤ 周之翰：《通粮厅志》卷五，《河渠志》。
⑥ 王琼：《漕河图志》卷五，李惟明《改作东大闸记》。
⑦ 王琼：《漕河图志》卷五，李惟明《重修洸河之记》。

突沙土，萃贯汶河，年复若是，以致汶沙其浩浩若彼，而洸因以淤滇也"①。作者认识到由于垦荒的原因，泰山、徂徕山等地植被遭到破坏，使本来易于淤积的洸河更加淤塞，影响了汶河水源，从而影响会通河的畅通。

（二）对济宁分水措施失当的认识与修正

元代先将汶、泗两水，引到济宁，以济漕运，然后进行南北分流："于兖州立闸堰，约泗水西流；堽城立闸堰，分汶水入河。南会于济州，以六闸搏节水势，启闭通放舟楫"②。但是，济宁地势，比南北都高，揭傒斯说，济宁"逮于临清地降九十尺，为闸十六，以达于漳；南至沽头，地降百十有六尺，为闸十，又南入于河。北至奉符为闸一，以节汶水；东北至兖州为闸一，以节泗水，而会源之闸制于其中"③。因此济宁地势独高，于此分水，南流偏多，北流偏少，结果，会通河北段济州河河道浅涩，只能通小舟，不能通大船。"岸狭水浅，不任载重，故终元世海运为多"④。分水地点选择的失当，是元代运河不能发挥更大作用的主要原因。揭傒斯没有明确指出，元朝济宁分水地点选择的失当，但他描述了济宁地势高于临清、沽头的状况。元朝分水的失误，当时并未发觉。

明成祖永乐九年（1411），宋礼等浚会通河，汶上老人白英为宋礼画策："元导汶入洸，出济宁，而阳谷、汶上、东平间，地高圩数丈，南旺之间水浅涸胶舟，其不任重载，固其宜也。今坝东平州戴村，遏汶水无东，令尽入南旺。南旺者，运河之脊也，得全汶，（南旺）湖深广，可运"⑤。白英分析了元朝以济宁分水的失误，并且提出了在东平戴村分水的建议。宋礼采纳其建议，筑堽城及戴村坝，"至南旺中分，分四南流属徐，分六北流属临清，相其地势置闸，南北之运道始通"。《河渠志》作者吴道南认为"当时老成长虑，博访刍荛，故老人得以效计，迄今庙祀"。明朝南旺分水，南流十分之四，接徐、吕，北流十分之六，以达临清。清朝南旺分水，"三

---

① 王琼：《漕河图志》卷五，李惟明《浚洸河记》。
② 《元史》卷六十四，《河渠志一·兖州闸》。
③ 王琼：《漕河图志》卷五，揭傒斯《重修济宁州会源闸记》。
④ 《明史》卷一百五十三，《宋礼传》。
⑤ 吴道南：《吴文恪公文集》卷之三《河渠志·运河》，天启刻本，北大图书馆藏本。

分往南，接济徐、吕；七分往北，以达临清"①。这样就使济州河和御河的水量增多。

自白英指出元济宁分水的适当及宋礼的修正后，明清时人们多接受白英及宋礼的看法，如《泉河史》说："汶水西流，其势甚大，而元人于济宁分水，过汶于堽城，非其地矣。"② 清人张伯行说："济宁地势，北高而南下，故水之往南也易，而往北也难。北运每虞其浅阻"③。

（三）关于会通河泉源不足的认识

明朝的会通河，包括济州河和会通河两段河道，其水源主要取给于鲁中山地的泉源，故又称泉河。宋礼等浚元会通河，"疏山东七十而泉，汇于南旺"④。南旺湖是运河水柜之一，"徐、沛、山东诸湖，在运河东者，储泉以益河之不足，曰水柜"⑤。永乐十七年（1419），在陈瑄提议下浚泉源，以后每隔数年就查访疏浚一次，将汶泗中上游各地泉源，都通过地表明渠导入汶、洸、泗、沂等水，再汇入运河，以接济漕运。明初会通河大致使用一百多泉，成化年间乔缙督理山东泉源，"合六百余泉于四水"，四水指汶、洸、泗、沂⑥。嘉靖时刘天和查访泉源一百七十六处⑦。嘉靖二十九年，清查旧泉一百七十八处，复开新泉三十一处，俱入河济运。《东泉志》说："山东凡发地皆泉，其为漕河之利者，不过三府十八州二百四十四泉也。"⑧ 对于齐鲁诸泉接济了会通河，明朝官员有清醒的认识。刘天和说："运道，以徐、兖闸河为襟喉，闸河以诸泉为本源。"⑨ 王以旂说："漕河仰给山东诸泉水"，"漕河两岸，原有南旺、安山、马场、昭阳四湖，名为水柜，所以

---

① 清光绪《山东通志》卷一百二十六，《运河考》。
② 《泉河史》卷一，《图纪·东平州泉图引郡志》。
③ 张伯行：《居济一得》卷之一，《运河总论》。
④ 吴道南：《吴文恪公文集》卷之三，《河渠志·运河》。
⑤ 《通漕类篇》卷六，《河渠》。
⑥ 《行水金鉴》卷一百一十一，《乔缙传》。
⑦ 《通漕类篇》卷六，《河渠》引。
⑧ 王在晋：《通漕类篇》卷六，《河渠》引《东泉志》。
⑨ 《通漕类篇》卷六，《河渠》引。

汇诸泉、济漕河也"①。王在晋说："齐鲁地多泉，故闸河自徐达卫，地七百里，赖泉以济"②。

人们认识到山东诸泉水源不足，影响漕运。天顺八年（1464）金景辉奏称："近年以来，河道浅阻，转输迟误。……安山北至临清，卫河至直沽，俱各少水。……考得安山北至临清二百五十余里，止有汶水。春时雨少，水脉微细，以致浅涩。"③ 他指出了会通河北段浅涩以及对漕运的影响。宪宗成化二十年（1484）十二月万安等言："我朝建都于北，而上下供用多取给于江南，然必藉船运而后达于京师，是运道水利所系甚重。山东兖州等处，导引汶、泗、洸河诸泉，以济宁上下运道。今……汶、泗、洸诸泉岁久不浚，亦多壅塞，以至河身浅涩，粮运稽迟，及四方进贡方物等船不便往来。"明宪宗在对官员的敕令中说："朕惟国家公私物用取给江南，而运道水利关系甚重，近年以来，河水淤浅，加以天旱……汶、泗、洸诸泉又多壅塞，以致水利不通，有妨漕运。"④ 以上奏疏和敕令，都表明明朝君臣认识到利用、改造自然条件对京师粮食供应的重要性，以及山东运河泉源不足，运道不畅。

人们探究山东诸泉源经常枯竭，大要有几种原因。第一，泉源管理制度松弛。成化七年（1471），宪宗说："自平江伯陈瑄经理河道之后，管河者多不得人，旧规日以废弛"⑤，河道淤塞，泉源浅涩。刘天河说："先于兖州府专设管泉同知一员，近年虽有浚河之名，全无实效"⑥。第二，豪强占种或引水灌溉。万历时，钱薇说："嘉靖间，山东诸泉半竭，黄流耗减，漕途淤涩"，"久弊滋民，或壅以为利，纲弛法玩，官或狃以为常，遂令泉源，或散为灌溉，或绝为鱼梁，而隔为沼沚"⑦。钱薇指出了山东诸泉半竭的几种原因，如灌溉、鱼场、占种等。第三，黄河河道变迁。钱薇认为"黄流

---

① 《明世宗实录》卷二六六，嘉靖二十一年九月。
② 《通漕类篇》卷六，《河渠》。
③ 《漕河图志》卷四，金景辉：《议开汴梁陈桥河引河沁二水接济会通河》。
④ 《明宪宗实录》卷二百五十九，成化二十年十二月戊午。
⑤ 《明宪宗实录》卷九十七，成化七年十月乙亥。
⑥ 《通漕类篇》卷六，《河渠》引。
⑦ 《明经世文编》卷二百一十五，钱薇《承启堂集》卷二《漕渠议》。

耗减"是山东诸泉半竭的原因之一。隆庆五年（1571）工部尚书朱衡言："国家初置漕运，悉资泉流。自景泰以后，黄河入运，夺漕为河，由是河身浸广，淤沙岁积，不得不借黄河以行。"① 朱衡指出了黄河对山东诸泉的影响。第四，自然条件的不足和变化。刘天和说：河床"淤沙深广，春夏久旱亢，沙极干燥，汶泉经之，多渗入河底"②。即地下水受地表水的影响，而泉水又通过明渠进入汶、泗等河，而汶、泗等河的水沙性质又使泉水易于渗漏。王琼说："京储之充积，固资乎漕运，漕运之通塞，亦由乎天时。若导泉、浚渠、筑堤、捞浅之类，皆可以人力为也。至若雨泽之愆期，泉脉之微细，则由乎天时，似非人力所能为也。"③ 意为尽管人们可以兴建许多人工设施，如导泉、浚渠、筑堤、捞浅，但是造成水源短缺的气候条件既不可改变，那么，就不可能从根本上改变运河水源短缺的状况。以上论述，说明人们能认识到运河泉源减耗的自然条件因素和社会因素。

三 国家对漕运管理之法典化意识的形成与加强

（一）严禁破坏运河用水的规定

关于运河用水，国家明令航运用水优先于灌溉用水。本节第一目曾引用文宗天历二年中书省臣关于通惠河的奏疏，这里只引用世祖至元三年七月六日都水监的奏疏，来说明元朝国家加强漕运河道管理的法规化意识。

> 都水监言："运河二千余里，漕公私货物，为利甚大。……又三十余年，无官主领。沧州地分，水面高于平地，全藉堤堰防护。其园圃之家掘堤作井，深至丈余，或二丈，引水以溉蔬花。复有濒河人民就堤取土，渐阙破，走泄水势，不惟涩行舟，妨运粮，或至漂民居，没禾稼。其长芦以北，索家码头之南，水内暗藏桩橛，破舟船，坏粮

---

① 《明穆宗实录》卷六十，隆庆五年八月己酉。
② 《问水集》卷三，《汶河》。
③ 王琼：《漕河图志》卷四，《奏议·成化八年王恕乞趁时般运通州仓粮赴京仓》，又见《通漕类编》卷四，《漕运·刘大夏议搬运仓粮》，明代史籍丛刊，台湾学生书局影印明崇祯天启刊本。作者究竟为谁，仍需再考。

物。"都议以州县佐贰之官兼河防事，于各地方巡视，如有阙破，既率众修治，拔去桩橛，仍禁园圃之家毋穿堤作井，栽树取土。都省议准。①

这条奏疏，主旨是为保证会通河清运畅通，禁止园圃之家掘堤作井，引水灌溉，栽树取土，走泄水势。这是以法规法令的形式保证运河水量，体现了国家保证运河水源的法典化意识。同时，因为运河水浅，对运粮船的大小尺寸，闸门开启规则，都有严格规定和检查，体现了国家加强使用运河的意志。

（二）闸坝禁令与漕河禁例

由于运河水源不足，明朝对于闸坝及漕运都有许多禁令、禁例。令，是皇帝的制诏；例，是官员办事的成例，具有法规性质。闸坝禁令和漕河禁例，是明朝关于运河及闸坝使用的规章制度。

闸坝禁令 成化七年（1471），王恕总理河漕，宪宗赐王恕敕："朕惟京师粮储，仰给东南漕运。自平江伯陈瑄经理河道之后，管河者多不得人，旧规日以废弛，粮船阻浅，转输延迟，若非委任责成，岂不有误国计？今分官管理一带河道，特命尔总理其事。尔宜往来巡视，严督各官并一带军卫有司人等，用心整理。"②王恕不仅修闸坝、浚河道，而且著《漕河通志》叙述古今史实。弘治九年（1496），王琼删改压缩为《漕河图志》，其卷三《漕河禁例》备载武宗、英宗、宪宗皇帝关于闸坝的禁令。

其一是宣德四年（1429）禁令，要求"运粮、解送官物及官员、军民、商贾府船到闸，务俟积水至六七板，方许开放"。按时启闭，保证运河积水。其二是天顺元年（1457）英宗的圣旨，不许搭带私货，要求尽船装载漕粮。其三是成化十三年（1477）宪宗的禁令，严禁两京公差人员和运粮官军"附带私货，装载私盐……抢开洪闸"。其四是成化二十二年（1486）宪宗的圣旨：严禁各南来北往人员"倚势需索夫马、车船、廪食等项，官员及公差内外官多讨马快船只"，以及"贩卖物货，满车满船，擅起军民夫

---

① 《元史》卷六十四，《河渠志一》。
② 《明宪宗实录》卷九十七，成化七年十月乙亥。

拽送。一遇闸坝、滩浅、盘垫疏挑，开泄水利，以致人夫十分受害，粮运因而迟滞"，影响粮运。其五，成化九年，关于南京进贡时鲜等项实用船一百六十二只进闸时的闸门启闭规定①，第一和第五条禁令，收入《明会典》之《闸坝禁令》，唯第五条的时间题为成化十年。其文曰："凡闸，惟进鲜船只随到随开，其余务待积水。若豪强擅开走泄水利，及闸开不依帮次争斗者，听闸官拿送管闸并巡河官究问；因而阁坏船只，损失进贡官物，及漂流官粮，并伤人者，各依律例从重问罪，干碍豪势官员，参奏究治。其闸内船已过，下闸已闭，积水已满，而闸官夫牌，故意不开，勒取客船钱物者，亦治以罪。"② 这条禁令主旨在于对各船进闸开闸的规定，要依律例治罪，如律照例发落。

漕河禁例 《漕河禁例》还载有如下禁例：

> 凡漕河事务，悉听典掌之官区处，他官不得侵越。
>
> 凡漕河所征桩草，并折征银钱，以备河道之用，毋得以别事擅支及无故停免。
>
> 凡府州县添设通判、判官、主簿及闸坝官，专理河防事务，不许别委干办他事，妨废争务，违者罪之。
>
> 凡府州县管河官及闸坝官有犯开具所犯事由，行移巡河御史等官问理，别项上司不得怀挟私忿，径自提问。
>
> 凡闸、溜夫受雇，一人冒充二人之役者，编充为军；冒一人者，枷项徇众一月毕罪遗之。
>
> 凡河南省内有犯故决河防及盗决，因而淹没田庐，计所漂失物价，律该徒流者，为首之人并发充军；军人犯者徙于边卫。
>
> 凡故决山东南旺湖、沛县昭阳湖堤岸，及阻绝山东泰山等处泉流者，为首之人并遗从军；军人犯者徙于边卫。
>
> 凡侵占纤路为房屋者治罪，撤之。……
>
> 凡闸、坝、洪、浅夫，各供其役，官员过者不得呼招牵船。

---

① 王琼：《漕河图志》卷三，《漕河禁例》，水利电力出版社，1990。
② 《明会典》卷一九八，《工部·河渠三·运道三·闸坝禁令》。

凡马快等船每驾船军余一名，食米之外，听带货物三百斤。若多带及附搭客货、私盐者，听巡河、管河、洪、闸官盘检，尽数入官。应提问者，就便提问；应参奏者，参奏提问。……

凡南京差人奏事，水驿乘船私载货物者，听巡河御史、郎中及洪闸主事盘问治罪。

凡漕运军人，许带土产换易柴盐，每船不得过十石。若多载货物，沿途贸易稽留者，听巡河御史、郎中及洪闸主事盘检人员，并治其罪。……

凡南京马快船只到京，顺差回还，兵部给印信、揭帖，备开船数及小甲姓名，付与执照，预行整理河道郎中等官，督令沿途官司查帖验放。若给无官帖而擅投豪势之人乘坐回还及私回者，悉究治之。

凡运粮、马快、商贾等船，经由津渡巡检司照验文引。若豪势之人不服盘诘，听所司执送巡河御史、郎中处罪之。①

以上数条禁例，主要内容涉及：一、漕河管理官员、维修人员的设置、使用及犯罪后处置；二、山东、河南境内务必保证漕运用水，不许灌溉；三、允许马快船、漕运军人搭带货物的数量，以及多载货物私盐的处治；四、南京马快船、运粮船、商贾船往来执照文书的发放、检查等。《续文献通考》又载万历时"漕禁新例"，是关于样米、挂欠及违规处罚等的新规定。②

这些运河管理的规定，体现了明朝国家管理运河意识的加强。但也说明在水源不足时，漕运用水优先于灌溉用水及其他用水的国家政策。

（三）运粮程限与完粮期限

运粮程限　运粮程限是对漕船过淮河、徐州洪、吕梁洪时间的规定，这是漕运规章制度之一。但这种制度的制定与完善，体现了明朝官员对利用自然条件与漕运南粮关系的认识。《明会典·漕规》说，嘉靖八年（1529）议准："江北官军，兑本府州县粮者，限十二月里过淮；南京、江

---

① 《漕河图志》卷三，《漕河禁例》。
② 《续文献通考》卷三十七，《国用考·漕运》。

南、直隶官军，兑应天等府州县粮者，限以正月以里过淮；湖广、浙江、江西三总官军，兑本省粮者，限三月以里过淮；山东、北直隶二总官军，兑本处粮者，限正月以里完报；遮洋官军兑山东、河南粮者，限三月以里。违者，听償运官参治。"① 但这个规定没能严格执行，隆庆元年（1567）户科给事中何起鸣言："迩来漕政废弛。旧制：江北粮米当十二月以里过淮，远者不过明年之三月，今或至六七月。山东粮米当四月运完，远者不过七月，今或至十一月"。何起鸣认为漕运失期多由于制度腐败："其故在有司怠缓，军卫迁延；重以运官苛求，旗甲侵费，弊端莫可深诘。漕运失期，多由于此。"② 这只是指出了漕运失期的社会因素，实则还有自然条件的因素。万历元年十一月，河道侍郎万恭奏："江南运道，延袤八百余里，每岁夏初开运，河水充溢，运道无虞。今改于年前十二月开帮，正属各河浅滞，诸坝断流，京口封闭之候。"③ 指出了漕船开帮与自然条件的关系。嘉靖八年的规定，后来又做了调整。万历二年（1574）题准"旧例：湖广、江西、浙江三总，限三月过淮者，多与黄水相值，今定限二月过淮。如违，查久近，分别治罪"④。限定漕船过淮的最后期限，实际是要避开淮、黄洪峰。万历四十九年巡漕御史孙居相言："祖制：三月过淮，四月过洪，正为入秋水涨，动虞漂没，有风波之险。"⑤ 这里说的"祖制"指嘉靖八年的漕规，孙居相指出了漕船过淮、过洪等规定与自然条件的关系。以上漕船开帮、过淮过洪等的规定，体现了明代人们对如何利用自然条件以保证漕粮运输的法典化意识。

完粮期限 《明会典·漕规》严格规定了漕粮运抵京通时间，即完粮期限。《明会典》："成化八年（1472），令运粮至京仓，北直隶并河南、山东卫所，限五月初一日；南直隶并凤阳等卫所，限七月初一日；若过江支兑者，限八月初一日；浙江、江西、湖广都司卫所，限九月初一日。" 这次

---

① 《明会典》卷二十七，《户部十四·会计三·漕运》。
② 《明穆宗实录》卷三，隆庆元年正月辛未。
③ 《神宗实录》卷一九，万历元年十一月壬午。
④ 《明会典》卷二十七，《户部十四·会计三·漕运》。
⑤ 《明神宗实录》卷四百九十九，万历四十年九月庚戌。

对漕船在次年进京期限的限制，后来又提前了一个月："嘉靖八年（1529）议准，山东、北直隶所属卫所，限四月初一日完；江北直隶凤阳等处，并遮洋总所属卫所，限五月初一日完；南京、江南、直隶所属卫所，限六月初一日完；浙江、江西、湖广卫所，限七月初一日。"嘉靖三十七年（1558），漕船上仓期限再提前一个月："上仓期限，比旧例俱移前一月，四月初者限三月，五月初者限四月，六月初者限五月，七月初者限六月。"① 对漕船上京仓期限的一再提前，是因为漕船要避洪、要防冻。万历二年（1574）王宗沐的题奏指出："议定以三月初尽数过淮，以一月为黄河逆溯之期，则四月终可悉过洪，不与黄水相值。"② 万历三十五年（1607），徐光启说："自支运变为兑运，兑运变为长运，于是一舟一岁之间还往万里，不得不避洪，不得不防冻，而漕限乃不可爽矣。漕限不可爽，而河又数变，涸则议济，他徙则议挽，务强河以从我，又严为之限，而费乃滋大。"③ 这说明了对运粮程限、漕船上仓期限的严格规定，是对自然条件的考虑。也就是说，明朝官员逐步地认识如何利用自然条件的有利因素，避免其不利因素，从而更有效地保证京师粮食供应。这种认识，《明会典》无须多加解释，官员们的说法可以帮助我们理解这种规定。

第三节　元明时期人们的认识与实践（下）

一　对海运、漕运供应京师粮食的肯定评价

（一）对海运作用的认识

元朝利用海运多，人们充分认识了海运的作用。基本观点有三。其一，海运有力地保证京师粮食供应，虞集、郑元祐的论说，就代表了这种认识。虞集等编纂的《经世大典·赋典·海运》盛赞海运对国家的便利："惟我世

---

① 《明会典》卷二十七，《户部十四·会计三·漕运》。
② 《明神宗实录》卷二十六，万历二年二月丁未。
③ 《徐光启集》卷一，《漕河议》。

祖皇帝至元十二年，既平宋，始运江南粮。以河运弗便，至元十九年（1282）用左丞相伯颜言，初通海道漕运，抵直沽以达京城，立运粮万户府三，以南人朱清、张瑄、罗璧为之，初岁运四万余石，后累增及二百万石，今增至三百万石。春夏分二运，至舟行风信有时，自浙西不旬日而达于京师，内外官府，大小吏士，至于细民，无不仰给于此。於戏！世祖之德，淮安王之功，逮今五十余年，裕民之泽，曷穷极焉。"① 虞集又说："世祖皇帝岁运江南粟以实京师……于今五十年，运积至数百万石以为常。京师官府众多，吏民游食者，至不可算数，而食有余，贾常平者，海运之力也。"② 郑元祐说："夫漕运之取诸海道，亘古所未闻，始世皇听海臣之言创法，岁每漕东南道米，由海转饟，以达京畿。京畿，天下人所聚，岂皆裹粮以给朝暮，概仰食于海运明矣。"③ "京畿之大，臣民之众，梯山航海，云涌雾合，辇聚辇毂之下，开口待哺以仰海运，于今六七十年矣"④。以上评论都认为海运对国家有莫大之利，保证了京城百官庶府的粮食供应。

其二，海运制度是官运，"民无挽输之劳"。危素说："元都于燕，去江南极远，而百司庶府之繁，卫士编民之众，无不仰给于江南。自丞相伯颜献海运之言，而江南之粮又分为春夏二运。盖至于京师者一岁多至三百万余石，民无挽输之劳，国有储蓄之富，岂非一代良法欤？"⑤ 危素看到海运制度的优势。以上虞集、危素对元朝海运作用的看法，大体一致，即海运保证了京师粮食供应，又使人民免除挽输之苦。明初，如《元史·食货志》大体延续这种评价。

其三，元朝人们还认识到利用海险与运输江南粮食的关系。元朝更多地利用海道运输江南粮食，因此学者们更敏锐地认识到元代海运对国家的重要。至正六年（1346）贡师道写道：

> 天下之至险，其为理不难知，其为物不难见，则莫过于涉川。凡

① 《元文类》卷四十，国学基本丛书本。又见《永乐大典》卷一五九四九，《元漕运一》。
② 《道园学古录》卷六，《送祀天妃两使者序》。
③ 《侨吴集》卷十一，《亚中大夫海道副万户燕只哥公政绩碑》。
④ 《侨吴集》卷十一，《前海道都漕万户大名边公遗爱碑》。
⑤ 《元海运志》，中华书局万有文库本。

山水以为天下之至险，何况于海？合天下名川三百，支川三千，未有不归于海者，故海为百川主。夫涉其支流，圣人于《易》已设戒，而谓之险难矣。则其视鲸波万里如坦途，溟渤九渊如邮传。囊括东南之租米，举而输之海。六七千里之间，转漕流通，储峙不缺，抑亦何以而能若是也与？是盖世祖皇帝宏阔深远之规模，列圣继述相承之矩度，国家无穷之鸿休。要非世之人小智狭识所能窥度也已。

钦惟世祖皇帝定都于燕，聚四方万国之众，含哺鼓腹以仰食于燕，使由江河转运以馈饷于燕，顾岂不可？然而圣朝包六合为一家，视四海犹一衣带水，故能运天下之至神，越天下之至险。举无遗策，以建丕基于无穷。于是，以吴中水所聚也，稻米出焉，故即吴中以建漕府……当岁春夏运，复于江浙行省奏选宰臣，董馈吴下。阃东南郡国粮之给京师者。万艘如云，毕集海濒之刘家港……尊师柁工，露趾文身，蛮布帕首，其散布于各艘者，每舟不下数十百人。……龙镶万斛，崔巍如山。才远舟蠕，仅此一叶。崩涛大浪，天回地倬。鳌吐鲸吸，出没变怪。方是之时，审《易》之象，谓天下之至险，顾不信哉！①

贡师道的主要观点是，一、海运至艰至险，利用海道转输东南租米，供给京师粮食，这是元世祖的雄才大略。二、虽然河运亦可运输粮食，但国家统一使海道运粮成为必要和可能，而海运又保证了京师的粮食需要，促成了国家的政治发展。由于来自督运，贡师道认识到元代利用险恶的自然条件与供应京师粮食的重要关系。

（二）对会通河历史作用的认识

如隋修运河为唐、宋所用一样，元修运河为明、清所用。元朝兴修会通河的目的是漕运江南粮食。至元十二年（1275），"丞相伯颜访问自江淮达大都河道"，②至元十三年，丞相伯颜至上都，上奏："南北混一，宜穿凿河渠，令四海之水相通，远方朝贡京师者，皆由此致达，诚国家永久之

---

① 《漕河图志》卷五，贡师道《直沽接运官德政碑记》。
② 《元史》卷六十四，《河渠志一·兖州闸》。

利。"世祖接受其建议。于是在至元十八年至二十年（1283）、二十六年（1289）先后开凿成济州河、会通河，北接御河，南接江南运河，自江南至京师的水道全线沟通。元人说：自会通河开成后"江淮、湖广、四川、海外诸番，土贡粮运，商旅懋迁，毕达京师"，① 不能不说是溢美之词。实际上，元朝利用会通河漕运粮食很少，会通河在元朝作用不大，在明清时期则发挥了很大作用。人们对会通河的评价和认识，基本观点表现在以下几个方面。

"控引江淮岭海，以供亿京师"——这是说会通河具有沟通江淮与京师的作用。杨文郁作为职掌记事的官员，在至元二十六年会通河完工后，撰写《开会通河功成之碑》：

《书》以食货为八政之首。《易》称舟楫有济川之利，此古今不易之理，而京师所系为最重。故大舜命禹既平水土，定九州之贡赋，皆浮舟达河，以入冀都，功冠三代，为万世法。自此以降，汉用郑当时之言，引渭至河，以利西都；唐用刘晏之策，由汴入河，以济关辅。盖京师者，四方辐辏，兆姓云集，六师所依以强，百司所资以办，不丰储积，政将奚先？

我国家新天邑于析木之津，建万亿年无疆之业，规模宏远，治具周密。若夫漕运流通，国之大计；舟车致远，功利悬绝。所宜讲而行之，虽费而不可省，劳而不可已者。今则费取于官，利及生民。役不逾时，功垂后世。加以随时丰歉，权事轻重，以深致曲成万物之意。致国殷富，由此途出。臣因窃迹舆地图，若近代辽氏、金源氏皆尝立国，当时经度，曾不是思。岂不以兴王之功，非僻陋者所能兴，而前弗逮，乃所以启肇建也与？先儒有言，圣人在上，则兴利除害，易成而难废。钦惟皇上开物成务，迈舜禹而轶汉唐。区区近代之君，固无以议为也。②

---

① 苏天爵：《元朝名臣事略》卷二，《丞相淮安忠武王》。
② 《漕河图志》卷五，杨文郁《开会通河功成之碑》。

杨文郁认识到京师粮食供应的重要，以及国家统一与发展水利运输的相互作用。他提出了几个观点。一、《禹贡》九州贡赋皆可水运至冀，汉唐皆漕运关东江淮粟至京师，说明京师粮食供应的重要性，水运为京师粮食供应的重要途径。这是认识到利用人工河道可以促进京师粮食供应。二、元朝开会通河，虽当时劳费很大，但能促使京师粮食供应，并功垂后世。这既认识到元大都之富源自运河漕运江南粮食，也认识到时之劳费和万世之伟业的矛盾。三、辽、金都曾建都于燕，但因为国家规模狭小，不曾沟通御河与江淮的漕运，而元代开会通河成功，"控引江淮岭海，以供亿京师"，沟通华北与江南的粮食等物资交流通道，也是由于国家规模宏大的原因。大德时，东昌教授都士周说："御河者，古永济渠也。……今名御河，盖更之也。爰及辽金，皆都于燕。国朝开辟以来，以燕为大都，历代因之，以为江河南北血脉，通达要路，转漕之功，商贾之利不为不多矣。自江南平定，混一区宇，又开会通河至临清北，横截而出于此。后南方诸国贡赋，数道钱粮殊无壅滞，悉达于京师，其利溥哉。"[1] 大致说来，至元大德时，国家处于盛世，运河也曾运输江南粮食到大都，人们比较容易看到运河的积极作用。延祐时，刘德智认为运河利于转输东南物资："东南去京师万里，粟米、丝枲、纤缟、贝锦、象犀、羽毛、金珠、琨蕩之贡，视四方尤繁重。车挽陆运，民甚苦之。至元中穿会通河，引泗汶会漳，以达于幽。由是，天下利于转输。"[2] 这些议论都表明元人积极评价运河转输东南物资的作用。

涓滴水源，皆为我国家所用——这是说会通河对水资源的利用达到极致。欧阳玄说："历代建都，秦、汉、唐多都雍州，阻关陕之险，漕运极艰，用水极少。其后，有都洛阳、大梁，亦不过导洛入汴，瀹汝、蔡入淮而已。我元东至于海，西暨于河，南尽于江，北至大漠。水涓滴以上，皆为我国家用。东南之粟，岁漕数百万石。由海而至者，导通惠河以达。东南贡赋凡百，上供之物，岁亿万计，绝江、淮、河而至，道会通河以达。商货懋迁，与夫民生日用之所须，不可悉数。二河溯沿南北，物货或入，

---

① 《漕河图志》卷五，都士周《孚应通利王碑记》。
② 《漕河图志》卷六，刘德智《兖州重修金口闸记》。

或出，遍天下者，犹不在是数。"① 运河在元代作用不大，欧阳玄比较了历代建都与漕运的关系，虽然为元代事业自豪，但难免溢美之词，但"水涓滴以上皆为我国家用"之说，既赞扬了人们改造利用自然的伟业，也认识到了运河水源不足的自然条件。

明朝大部分时间靠河运，丘濬继承欧阳玄的观点说："按历代建都于西北者，皆仰给东南之漕。都长安者，阻关陕之险，漕运极艰，所资者江、淮、河、渭。都洛阳、汴梁者，兼资汴、洛、蔡而已。维我朝建都幽燕，东至于海，西暨于河，南尽于江，北至大漠。水涓滴皆为我国家用。其用最大，其功最巨者。其运河，由江而入邗沟，由邗沟乱淮而渡上清口，经徐、吕二洪，溯沁、泗水至济宁。济宁居运道之中，所谓天井闸者，即《元史》所谓会源闸也。泗、沂、洸、汶诸水毕会于此，而分流于南北，北至安民山入于新河，地降九十尺，为闸十有七，而达于漳、御；而南至沽头，地降百十有六尺，为闸二十有一，而达于河淮。此盖两京之间，南北分中之处。自是而南，至于河淮，此顺流也。河淮东流至清口，而入于海，乱流而渡。由邗沟渡江而达于南京。自是而北，至于漳御，顺流也。御河北流至直沽，而入于海，沂流而上。由白河抵潞而达于北京。迤南接济之水，有自武陟来之沁，有自琅琊来之沂；迤北接济之水，有自金龙口之河，有分滹沱河之水。……国家都北而仰给于南，恃此运河以为命脉。济宁居腹里之地……临清乃会通河之极处，诸闸于此乎尽，众流于此乎会，且居高临下，水势泄易而涸速。是凡三千七百里之漕路，此其要害也。"② 丘濬指出了会通河所经各河道水流的方向，或为逆流，或为顺流，而以逆流居多。嘉靖六年十月光禄寺少卿黄官说："汉、唐、宋粟，皆仰给东南，其漕道各因自然之势，非人力。惟元都燕，始因山东诸泉，创此会通河。河在高原之上，南北峻坂，水势两下，其行舟，惟仗诸闸潴蓄耳。"③ 这是说会通河基本是靠人力完成，其利用自然条件之处较少。

劳在当代，功垂后世——杨文郁认为，辽金立国于燕，对水道交通作

---

① 《漕河图志》卷五，欧阳玄《中书右丞相领治都水监政绩碑》。
② 《明经世文编》卷七十一，《丘文庄公文集》卷之一《漕运河道议》。
③ 吴道南：《吴文恪公文集》卷之三，《河渠志·运河》，天启刻本，北大图书馆藏本。

为较小，元修会通河，"控引江淮岭海，以供亿京师"，"功垂后世"。此论高瞻远瞩。丘濬论述元明清运与前代之异，以及元明利用大运河之异："臣惟运东南粟以实京师，在汉、唐、宋皆然。然汉、唐都关中，宋都汴梁，所漕之河，皆因天地自然之势，中间虽或少假人力，然非若会通一河，前代所未有，而元人始创为之，非有所因也。元人为之而未大成，用之而未得其大利。至国朝益修理而扩大之。前元所运，岁仅数十万石，而今日极盛之数，则逾四百万焉，盖十倍之矣。昔宋人论汴水，以为大禹疏凿，隋炀开圳，终为宋人之用，以为上天之意。呜呼！夏至隋，隋至宋，中经朝代非一，谓天意颛在宋，臣不敢知。若夫元之为此河，河成而不尽以通漕，盖天假元人之力以为我朝用，其意岂不彰彰然明矣哉！"[1] 丘濬认为汉唐都关中，宋都汴梁，漕河多因天地自然之势，少假人力；元明都幽燕，大运河全借人力而成。元人为之而未大成，用之而未得其大利；明朝修理而扩大之，用之而大得其利。这确实是明人颇为得意之处，同时体现了明朝官员对于改造利用自然条件以为国家政治经济建设服务的自豪。

二　对漕运负面后果的见解

（一）对运河利用中违背自然特性的认识

明朝，人们一方面认为漕运供给京师粮食，另一方面认为，运河的修建及使用中有违背自然特性之处，并且维修运河费用巨大、沿运人民力役繁多。

关于大运河的修建及使用中违肯自然特性的认识，主要有以下几点。

一、隋、元运河的修建，改变了黄河流域各水的原始入海水道，黄河进入第二"河患"频繁期，而"河患"的实质是人与水争地。关于隋、元运河与黄河的关系，徐光启的论述较为客观，他说：

> 河以北诸水，皆会于衡、漳、恒、卫，以出于冀；河以南诸水，皆会于汴、泗、涡、淮，以出于徐，则龙门而东、大水之入河者少也。入河之水少，而北不侵卫，南不侵淮，河得安行中道而东出于

---

[1]　陈邦瞻：《元史纪事本末》卷十二，《运漕》引，中华书局，1979。

究，故千年而无决溢之患也。有漕以来，惟务疏凿之便，不见其害。自隋开皇中，引谷洛水达于河，又引河通于淮海，人以为百世利矣，然而河遂南入于淮也，则隋炀之为也。自元至元中，韩仲晖始议引汶绝济，北属漳御，而永乐中潘叔正之属，因之以成会通河，人又以为万世利也，然禹河故道横绝会通者，当在今东平之境，而迩年涨秋之决，亦复近之。假令寻禹故迹，即会通废矣，是会通成而河乃不入于卫，必入于淮，不复得有中道也，则仲晖之为也。故曰：漕能使河坏也①。

徐光启从运河之利看到运河之弊，认为隋永济渠、元会通河（明朝会通河，还包括济州河）破坏了黄河流域各水系的入海通道，其作用是消极的。比起一味地肯定运河之利，徐光启的观点较全面。

人们在总结河患与安流周期时，探讨了关于运河与河患的关系。至正四年（1344）河决白茅堤，余阙撰文探讨河患成因及规律。他认为禹治河后是安流期。"自周定王时河始南徙，迄于汉……故西京时其受患特甚"，即周定王五年（前602）至武帝元光三年（前132）河决瓠子为河患期。"自瓠子再决，而其流为屯氏诸河……由是而东都至唐，河不为者千数百年"，即汉武帝元封二年（前109年）河向南分流为屯氏河，经东汉、唐为第二个安流期。"比赵宋时，河又南决，至于南渡，乃由彭城合汴泗，东南以入于淮"②。余阙的论述，是对黄河的安流与河患周期及其成因的较早认识。嘉靖时，王圻认为，自"宋时河又南决"，加上"自宋室南渡至元时二百年而河旋北"为第二个"河患"期③，是继承了余阙的认识成就。

河患与运河是什么关系，余阙、王圻、顾炎武的分析较为客观。余阙认为元朝治河，使之从淮泗入海，是"虑河之北则会通之漕废，其系于朝廷甚重"④。王圻说："隋唐以前河自河，淮自淮，各自入海。宋中叶以后河

---

① 《徐光启集》卷一，《漕河议》。
② 《青阳集》卷二，《送月彦明经历赴行都水监序》。
③ 《续文献通考》卷九。
④ 《青阳集》卷二，《送月彦明经历赴行都水监序》。

合于淮，以趋海矣。此古今河道迁徙不同之大略。然前代河决不过坏民田庐而已，我朝河决，则虑并妨漕运而关系国计。"① 这些论述，总结了运河与河患的关系。顾炎武则探讨了河患的实质，认为河患是"吾无容水之地，而非水据吾之地也。……北有临清，中有济宁，南有徐州，皆转漕要路，而大梁在西南又宗藩所在，左顾右盼，动则掣肘，使水有知，尚不能使之必随吾意，况水无情物也。"②

二、借黄济运的弊端。漕河原不资黄，用山东中部诸河诸泉为水源。借黄济运始于永乐时金纯，成于景泰时徐有贞。嘉靖十二年（1533）河道御史朱裳条陈治河二事，一塞黄河之口以开运，一借黄河之水以济运③。十三年朱裳又说："黄河自古为患，惟我国朝则借之以济运渠之利。……古也导之北以顺其就下之性，今也导之南以避其冲决之虞。"④ 这是说明朝对黄河的改造利用的两种途径。但借黄济运，导黄使南，危害很大。万历二年，刑科给事中郑岳奏："国家借黄河为运道，上自茶城，下至淮安五百余里。乃茶城有倒淤之患，徐州有淹城之危，邳州有淤塞决口之虞，稽之历年可考也。臣去年奉差经过淮安，正值水发之候，居民飘荡。询之地方父老，皆言：'自嘉靖四十四年、五年河水大发，淮口处水之际，海沙渐淤，今则高与山等。此沙既壅。自淮而上，河流不迅，泥水愈淤。其邳州之浅，房村之决，吕梁二洪之平，茶城倒流之弊，皆由此也。今不务海口之沙，乃于徐、沛、吕梁地形高处，日筑堤岸以防水势；桃源、宿迁而下，听其所之，则水安得不大？而民之为鱼，未有几时也。'臣闻之恻然。"⑤ 茶城在江苏省铜山县北，为北来泗水（运河）汇黄河处，亦即黄河夺泗南流处。当地人们亲身经历了引黄济运对淮泗流域的危害。

三、运河破坏沿线农业，浪费山东中部水源。成化三年（1467）漕运会议专门讨论了运河浅涩的问题。马昂《会议漕运事宜》说：运河济州段

---

① 《续文献通考》卷八。
② 《日知录》卷十二，《河渠》。
③ 《明世宗实录》卷一百五十八，嘉靖十二年十月。
④ 《明世宗实录》卷一百五十八，嘉靖十三年正月。
⑤ 《明神宗实录》卷二十三，万历二年三月己亥。

堤坝及减水闸，"今久失修茸，日就坍塌，且每岁山水冲坏堤岸。春时无水接济，夏则漫流淹没田禾，舟楫难行"①。这指出了会通河夏季因暴雨冲毁堤坝，从而冲毁农田的问题。徐光启提出"漕能使水费"的观点，他说："《虞书》六府始于水，终于谷，递相克治而成焉，则水者生谷之籍也。如今法远东南之粟，自长淮以北诸山诸泉，涓滴皆为漕用。是东南生之，西北漕之，费水二而得谷一也。凡水皆谷也，亡漕则西北之水亦谷也。"②徐光启认为，运河浪费了山东中部有限的、可发展农业的水源。这是从宏观的、经济的角度来看待运河的问题。

关于维修运河费用大、沿运人民力役繁多的问题，主要有以下几点。

一、运河年年淤塞，年年修筑，浪费许多钱财。周之翰说："国家无岁不治河，以无岁不通漕也。"③高拱说："漕河甚可虑，年年淤塞，年年修筑，为功促迫，劳费已多，又不的当，而挽运犹阻，此其一也。且一衣带之水，筑之甚难，决之甚易，通之甚难，塞之甚易。意外之防犹不可忽。此又其一也。"④周之翰、高拱都指出了运河年年淤塞年年修筑的困难。万历三十五年，徐光启提出了"漕能使国贫"的观点，说："九州土地无不足以养人，地产人力蒇不自给。今使东南人民胼胝而作之，又跋涉以输之，则辇毂之下，坐而食之。"国家又有治河、造舟诸经费⑤。黄宗羲说，都燕"使大府之金钱靡于河道"⑥。当然，各种用于运河及治黄等项目上的经费中，包括了官员的贪污中饱私囊。

二、沿河人民力役负担多。隆庆时，朱衡说："济宁平地，视徐州境山山顶相准，北高南下，悬至三十丈。故鲁桥闸以南，稍启立涸，自徐州至济宁，往往待水须半月始达，虽屡议增闸添夫，犹不免胶浅之患。盖东兖之民，患于力役者，百六十年于兹矣。"⑦朱衡指出了山东人民患于力役的

---

① 《明经世文编》卷四十一，马昂《马恭襄奏疏》之《会议漕运事宜》。
② 《徐光启集》卷一，《漕河议》，中华书局，1963。
③ 《通粮厅志》卷五，《河渠志》，台湾学生书局影印明刊本。
④ 《明经世文编》卷三〇二，《高文襄公文集·论海运漕河》。
⑤ 《徐光启集》卷一，《漕河议》。
⑥ 《明夷待访录·都燕》，许啸天整理，上海群学社，民国15年。
⑦ 《明经世文编》卷二百九十七，《朱司空奏疏·裁冗费以便民疏》。

问题。运河利用中弊端不只此，以上所论，不过是举其大要而已。

当然，巨额的治运、治河费用的产生，有自然条件变化的因素，更有官员贪污中饱、以治运治河为升官发财捷径等政治腐败因素，还有缺乏科学测量和科学指导的因素。徐光启说："河者，地事也。迩岁之言河也，不师于地，而听于天。地者一定屡迁之形势，而天者或时或恒之旱潦也。不以地之形势校策之得失，而以天之旱潦定人之功罪……一有改迁，辄议更张……财力空殚。"他认为应该"西自孟门，东尽云梯，南历长淮，北逾会通，无分水陆，在在测验……一可得各河容受吐纳之数，二可得堤防所宜增卑倍薄之数，三可得见行河身比于各河所差浅深高下之数，四可得见河垫淤之后某河可用相代容纳之数，五可得地势所便、土物所宜，豫引开浚可不可之数，此所谓形势之一定者也。"① 其实，中国古代的水工、水学及测量学、地图学的技术相当发达，但科举考试选拔的是会作文章的人才，而真正的技术人员得不到信任。

（二）分析漕运弊端中的自然条件因素

明朝人们关于漕运弊端、漕运费用增加的论述颇多，万历三十九年（1611）工科给事中归子顾疏言"东南赋役，莫苦于北运。其受累之甚，一曰水脚之侵牟，二曰沿途之需诈，三曰交纳之留难"②。实际漕运费用不只这些，种类繁多：有征收漕粮时的加耗、过江脚价、运军月粮行粮、沿途的过洪过闸之费、漕船挨帮之费、漂流之患、由天津至通州的驳船之费、由通州至京师的车户陆运之费、由大通桥入京仓的车户搬运之费。白粮，供给各衙门禄米，除了以上诸费，进京后还有官员贪污、各衙门刁难勒掯之费。这些费用的产生，有制度和官员腐败的因素，也有因自然条件的不足而造成的费用，有时这两者是互为因果的。明朝人们在讨论漕运弊端时，也分析了产生这些弊端的自然条件因素，这里举几例以说明。

脚价之费——指一般粮长不熟悉江淮习性而雇佣江淮运船过江过淮，

---

① 《徐光启集》卷一，《漕河议》。
② 《明神宗实录》卷四百八十一，万历三十九年三月戊辰。

以及因水源不足从通州至京师、从大通桥至京仓雇佣车户的费用。成化时，王恕论民运白粮之弊："苏、松、常、嘉、湖五府税粮，除起运两京内官监、供用库、光禄寺衙门白熟粳米白熟糯米一十四万三千九百九十余石，每石连加耗、脚价、盘用……共用糙米四十余万石；苏松常三府，又起运两京各衙门并公侯驸马禄米二十八万余石，连加耗、脚价、盘用，共用糙米五十余万石。"① 加耗、脚价、盘用三项，超过正粮一至三倍。漕船进入天津，从天津至通州，有时白河水浅，漕粮必须由江船改用驳船，上下搬载以及雇佣驳船，这笔费用不赀。嘉靖八年以前，通惠河未疏浚，运军需雇佣车户从通州陆运漕粮至京师，每年大约十万两白银。嘉靖八年后，漕船只能进入大通桥，还要雇佣车户运粮至东城各仓。

过洪过闸之费用——过洪之费，是因为运河在徐州附近有徐州、吕梁二洪之艰险，需要雇佣人夫牵挽。"吕梁之为洪有二，上下相距可十里，盖河之下流与济水会于徐，以达于淮。国家定都北方，东南漕运岁百余万艘，使船来往无虚日"，但洪石险恶，水势飞流奔湍，必须人力牵引，进不得尺寸，乘流而放，又迅不措手。② 过闸之费，即运船等待过闸时的费用以及管闸官员的勒索。元朝会通河有三十一闸，明嘉靖后期有四十三闸，明末有五十一闸，以闸调节水量。有的船闸，北上漕船需要等得二三百艘，方可开闸③。隆庆六年，陆树德奏："东南财赋，有军运以充六军之储，有民运以充百官之禄米。人皆知军运之苦，不知民运之苦尤深可怜。如船户之驱使求索，运军之挟诈欺凌，及洪闸等役之骗害；入京又有拦头之需索；入仓又有交纳之艰难。嘉靖初，民运尚有保全之家，十年之后则无不破矣。"④ 洪夫闸夫，共与挽拽，民运每过一洪用银十余两，过一闸用银五六钱，所过共三洪五十余闸，而费可知矣"⑤。"一舟过溜，三四百人行泥淖中，多至险没，有挽拽之劳"⑥。

---

① 《明经世文编》卷三十九，王恕《王端毅公文集》卷之一《议事奏状》。
② 王琼：《漕河图志》卷六，李东阳《吕梁洪修造记》。
③ 邹逸麟：《山东运河历史地理问题初探》，《历史地理》创刊号，上海人民出版社，1981。
④ 《明神宗实录》卷四，隆庆六年八月。
⑤ 《明经世文编》卷二九一，《陆中丞文集·民运困极疏》。
⑥ 《明神宗实录》卷四九九，万历四十年九月庚戌。

守冻之苦及守冻之费——万历四十年，巡漕御史孙居相说：运船"抵坝既迟，势必阻冻，履雪卧冰，防盗防火，一有不测，身家随之，有守冻之苦。冻粮百万，计船三千，日饷三万军，费粟六百石；加以盗卖插和，种种皆耗蠹之窦。既以守冻，明春必须雇船，运官以是剥削旗军，旗军以是刁勒粮、里，辗转皆浚削之弊"。

漕船驳（剥）浅、挨帮之费——成化时，丘濬说："今米石加兑五六，是民之纳租名一石者，多出五六斗，田之起科名三升者加多一斗半。……所以然者，正坐剥浅之费广，挨次之日多，不幸而沉溺，颗粒无余是也。"①剥浅之费，是因为遇有运河水浅时，须等待水满，必须雇佣人夫上下搬载之费用。漕船挨帮之费，是因为运河水少，必须用闸调节，"漕河身狭，闸座联珠，漕船挨帮过闸，以防争越，挨守日久，则百弊生而军食费"②。

漂流之费——有时因损溺而产生，有时因腐败而产生。丘濬说："今所兑，浮于所运之半，而岁岁有所损溺，官军赔偿，举债鬻产，无有已时。"③隆庆五年，山东左布政使王宗沐说：据《议单》每岁漂流挂欠不下数十万，"有实漂流而以为虚，至死狱中而责偿不获；有不漂流而以为实，各分其利而亏损在官"④。

运军之费——丘濬说："且军在卫所，既支月粮，及出运，又有行粮支给。而一夫岁运不过三十石，通其所加兑及所支给者而计之，则多于所运之数矣。盖费一石有余而得一石也。"⑤王宗沐说：运军回南，惮于空归牵挽之劳，往往将船凿沉而逃，每岁计费不赀；运军有行粮，有赏钞，有安家，费用多不可计；随船耗米；官军盗卖等。⑥

在京各衙门勒索之费——王恕还说："约用运夫二万有余，自备衣粮盘费，又不可以数计。况涉历江湖，过闸过坝，盘滩剥浅，辛苦万状，或不幸又有遭风覆灭之虞，四五个月不得到京。及至到京，或遇阴雨不得晒晾，

①　《明经世文编》卷七十一，《丘文庄公集》卷之一《漕挽之宜》。
②　《明经世文编》卷三四五，《王敬所集·海运详考》。
③　《明经世文编》卷七十一，《丘文庄公集》卷之一《漕挽之宜》。
④　《明经世文编》卷三四五，《王敬所集·海运详考》。
⑤　《明经世文编》卷七十一，《丘文庄公集》卷之一《漕挽之宜》。
⑥　《明经世文编》卷三四五，《王敬所集·海运详考》。

动辄守候一两个月不能进仓"①，官员的刁难勒揸，使粮户财力衰竭。此奏论述了民运白粮禄米的艰难及原因。民运白粮在各衙门，"每一处辄费银十五六两，少亦不下十两"②。各衙门的勒揸是主要原因，"遇阴雨不得晒晾，动辄守候一两个月不能进仓"也是不可忽视的自然因素。

明朝人们在谈论漕运弊端时，除了分析其制度和官员腐败等因素，还分析了漕运弊端中的自然条件等原因。天启二年（1622）工部尚书王佐指出："漕之苦，苦在漂流。长河虽称洪涛，而船坏多在窄岸平溪。缘造船工值，不尽用于船，而侵牟于私囊耳。……漕之难，难在浅涩。"③ 这两条关于漕运艰难困苦的认识，实际是关于运河水源和漕船运行中受自然条件限制的概括说法。

三　明代对恢复海运的三种意见

（一）主张恢复海运的意见

明朝，会通河成功而始罢海运。人们对是否恢复海运存在三种意见：一种是主张恢复元朝开始的海运南粮，另一种坚决反对恢复海运；再一种主张招商海运。

明朝成化时，丘濬较早提出恢复海运意见。他从三个角度论证其主张。从历史上看，元以海运供京师足国用，"臣考《元史·食货志》论海运有云：民无挽输之劳，国有储蓄之富，以为一代良法。又云海运视河漕之数所得盖多。作《元史》者皆国初史臣，其人皆生长胜国时，习见海运之利，所言非无征者"，历史事实说明海运有利。从经济角度说，海运费用省："臣窃以为自古漕运所从之道有三，曰陆，曰河，曰海，陆运以车，水运以舟，而皆资乎人力。所运有多寡，所费有繁省，河漕视陆运之费省十三四，海运视陆运之费省十七八。盖河漕虽免陆行，而人挽如故；海运虽有漂溺之患，而省牵率之劳，较其利害，盖亦相当。"从保证京师粮食安全的现实

---

① 《明经世文编》卷三九，王恕《王端毅公集》卷之一《议事奏状》。
② 《明经世文编》卷二九一，《陆中丞文集·民运困极疏》。
③ 《熹宗实录》卷二十，天启二年三月庚申。

需要说，需要恢复海运："今漕河通利，岁运充积，固无资于海运也。……今国家都燕，盖极北之地，而财赋之入，皆东南而来。会通一河，譬则人身之咽喉也，一日食不咽下立有死亡之祸，迂儒过为远虑，请于无事之秋，寻元人海运之故道，别通海运一路，与河漕并行，江西、湖广、江东之粟，照旧河运；而以浙西东濒海一带（浙江布政司及常州、苏州、松江三府）而由海通运，使人习知海道，一旦漕渠少有滞塞，此不来而彼来，是亦思患预防之计也。"① 丘濬是从京师粮食供应安全以及运输费用节省的角度，论证海运的现实必要性的。这是较中肯的意见。他提出的 "河漕视陆运之费省十三四，海运视陆运之费省十七八" 的结论，对于我们认识海运、河运、陆运的经济费用与首都粮食供应的关系也是很有启发意义的。

由于运河淤浅，黄河屡决，漂流增多，沿海商船贸易发展，嘉靖、隆庆、万历间，有许多人提倡海运。嘉靖十四年（1535）山东按察司副使王献，嘉靖三十一年（1552）给事中贺泾，隆庆五年（1571）户科李贵和、宋良佐，山东巡抚梁梦龙，山东左布政王宗沐，都提出恢复海运的必要和可能②。王宗沐论证海运有十二利，可以革除漕运种种弊端，如挨帮、挂欠、过江米与盘剥之费、沉船之费、运军行粮、加耗等，并且可以节省江南民力、平抑物价、供给辽东军饷。最主要的是可有效地保证京师粮食供应。③ 隆庆六年他向穆宗上奏："若语全势，则其说有三，一曰天下大势，二曰都燕专势，三曰目前急势"，他从三个方面论证恢复海运的必要和可能：

> 唐人都秦，右据岷凉而左通陕渭，是有险可依而无水通利也。宋人都梁，背负大河而面接淮汴，是有水便利而无险可依也。若国家都燕，北有居庸、巫闾以为城，而南通大海以为池，金汤之固，天造地设，圣子神孙，万年之全利也；而乃使塞不通，岂非太平之遗虑乎？此所谓天下大势也。

---

① 《明经世文编》卷七十一，《丘文庄公集一·漕运之宜》。
② 《续文献通考》卷四十，《国用考·海运》。
③ 《明经世文编》卷三四五，《王敬所集·海运详考》。

夫三门之险，天下之所谓峻绝也。然唐人裴耀卿、刘晏皆百计为之经营者，以彼都在关中，输挽所必由故也。若夫都燕，则面受河与海矣。然终元之世，未尝事河而专于海者，彼终岁用兵无暇于事河也。彼又以为河运入闸，两舟难并，不可速也。鱼贯逆溯，一舟坏则连损数十舟，同时俱雇，不可避也。一夫大呼，则万橹皆停，此腰脊咽喉之警，先臣丘濬所忧，不可散也。若我朝太平熙洽，主于河而协以海，自可万万无虑。故都燕之受海，犹凭左臂从胁取物也。元人用之百余年矣，梁秦之所不得望也。此所谓都燕专势也。

黄河自西来……自西北而直东南，途益远而合诸水益多，则其势大而决未可量也。故以汉武之雄才尚自临决塞，王安石之精博且开局讲求河之为患；讵直今日然哉！且去年之漂流，诸臣闻之有不变色者乎？夫既失利于河，又不能通变于海，则计将安出？故富人造室，必启旁门，防中堂闭塞，则可自旁入也。此所谓目前急势也。①

王宗沐从北京的地理险要和海洋优势，从唐、宋、元、明建都与漕运的关系，从元建都与海运的关系，从黄河与运河的关系等方面，论证海运之必要与可能，这比丘濬的认识更宏观。他和梁梦龙又提出具体方案，受到内阁辅臣高拱、李春芳的支持。李春芳在《海运详考序》中说："海运者，固国家已试之成事也。我国家建都既与元同，则漕运安得尽与元背哉。即河无梗，两运并输，未为失策。而况河患屡作，可不长虑而亟图之乎？"② 高拱说："予闻甚喜，即令奏上，予力主持行之。二君区划周详，措处停妥，造船坚好，诸事完备。海运遂通，刻日而至。人皆快之。会予去位，当事者务反吾所为，随议罢所造海舟，弃之无用。沿海诸备皆废。"③

隆庆、万历初，郑若曾留意海道，画了海运图、山东图，指出海运之利及恢复海运之必要："会通河，南北之咽喉，宜修海运，以防梗塞之

① 《穆宗实录》卷六十八，隆庆六年三月丙午。
② 《明经世文编》卷二八一，《李石麓文集》卷之一《海运详考序》。
③ 《明经世文编》卷三〇二，《高文襄公文集·论海运漕河》。

患。"① "考元时海运故道……南北不过五千里，往返不逾二十日。……愚意
宜修复海运旧制。……今日为东南边防计，所宜备海；为国家根本计，所
宜备运，愚故并论之。"② 他认为海运可解决许多经济、政治问题："庶三吴
田赋可以渐减，东南民力可以少苏，南北货通而物价不至涌贵，官民船便
而漕河不至挤塞。且军卒休而卫之行伍以实，沙民饶而海之盐盗以息，水
战习而南服滨海之夷不难制驭。"③ 这些看法，继承并发展了丘濬的观点，
反映了江南官员学者力图通过恢复海运以更快、更好、更省地运输南粮的
认识，也反映他们关心江南赋重民贫并通过恢复海运减少南粮北运的认识，
代表了许多江南官员学者的想法。万历时，王圻认为："国初海运，因元之
故。海运不给，于是陆运以济之。陆之劳，盖不减海之险也。及会通河浚，
于是有儧运，而海运乃罢。"④ 委婉地表达了主张行海运的意见，但他的议
论仅此而已。

（二）反对恢复海运的意见

元朝，江南官员学者对海运的风涛之险，颇有微词。官修《经世大典》
盛赞海运的便利，但修纂者之一虞集，批评海运竭东南民力和使运卒运官
有生命危险，他说："奈何独使东南之人竭力以耕，尽地而取，而使之岁蹈
不测之渊于无穷乎？"⑤ 元末，吴中文人领袖郑元祐，同情漕民的艰难："有
家国天下者，无不役之民，役其民而驱之以涉天下之至险，则无有甚于漕
民者"⑥。实际是对海运"风涛之险"的不满。

明朝，人们最初反对海运，其理由是海运多风涛之险。嘉靖中，针对
恢复海运的意见，河道都御史于湛说，丘濬"计漂溺之米而不计漂溺之人，
故以海运为便。不知米漂而载米之舟、驾舟之卒、管卒之官，能独免乎？
考《元史》至元二十八年海运漂米二十四万五千有奇，至大二年漂米二十

---

① 《郑开阳杂著》卷八，《山东图》。
② 《郑开阳杂著》卷九，《海运图说》。
③ 《郑开阳杂著》卷九，《海运图说》。
④ 《续文献通考》卷三十七，《国用考·漕运》。
⑤ 《道园学古录》卷六，《送祠天妃两使者序》。
⑥ 《侨吴集》卷十一，《亚中大夫海道副万户燕只哥公政绩碑》。

万九千六百有奇，即如文庄言每舟载米千石，用卒二十人，则岁溺而死者殆五六千人，此残虏之所以忍于华人也，奈何华人亦忍于华人哉。"文庄，即丘濬，他的意思是海运的风涛之险，不仅造成粮食漂没，而且使运卒生命不保。元朝每年海运起运粮数量和抵京数量，后者总比前者为少，这主要是因海运中漂失所致，粮食既已漂失，那么载米之舟必然触礁沉没，驾舟之卒、管卒之官，自然惨遭不测。他认为河运费用多，是"人亡人得，损上益下"，即河运费用养活了一大批人。他认为"黄河之难，不难于海也"①。于湛关于海运多风涛之险，反映了在自然面前的畏惧心理；他提出黄河冲决易于解决的论点，实则反映了他作为河道都御史所代表的河道部门利益。但是他提出的漕运费"人亡人得"的看法，有一定的道理。需要指出，漕运费用出自纳粮户不出自国家，漕运不是"损上益下"，而是损东南而益京师、损纳粮户而益京师皇室、百官、军队及车户。

嘉靖时，钱薇提出"海运之说有不可者五"，在风涛之险外，又加上四条反对意见：

> 海运之说有不可者五。以《元史》考之，岁运之舟至（于）［者］才十七，则没者十三矣。夫役卒孰非赤子，艘粟孰非民膏，乃驱有生之民投必死之地，取可用之材填不测之取，宁无恻然于心乎？不可一。
>
> 尚书宋礼疏云：海运必用千料船，驾者百人，运米千石，若计河漕，则海船一可办河船十，且运卒少而鲜倾没之患。以此相较，其不可二。
>
> 元专海运，倭奴岁肆剽劫，必设瞭望之卒，备捍御之兵，辗转堤防，犹不获免。国初设备倭指挥，亦为海运，及改运会通，倭乃绝觎觊矣，此为永鉴，其不可三。
>
> 欲海运必浚利津、胶莱河，为停泊之所，屯宝盖、黑龙诸山为瞭望之计。今火烟再修，兴役无已，与其劳民而蹈危险，孰若修漕河安故道之便，不可四。

---

① 《续文献通考》卷四十，《国用考·海运》。

　　胜国倡乱非士诚、国珍等耶？皆潜托海运贸贩，聚徒为东南患，以海为凭，法不及禁，酿成祸乱，其不可五。①

钱薇的有些说法，不符合明朝漕运的历史实际：漕运的漂流之患，不在海运下；河运倾没之患也不少；漕运并不能保证嘉靖间东南沿海免除倭寇之患。漕运种种弊端，都证明了漕运并不一定稳妥可靠。尽管钱薇的有些说法不尽符合实际，但他的议论，反映了他比较河运或海运与运输南北粮关系的意识；而关于倭寇与逋戍等说法，与海防，也与政治统治稳定，有密切关系，最能引起明代统治者的心理恐惧，也是明朝占统治地位的意识。这反映了明朝人们对利用自然条件与运输南粮关系的认识，远比元朝狭隘。

　　总之，明朝反对海运的意见，大要不出以上二端，即海运有风涛之险，海运会招致倭寇和叛乱。这反映了明朝自成祖以后对利用近海海洋的畏惧心理和漕运制度的因循守旧。

（三）招募商船行海运的建议

　　万历时，又出现了招募商船行海运的建议。徐光启和王雅量的论著，反驳了海运风涛之险说。万历三十五年（1607）徐光启著《漕河议》："夫海运之策，元以来尝受其成利矣。有伯颜之道，有朱、张之道，有殷明略之道，逾远逾便亦逾省，增修易善。今日而索诸行海利便，无论［朱］清、［张］谊，即明略故当胜之。愚不忧海也。"元朝三条海道，都是近海海道，不是远洋海道。徐光启认为，元人已经成功地探索近海海道，针对明朝关于海运会导致倭寇与逋戍说，他提出招募商船说："捐大利于民以易其死命，而又有法以通之，使其利卒归于国。令小民供分外之役，而得格外之赏……国家享元初之饶，而永无元末之害，是可行也，然而未易言也。"②徐光启认为元人对海道的探索已经取得了公认的成功，只有招募商民实行海运，才可以保证京师粮食供应，无元末海运之害。这体现了徐光启对利用近海海洋与运输南粮关系的重视，也是对隆庆时王宗沐等利用海运以运

---

①　《明经世文编》卷二百一十五，钱薇《承启堂稿》卷二，《漕渠议》。

②　《徐光启集》卷一，《漕河议》。

输南粮认识与实践的发展。招募商船运输粮食，这正是清后期招商海运的先声。但由于这种认识超乎明代多数人的认识范围，故不能被接受。

万历四十四年（1616）山东巡按御史王雅量请开海运。他分析了海运之利与弊："其利有六：民生易阜，额税易征，勾补易足，边需易与，而且沿海皆兵可以防倭，营伍充实可以御虏。乃若其害亦有六，其大者倭奴、岛寇与逋戍三事。"岛寇可以弹压，逋戍可以稽查，"惟通倭一节，所宜长计。往者倭奴之来，闽浙为甚，苏、松、淮、扬次之，登、莱又次之，而辽左则绝无至者。其地形大势不便也"①。他认为可以用其利，去其弊。但他的建议也没有被采纳。明朝自始至终都为九边军饷所困，万历时更为辽饷所困，证明以运河漕运南粮并不能保证京边粮食供应，也证明徐、王等开海运的主张是正确的。

经过隆庆五年（1571）试行海运的成功，以及后来人们以倭寇、逋戍为由反对恢复海运，江南官员们更加小心谨慎地论证了以海运之利去海运之弊，以免招致人们的反对。这体现了明朝人们在探讨利用海运与运输南北粮关系问题上，具有不馁不挠的意识和胆量。

第四节　辨析与评价

一　对历代漕运制度初步总结之分析

漕运，在漕粮的征收上，体现了京师与山东、河南及江南之江浙、湖广、江西的赋税关系；在漕粮的解运上，体现了改造并利用天然海道或人工水道与粮食运输的关系；在漕粮的用途上，体现了利用南北粮与供应京师皇室、官员、军队粮食的财政关系。从总的方面说，都体现了京师及其江南财赋区政治经济发展与自然条件的关系。唐宋元明时期，出现了从以上三种关系上总结漕运的认识或著作：一种是关于江南赋税之重的意识及论证，关于发展西北水利以就近解决京师北边粮食供应的思想主张；一种

---

① 《明神宗实录》卷五四三，万历四十四年三月。

是宋元明正史之《河渠志》中的"运河"及典制体史书之《田赋考》中的
"水利""河渠";一种是正史之《食货志》和典制体史书之《国用考》中
的"漕运""海运"。在这些认识或著作外,还有一些单独成篇的文章议论。
这些著作,一般是记述前代的客观历史,说明随着漕运、海运制度的发展,
史学家认识到运河、海道在保证漕运、海运以供给京师粮食上的重要作用。
这些著作叙述运河、漕运的历史,还分析历代运河、漕运的利弊得失。大
要说来,有几种认识。

一是具体分析各朝代漕运得失。王圻只是记叙了漕运的事实,无任何
评论的文字。欧阳修、宋祁、马端临都认为唐朝漕运弊多于利。《新唐书·
食货志三》说:

> 唐都长安,而关中号称沃野,然其地狭,所出不足以给京师,备
> 水旱,故常转漕东南之粟。高祖、太宗之时,用物有节而易赡,水陆
> 漕运,岁不过二十万石,故漕事简。自高宗已后,岁益增多,而功利
> 繁兴,民亦雁其弊矣。[①]

欧、宋认为唐朝都关中,关中所产不足以供应京师,转漕东南费用巨大,
人民负担重,这是认识到了关中与江淮区域经济发展的不平衡,漕运在京
师粮食供应中的地位,以及漕运给人民的带来的弊病。

马端临叙述历代漕运制度,以及评论漕运的议论章奏,直接评论漕运
的意见很少:

> 西汉与唐,俱都关中,皆运东南之粟以饷京师,自河渭溯流而上。
> 然汉武帝时运六百万斛,唐天宝极盛之时,韦坚为水陆运使,仅一岁
> 能致四百万斛,余岁止二百五十万斛,而至德以后仅百余万而已,俱
> 未能如汉之数,且考之《食货志》及参以陆、苏二公之言,则运弥坚、
> 费弥重,岂古今水道有险易之不同邪?当考。[②]

---

① 《新唐书》卷五十三,《食货志三》。
② 《文献通考》卷二十五,《国用考三》。

马端临比较汉唐漕运数量之不同，汉唐都长安，漕运东南粮食，汉漕运量多于唐，唐漕运弊大于利，他猜测这可能与漕运水道的险易有关，含蓄地表达了对漕运"运弥坚、费弥重"的看法。

二是总论历代漕运的产生、发展历史。南宋吕祖谦总结了漕运的历史，分析了漕运的产生、发展，他提出了四个重要问题，即四对关系，并论证了他的观点。第一，漕运与都城所在地有密切关系。建都又与国家疆域大小有密切关系。古代天子中千里而都，公侯中百里而为都。"天子之都，漕运东西南北，所贡入者不过五百里；诸侯之都，漕运所贡入者不过五十里。所以三代之前漕运之法不备"。《禹贡》所谓"入于渭，乱于河"是朝贡之路，所入者不过币帛九贡而已。春秋之末，战国之初，漕运只是运输军粮。汉唐时疆域广大，建都关中，需要漕运。第二，漕运与军费的关系。漕运与军国所需有直接关系。"大抵这两事常相为消长，兵与漕运常相关。所谓宗庙社稷之类，十分不费一分；所费广者，全在用兵，所谓漕运常视兵多少"。"唐太宗以前府兵之制未坏，未尽仰给大农，所以唐高祖、太宗运粟于关中不过十万。后来明皇府兵之法渐坏，（募）兵渐多，所以漕粟自此多。……府兵之法坏，聚兵既多，所以漕运不得不详矣"。第三，位于关中的京师与江淮的关系。"当汉之漕，在武帝时，诸侯王尚未尽输天下之粟。至武、宣以后，诸侯王削弱，方尽输天下之粟。汉之东南漕运，至此始详"。"唐肃宗、代宗之后，如河北诸镇皆强，租赋不领于度支，当时有吐番、回鹘为乱，所用犹多，所以全倚办江淮之粟"；"宋朝所谓岁漕六百万石，所专倚办江淮……惟是江淮最重。"第四，长途漕运与转运（递运）的优劣。隋及唐初，长途漕运，"大略自江入淮，自淮入汴，自洛入河，自河入渭，各自征输水次，各自置仓……转相般运，道途之远，此法遂坏"。自刘晏整顿漕运之法，行转运法，"江淮之道各自置船，淮船不入汴，汴船不入河，河船不入渭，水之曲折，各自便习，其操舟者所以无倾覆之患，国计于是足"①。

这些观点，反映了吕祖谦对建都与漕运、漕运与军费、关中与江淮、

---

① 《文献通考》卷二十五，《国用考三·漕运》引。

长途漕运与转运（递运）等几个重要关系的认识，对今天我们认识漕运有启发意义。

二　对运河与漕政弊端议论的评价

会通河的修建是元人的创举。欧阳玄和丘濬在盛赞会通河时都说，"水涓滴以上，皆为我国家用"。这说明元代人对大自然的认识、改造与利用达到了极致。但涓滴之水为运河所用，既是元人的创举，也是不得已而为之的办法。欧阳玄和丘濬的说法，只是隐含了对运河水源不足的看法。

当元代兴修会通河时，马之贞就指出了运河非自然长流河道；会通河修成后，李惟明、赵元进都评论了运河山东段水源不足等问题，说明当时人们对运河的自然特性有清醒的认识。

明代，废海运，专用漕运，运河水源不足与京师粮食需求的矛盾日益突出，人们也越来越关注运河水源不足、河道浅涩、阻滞粮船的问题。同时，人们在议论漕运制度的种种弊端时，也指出漕运种种弊端中，有些是制度性的，有些是因自然条件的不足而引起的。如丘濬说，漕运费用的增加，漕船损溺，官军赔偿，"所以然者，正坐剥浅之费广，挨次之日多，不幸而沉溺，颗粒无余也"①。王恕说，苏、松、常、嘉、湖五府粮户输送北京白粮、两京禄米共计四十二万余石，但加耗、脚价、盘用共用糙米九十余万石，"约用运夫二万有余，自备衣粮盘费，又不可以数计。况涉历江湖，过闸过坝，盘滩剥浅，辛苦万状，或不幸又有遭风覆灭之虞，四五个月不得到京"②。陆树德说，民运白粮在各衙门所费"每一处辄费银十五六两，少亦不下十两"，过洪过闸，"洪夫闸夫，共与挽拽，民运每过一洪用银十余两，过闸用银五六钱，所过共三洪五十余闸，而费可知"③。王宗沐论漕运弊端："漕船挨帮。漕河身狭，闸座联珠，漕船势必立帮，以防争越，挨守日久，则百弊生而军食费。……入淮后还有过浅、盘剥、脚价之

① 《明经世文编》卷七十一，《丘文庄公集》卷之一《漕挽之宜》。
② 《明经世文编》卷三十九，王恕《王端毅公集》卷之一《议事奏状》。
③ 《明经世文编》卷二九一，《陆中丞文集·民运困极疏》。

费"①。以上言论表明，漕运费用增加及各种弊端，有些是社会条件社会制度造成的，有些是自然条件的因素。过闸、过坝、盘滩、剥浅等，都是因水源不足等条件引起的。剥浅是因为运河水源不足，需要浅夫靠人力牵引；挨次（又叫挨帮）是因为要等待闸河积满水，才能依次过闸；沉溺是因为运河在徐州有吕梁洪之险要等，这些都是因自然条件引起的，因为自然条件的问题而增加了运输费用和等待时日以及遭遇风险的机会。所谓"漕之苦，苦在漂流。……漕之难，难在浅涩"，实际是关于运河水源不足和漕船运行中受自然条件限制的概括说法。

元明时期人们对运河水源不足的看法，对漕运弊端的议论，实际上是对原有自然条件不足以及改造后的自然条件状况的认识。而国家对利用人工大运河运输粮食法典化意识的形成和加强，正是国家对不太优越的自然条件的认识和采取的措施。

三　对于漕运违反自然条件的总评论

明亡后，王夫之著《读通鉴论》，虽以《资治通鉴》记事起讫时间为评论历史事实制度的起讫时间，但他在相关条目下，比较了自秦汉至明朝长途漕运与转运的优劣。

王夫之比较漕运与沿河置仓递运孰利："开河以转漕，置仓以递运，工者孰利？其事固有因时、因地而各宜，不能守一说以为独得者，然其大概，则亦有一定之法。"如果转漕能事简效速，"一登之于舟，旋运而至，不更劳焉，此转漕之更利也"，但实际上，转漕有"五劳"即五项弊端：

> 闸有启闭，以争水之盈虚，一劳也；时有旱涝，以争天之燥湿，二劳也；水有淤通，以勤人之浚治，三劳也；时有冻冱，以待天之寒温，四劳也；役水次之夫，夺行旅之舟以济浅，五劳也。而又重以涉险漂沈、重赔补运之害，特其一委之水，庸人偷以为安，而见为利也。②

> 以一舟而历数千里之曲折，崖阔水深，而限之以少载；滩危碛浅，

---

① 《明经世文编》卷三四五，《王敬所集·海运详考》。
② 《读通鉴论》卷十九，《隋文帝五》。

而强之以巨舫；于是而有修闸之劳，拨浅之扰，守冻之需迟，决堤之阻困；引洪流以蚀地，乱水性以逆天，劳劫生民，糜费国帑，强遂其径行直致之拙算，如近世漕渠，历江、淮、汶、泗、河、济、漳、沽，旷日持久，疲民耗国，其害不可胜言。皆唯意是师，而不达物理者也。①

这两段引文，表明王夫之坚决反对元、明、清漕运的立场。前一段说的漕运"五劳"中，有四项是凭人力难以解决的气候和水源不足问题，一项是用人力维持漕河疏通的巨额费用，加上漂没赔偿以及沿途费用，漕运弊大于利。后一段说漕运既违反水性，又破坏徐、兖二州的生态，并且糜费钱财。他认为元明漕运为乱政。实事求是地讲，王夫之关于漕运弊端的批评是符合实际的。

他比较倾向于置仓递运，高度评价隋及唐初的置仓递运法，说："置仓递运者，通一岁以输一岁之储，合数岁以终一岁之事，源源相因，不见有转输之富，日计不足，岁计有余，在民者易登于仓，在仓者不觉而已致于内，无期会促迫之苦，而可养失业之民、广马牛之畜，虽无近功，而可经久以行远，其视强水之不足，开漕渠以图小利，得失昭然矣。隋沿河置仓，避其险，取其夷，唐仍之，宋又仍之，至政和而始废，其利之可久见矣。取简便而劳于漕挽者，胡元之乱政也。况大河之狂澜，方忧其泛滥，而更为导以迂曲淫漫，病徐、兖二州之土乎？隋无德而有政，故不能守天下而固可一天下。以立法而施及唐、宋，盖隋亡而法不亡，若置仓递运之类是也。"② 他认为置仓递运的优点很多：首先是挽输之劳较易，人民还可以此为生计；其次，既避开自然条件的不利因素，如运河水之不足、大河之狂澜，也避免在利用自然条件中又造成新的自然环境问题，如导黄济运之迂曲淫漫、病徐兖二州之土。

对于唐朝的置仓递运，他说："裴耀卿之于漕运，非可为万世法者乎？壅水以行舟，莫如易舟以就水；冒险以求便，莫如因时而避险；径行以求速，莫如转递以相续"，赞扬了裴氏易舟就水、因时避险、转递相续的作

---

① 《读通鉴论》卷二十二，《唐玄宗十四》。
② 《读通鉴论》卷十九，《隋文帝五》。

法，这都是顺应自然条件以运输粮食的成功。总之，他认为隋唐沿河置仓递运利民利国。虽然他没有直接说明朝漕运，但明朝漕运确是长途漕运，壅水行舟、冒险求便、径行求速，都是明朝漕运的特点，这些都是违反自然条件特点的。由于漕运制度违背自然特性之处颇多，因此加剧了人民的负担，增加了国家开河、维修运河、黄河等工程的费用，因此，王夫之认为，漕运是江南赋税之重的原因之一。总之，王夫之对漕运问题的看法，是对漕运制度的总评价，具有总结性的意义。

王夫之认为，对待自然的正确态度，应该是"成天下之务者，因天之雨旸，就地之险易，任人之智力，为其所可为，不强物以自任；则……无不胜也"。但是"自宋以后，议论猥多，而不可用者，唯欲一切之术，求胜于天时、人事、物力，而强以从己而已矣"。[①] 这实际是说对待漕运的态度，应该"因天之雨旸，就地之险易，任人之智力，为其所可为，不强物以自任"，即顺应而不是违背自然条件以成就人类社会的发展，这是他在漕运问题上的基本看法。如果我们不违心地称赞元、明、清漕运之利，就会发现，王夫之在漕运问题上的见解是符合自然条件与社会发展一般原理的，也与元、明、清时期江南官员学者关于漕运问题的主张是一致的。

漕运是涉及自然条件与社会经济发展的大问题。汉、隋、唐、宋、元、明以至清朝推行海运前，漕运制度，在供应京师粮食上发挥了很大作用，在历史上占有很重要的地位，故此，各朝统治者都高度评价漕运的作用。而一般的官员学者，特别是元、明、清时期江南官员学者，认为漕运无利有害，坚决反对漕运制度。而漕运之种种弊端，以及由此造成的黄河屡决、淮河入海不畅通等问题，不易解决，这也是后来清朝试行并最终改行海运的原因之一。从这个角度看，王夫之对漕运问题的见解，是值得肯定的。

运河是沟通京师与东南财赋区的主要水道，是京师的生命线。国家的漕运政策，造成了江南重赋与西北荒废两个问题，漕运本身有害无利，这些都是元、明、清时期江南官员学者关心的重大问题。这说明我国自唐朝至清前期，漕运及其带来的后果即江南重赋民贫与西北坐食荒废，已经越

---

① 《读通鉴论》卷二十二，《唐玄宗十四》。

来越严重，以至引起了江南学人的强烈反应，近代仍然受到林则徐、潘锡恩、唐鉴等江南官员的强烈反对，直到清朝废漕运，实行招商海运，这些反对意见才停止。

四　对明代关于海运三种意见的辨析

如修建大运河一样，利用海运以供应京师粮食，也是元人的创举；明代继续使用了元人所修的运河，对于元人开创的海道以及海运，则没有继承。这说明，明代建国规模、进取精神不如元代。

明代人们提倡海运，主要是认为国家建都于燕，运河为一衣带之水，万一梗塞（实际上嘉、隆、万时期漕河经常梗塞），京师粮食可虑；其次是海运可以革除漕运种种弊端，可以避免黄河冲决；再次是元人已成功地探索了海道。这些认识，在当时是有其实际意义的，因而也有一定的合理性。反对者主要的理由是海运有风涛之险和倭寇等问题，这既是明代东南沿海倭寇海盗猖獗在人们心理上造成的影响，也体现了人们对利用自然海道的畏惧心理。

明代对海运的三种意见，不仅是人们认识上的不同，还有部门之间、地区之间利益不同，以及门户之见、官场复杂等因素。大致说来，人们赞扬元代海运，提倡恢复海运粮食，主要是因为看到运河水源不足河道浅涩阻滞粮运，但如果废除漕运，实行海运，会使许多人如运军、闸夫、浅夫、管河治河官员等失去实际利益。王宗沐说："科臣议复海运，而缙绅之虑，猥云风波"[1]。支大伦说："万恭、王宗沐，皆卓然名世之贤也。中世狃近利而暗远猷，标门户而忘国计，立论者逞攻击之私，主画者多退避之巧，而高贤不究其用矣。语漂溺则河安而海危，语牵挽则海省而河费。若一夫作难而瓜、仪决堤，徐、淮溃河，临、济败闸，则舍海漕奚赖焉。但太仓起帆，元迹可仿，而乃云淮安出海以避险，不虞瓜、仪之梗乎？闽南商贾泛大洋经东海入驰道乎，奚独于漕运而难之？"[2] 支大伦认为海运

---

[1] 《明经世文编》卷三四五，《王敬所集·海运详考》。
[2] 《续文献通考》卷四十，《国用考·海运》。

之争，不完全是认识之争，有党同伐异、门户之见。他不仅指出了海运之争的许多非认识因素，还指出海运并非万无一失，是比较客观的。

海运之争，既存在部门利益问题，但也不完全受任职部门的影响，反之，任职经历和关注的兴趣点，能使人们接触实际多，避免书生之谈。陈子龙说，王宗沐"公总理河漕最为称职"①。这种经历不仅没有使他为漕运弊端辩护，反而使他更真切地了解漕运弊端及其原因，当他为山东左布政使时就提出恢复海运的主张。在李春芳、高拱的支持下，隆庆五年，试行海运获得成功。钱薇，海盐人，嘉靖十一年进士，十七年以言事罢为民，陈子龙说他："留心边务，论列治体，皆历历言之，……著有《承启堂稿》、《国朝名臣事实》、《备辽策》、《河套议》、《海防略》，藏于家。"② 嘉靖之世，倭寇侵扰东南，钱薇关心边防、海防，他以为海运可能招致倭寇、海盗等问题，不是危言耸听。

这些反对意见，促使人们更进一步探索，如何更有效地利用海道的问题。钱薇提出"海运之说有五不可"论点后，徐光启提出招商运粮的主张，进一步丰富了海运理论。但是由于政治因素，以及因循守旧等认识因素，明洪武、永乐以后，除了隆庆六年的试行外，基本没有海运。但元代从事海运的人对海道的探索，明代人们对海运可行的进一步论证，对清道光后的招商海运，起到了舆论宣传的作用。

五 关于建都与粮食运输关系议论的评价

元明时期，人们对运河水源不足以及漕运弊端的种种议论，对海运的三种意见，实际涉及了一个重要问题，即建都与漕运究竟是什么关系。

从当时人们的议论看，有两种意见。

一种意见认为，"自古建漕以建都为向"。王宗沐说："自古建漕以建都为向，往汉、唐都秦则通渭，宋都梁则通汴。我朝定鼎幽燕，地势极北，

---

① 《明经世文编·姓氏爵里总目》。
② 《明经世文编·姓氏爵里总目》。

所恃者在邳河一线之路。近又淤塞，有识寒心。今所费不多，而别通海运。两漕并输，国计益足，彼不来而此来。先臣丘濬固已言之。此国家至深至远之计。"① 即水陆交通线的建设应服从于首都建设。有些官员学者认为，北京有优越的海上交通条件。周弘祖说："广平以南，水陆毕会于临清，而天津又海运通衢也"②。这是认为京师在北直隶地区有天然的海港和内河码头，具有内河航运和海上交通优势。王宗沐说：明京师与南方财赋区的交通，"主于河而协以海……故都燕之受海，犹凭左臂从胁取物也。元人用之百余年矣，梁秦之所不得望也。"③ 海上交通条件的便利，是元明都燕最大的优势，是关中长安，中原开封这些内陆城市无法比拟的，应该充分地利用这种自然条件。李春芳说："海运者，固国家已试之成事也。我国家建都既与元同，则漕运安得尽与元背哉。即河无梗，两运并输，未为失策。而况河患屡作，可不长虑而亟图之乎？"李春芳以元明建都于燕的事实，说明海运对国家的必要和可能。这些议论，都反映了当时有些人确能从比较优势的角度看待建都与漕运的关系。而且王宗沐"两漕并输国计益足"、李春芳"两运并输未为失策"的见解及思维方法，是值得肯定的。

另一种意见认为，建都北京，才有漕运及漕运之困难及弊端，实际上是认为建都北京，既没有经济优势，又没有便利的粮食运输线，暗含这样的意思，即首都建设应有相应的经济基础，或便利的交通条件，建都南京则就近江南财赋区，又有便利的水路运输线。其实当时有许多关于迁都南京的议论。顾起元认为，"王敬所（即王宗沐）中丞海运之议……可为笃论。然要而论之，唐不如宋，宋不如今之京师，而京师又不若南都。何也？京师惟有潞河与海可以挽漕耳，且河势逆而海势险。南都则长江上下，皆可以方舟而至。且北有銮江、瓜洲，东有京口，而五堰之利，或由东坝以通苏、常，或由西坝以通宣、歙，所谓取之左右逢其源者也。自古都会之得水利者，宜亡如金陵，惟思所以固守其险，则可与京师并巩固于万年，而唐、宋真不及万万

① 《明经世文编》卷三四五，《王敬所集·海运详考》。
② 《天下郡国利病书》原书第一册，《北直上》引周弘祖《燕京论》。
③ 《明穆宗实录》卷六十八，隆庆六年三月丙午。

矣。"① "自古海内建都之多且久，未有逾金陵者。"② 顾起元虽然赞同王宗沭的意见，但还是认为建都金陵为上，这反映了当时相当多的人的意见。但是当迁都南京既不可能时，人们一方面迫切希望能实行海运以使南北粮运输方便而快捷，另一方面就希望发展西北水利以就近解决京师粮食供应。

从元明时期的实际看，两种意见都有其存在的现实根据，也都有其合理性。但从长远来看，前一种意见，即都燕应充分利用海上交通条件以保证京师粮食供应的论述，更有实际意义。

---

① 顾起元：《客座赘语》卷二，《水利》，中华书局，1987 年元明笔记史料丛刊。
② 顾起元：《客座赘语》卷十，《建都》。

结语　理论启示和实践意义

一　历史理论的地位和价值

自然条件与政治经济发展的关系，是历史理论的重要内容之一，近代以来孟德斯鸠、黑格尔等人对此多有卓见。马克思主义科学地阐明了人类发展的自然条件问题，当代学者对中国历史时期自然条件与政治经济发展的关系做出了相当多的论述。中国古代的人们虽然没有系统的论述，但在阐述具体的政治经济等问题时，注意到了自然条件与政治经济发展的相互关系。元明时期人们关于京师、畿辅及江南财赋区政治、经济发展与自然条件的关系的认识成果，涉及了自然条件与政治、经济发展的关系的许多内容，在中国古代关于自然条件与历史发展关系的理论中占有很重要的地位。这表现在以下几个方面。

第一，前代人们很重视建都的自然条件。元明时期，人们不仅重视建都的自然条件，还重视建都的社会条件。汉、隋、唐、宋时期，人们认为关中的咸阳、长安，中原的洛阳、汴梁，为建都之首选，因为关中地势险要，易守难攻。在京师与其他地区的联系问题上，人们认为这种联系主要有攻、守两种类型，非攻即守，非守即攻。中行衍与汉使的对话中的互相讥刺就是这种认识的反映。这种认识，显得过于狭隘，尽管政治实践已经远远超出这两种类型，如汉唐的和亲、朝贡等，但人们的认识仍然落后于实践。辽、金、元、明、清时期，人们认为燕京为京都之首选，除了认为燕京有地理优势外，还认为燕京处于联系南北不同的自然条件、生产经济类型、政治统治形式的位置，建都于燕，可以有效地加强南北的联系。同时，由于民族关系的复杂，明朝人们认为都燕有一些弊端。既能认识都燕的优势，又能分析其劣势和由此带来的弊端，这说明人们关于建都的自然条件和社会条件的认识，随着实践的发展，更丰富了。

第二，前代重视改造、利用自然条件，但较少反思其后果。元明时期，人们很重视反思改造、利用自然条件的正面、负面后果，并进而指导实践。这既体现在对京师及畿辅地区农业发展水平的反思上，更体现在对运河的自然条件、作用的反思上。这里着重谈元明时期人们对运河自然条件、作用、效果的反思。

汉、隋、唐、宋时期，人们认为关中或中原，有渭、河、汴以漕运关东、江淮粟米。在实践上，当时的漕渠，多利用自然水道，或稍微加以改造，如隋朝所开运河，大部分是利用前代已有河渠，以及自然河道，加以拓宽或连接。山阳渎，利用了古代的邗沟；永济渠，利用了沁水、淇水、卫河；江南运河，利用六朝沟通京口和吴、会的水道。通济渠，利用汉、魏、晋、宋以来的汴水故道，由汴水入泗，由泗入淮①。

由于人类对自然的改造、利用，规模不大，人们不易产生总结这种实践的认识。即使有，也属于超前意识，不易为人接受。韩愈说："人之坏元气阴阳也，亦滋甚，垦原田，伐山林，凿泉以井饮，窾墓以送死，而又穴为堰溲，筑为墙垣、城郭、台榭、观游，疏为川渎、沟洫、陂塘，燧木以燔，革金以熔，陶甄琢磨，悴然使天地万物不得其情，倖倖冲衡，攻残败挠而未尝息，其为祸元气阴阳也，不甚于虫之所为乎？吾意有能残斯人使日薄岁削，祸元气阴阳者滋少，是则有功于天地者也；繁而息之者，天地之雠也。"② 这是说人类的经济活动是对自然的破坏，减少人类经济活动就是对自然之功，增加这些活动是对自然之雠；天即自然能赏保育自然之功，罚破坏自然之祸。韩愈探究了人类经济活动与自然灾害的关系，但这种危言端论，在当时没有引起重视。欧阳修受韩愈的影响："韩氏之文，没而不见者二百年，而后大施于今……当其沉没弃废之时，予固有以知其不足以追时好而取势利，于是就而学之。"③ 他说："顺天地……而取材于万物以足

① 朱偰：《中国运河史料选辑》，中华书局，1962，第 19 页。
② 《柳河东集》卷十一，《天说》引。
③ 《居士外集》卷二十三，《记旧本韩文后》。

用"，"取不过度，则天地顺成，万物茂盛，而民以安乐，谓之至治"，"用物伤夭、民被其害而愁苦"，就会发生灾异，"灾者被于物而可知者也"，如水旱蝗螟；'异者不可知其所以然者也"，如日食星孛①。韩愈的"人之坏阴阳元气也亦滋甚"和欧阳修的"取不过度……谓之至治"从反正两面解决了人与自然关系问题，前者指出人类经济活动是对自然的破坏，后者指出利用万物的"有度"与社会"至治"的关系问题。②

元明时期对自然条件的改造、利用达到了极致。元朝探索、利用了三条海道，对海运的利用，完全超出了秦、唐的规模。秦、唐只是利用海运运输军粮到边方，而元朝则利用海运运粮到京师。元修会通河，几乎没有什么可资利用的自然条件，元朝马之贞说会通河非自然长流河道，元朝的欧阳玄和明朝的丘濬都说，涓滴水源皆为会通河所用，明朝有人说，会通河只是一衣带之水，清朝陆世仪说：元修会通河，全是依靠人力，当时何不以此兴修农田水利，就近解决京师粮食供应。

由于实践的发展，人们的认识也在发展。元明时期，由于对自然条件的改造、利用达到了极致，人们反思人类活动与自然条件的相互关系，关于京通之间的地势问题和水源问题的争论，对运河水源季节性缺乏与利用人工运河困难的共同认识，江南官员学者对利用自然条件之负面后果的见解，如对运河利用中违背自然特性的认识，对造成漕运弊端的自然条件因素的分析，都是有意识地探讨人类活动与自然条件的关系。对自然条件不利因素的准确认识，又指导了人们的实践，国家形成并加强了利用人工运河运输粮食的法典化建设，如严禁破坏运河用水的规定，闸坝禁令与漕河禁例，运箱程限与完粮期限等。同时，人们又反思漕运、海运的作用。

元明时期，人们关于京师和畿辅政治经济发展与自然条件关系的认识成果，可以帮助我们丰富对自然条件与历史发展关系理论的认识，这表现在以下几个方面。

第一，他们认识了原有的（或原生的）自然条件对政治经济的影响，

---

① 《新唐书·五行志》。

② 王培华：《中国古代灾害志的演变及其价值》，《中州学刊》1999 年第 5 期。

以及改造了的自然条件对政治经济的影响。如关于北京地理位置优势和地理险要优势对建都的影响，关于运河水源短缺、河道浅涩对漕运从而对京师供应的影响。

第二，他们论述了以往改造利用自然条件的成果对当前政治的影响。丘濬关于元修会通河为明所用的论述，继续了皮日休、张洎对隋炀帝通济渠为唐、宋所用的观点，不仅是关于以往改造自然条件的成果对当前政治影响的认识，而且还涉及了一时之劳费与千秋之功业、一时之利害与千载之利害的关系，实际是道德评价与事功评价的问题。

第三，他们注意了自然条件与政治经济的相互影响。关于建都于国防前线，对国家安全、粮食安全的影响，关于畿辅农田水利发展水平低下对首都粮食供应的影响，关于通惠河、会通河水源短缺以至影响漕运的议论等，都表明他们注意了自然条件对政治、经济的影响。杨文郁对会通河修成的赞扬，元代众多官员对元开海道以海运的表述，是论述了国家统一为改造利用自然条件（修建运河、开海道以海运）提供了基础，对自然条件的改造利用又促进了国家政治的发展。当然，对海运以供给京师粮食的赞扬中，也有许多不满的情绪。明代许多官员对漕运制度的弊端分析，明代官员对由于担心倭寇、海盗以及废除漕运，会使利益集团失利等，而最终不能实行海运的认识，表明了他们认识到了人类的认识、政治气氛、社会条件、制度等因素，对人类利用改造的自然条件成果的制约。

第四，自然条件对政治经济的影响不是决定性的，自然条件要发挥作用，还要借助一定的社会条件，借助具体的政治、经济、军事等措施。明建都北京，但不完全依赖北京的自然险阻，还建设了长城和九边军事重镇等人工险阻，体现了统治集团的意志。周弘祖、劳堪等论述了九边建设对京师安全的重要，王琼、陆深等论述了明中期以前不能利用元代通惠河的自然条件因素和利益集团因素，王宗沐、徐光启等论述了元代开辟的三条海道在明代不能发挥作用的政治因素：以上诸论，反映了人们实际是注意到要利用以往改造自然条件的成果，还需要一定的政治和社会条件的问题。

第五，最高统治者的意志，也即国家的意志，在利用改造自然条件中具有两方面的作用。元明时国家为了利用海道和运河运输江南粮食，制定了运输东南粮食的相关的赋税政策，以及利用运河的河运法规法典，体现了国家的法典化意识的积极作用，但对西北农田水利管理的法规化意识，比前代稍微淡漠、弱化，体现了国家的法典化意识的消极作用。

元明建都北京，京、边集结了大量军队，北方农业水平落后，京、边粮食需求孔亟，大规模地改造自然条件，利用运河、海道运输东南粮食，河运艰难困苦、东南赋重民贫等实际情况，迫使人们去认识自然的特性、改造自然的后果，以及如何进一步利用自然条件。

这些认识成果，有些如关于通惠河、会通河的认识，促进了当时采取措施更好地利用自然条件，有些如关于海运的认识，则要到后世才发挥作用，有些如关于发展西北农田水利的建议，则因为自然条件和社会条件的变化而不能发挥作用，这里情况相当复杂，本文相关章节都有所论列，此处不一一赘言。但是他们提出的问题，除了具有学术意义，对今天的政治经济建设还有一定的启示意义。

二　前人实践与认识对现实政治经济建设的借鉴意义

中国古代的人们关于自然条件与政治经济发展关系的认识，具体说，就是元明时期，人们关于建都北京与粮食供应问题的认识与实践，有些内容对今天的经济发展、社会稳定、国家安全，仍然有启示意义。这里着重谈三点。

第一，要保证粮食安全，既要依靠国家的调控，也要靠市场流通体制的改革。

最近三十年来国际上出现的粮食安全的问题和概念，迄今没有统一定义。① 我国古代没有粮食安全的概念，但有接近于粮食安全的意识。如"民

---

① 粮食安全的概念和定义，始于1974年11月世界粮食会议在罗马通过的《世界粮食安全国际约定》，粮食安全是"确保任何人在任何时候都能得到为了生存和健康所需要的足够食品"，该定义并不严格。联合国粮农组织在此基础上提出了一个保障粮食安全的指标，就是粮食库存量至少应占当年粮食消费的17%～18%，低于这个水平就不能保障粮食安全。但是，因为粮食安全涉及诸如生产、储备、分配、消费以及国际贸易等很多方面的问题，并且世界各国所面临的粮食安全的严重程度和具体特点又各不相同，所以在国际上，对于粮食安全至今还没有形成统一的定义。1983年联合国粮农组织总干事爱德华·萨乌马解释粮食安全的最终目标是"确保所有人在任何时候，既买得到又买得起他们所需要的基本食品"，这个解释影响较为广泛，其特点是不强调粮食的自给自足，而是强调粮食贸易。世界银行1986年认为："粮食保障问题不一定是粮食供应力不足造成的，这些问题起源于国家和家庭缺乏购买力。"很显然，粮食的自由贸易比自给自足更重要。

三年耕，则余一年之畜"①的说法就体现了粮食安全的意识。明代官员们经常上奏京仓漕运定额问题，体现了他们关于京师粮食安全的忧患意识或问题意识。如隆庆六年（1572）户科给事中栗在庭言："每岁漕粮四百万石，除转饷诸镇及漂流挂欠、灾伤改折殆且百万。其纳京、通二仓实止三百余万，仅供官军、匠役一岁之食尔！而太仓陈粟，不足以支二年。今复岁减百万，京师米价翔贵。万一事出非常，运道梗塞，畿民枵腹，卫士脱巾，将胡以待之！"户部同意他的意见，请令漕司明年仍复运额，报可。②万历三十年（1602）管仓场刑部侍郎谢杰题："今京仓实在之数四百四十八万余石，仅足二年之支，设明年之运，又如今年，则并此二年之积亦耗矣。……仓廪空虚如此，隐忧已在目前。乞天语叮咛，敕下户部，乘此会计之期，通行各省直地方，非真有十分之灾，不许轻言截留，每年粮运必至三百万石以上，每年粮积余必至数十万石以上，则数年之漕可余一年之食，庶几根本之地可支，而将来之忧可度。户部复议。报可。"③以上，既是对京师粮食不足的担忧，也是关于粮食安全的意识。明代关于粮食安全的指标是"太仓陈粟足支三年"。封建时代，包括元、明时期，完全靠国家的控制，保证京师粮食安全，这种财政政策，极不符合经济规律，因而不可取。因为谷贱则伤农，贵则伤民，打击农民的积极性，打击市民和粮食消费户的购买力，都是对国家稳定的威胁。

今天，按照国家规定，我国粮食安全的指标，是在粮食主要销售区（销区）保持六个月存粮。粮食主销区（销区）包括"沿海发达地区"（如浙江、江苏、上海、福建、广东、海南和北京、天津等省市）和"生态脆弱区"（如西北的各省区）④。如果可以比较的话，那么现今的沿海发达地区大致相当于元明时期的东南财赋区，而北京是国家的首都，天津是北京左边华北最大的港口城市；"生态脆弱区"如西北的各省区，相当于元明时期的西北。东南沿海区和西北生态脆弱区，是在公元1000年前后开始形成的。

---

① 《汉书》卷二十四，《食货志上》。
② 《明穆宗实录》卷七十，隆庆六年五月己酉。
③ 《明神宗实录》卷三七六，万历三十年九月癸未。
④ 温家宝：《进一步深化粮食流通体制改革》，《宏观经济研究》2001年第10期。

现在交通条件便利，长距离调运粮食不成问题。既依靠粮食市场流通体制，又依靠国家依据市场和全国情况而进行调控，而不是超经济的强制，可以解决上述三个地区的粮食安全问题。

第二，变西北地区粮食生产的劣势为生态建设的优势。要依靠粮食市场流通体制的改革和国家调控，保证西北生态脆弱区的粮食供应，使西北地区能够退耕还林（草），恢复西北生态优势，变粮食生产的劣势为生态建设的优势。

元、明、清时期，江南籍官员学者提倡发展西北水利以就近解决京师、北边的粮食供应，以及其他的一些社会问题。其主张既有合理性，又有局限性。前者在于他们发现了西北落后的原因，并以积极的态度去应对这种落后，后者在于他们没有认识到西北发展农田水利特别是水稻生产的自然条件限制。但是清代人们已经认识到北方发展水田缺少水资源，乾隆二十七年（1762）圣谕"物土宜者，南北燥湿，不能不从其性。倘将洼地尽改作秧田，雨水多时，自可藉以储用，雨泽一歉，又将何以救旱？从前近京议修水利营田，始终未收实济，可见地利不能强同"[1]。今天，西北的水资源，地区分布不均匀，陕西关中地区与甘肃河西走廊和石羊河流域缺水程度较高；大多数的城市为全年缺水，大部分灌区春季缺水，上中游用水量大，效率低，多数内陆河下游缺水，甚至年内季节性断流。人民生活用水和生态用水都很大。[2] 水利部已经调整今后我国水利政策，从工程水利向资源水利转变，向可持续发展水利转变。[3] 今天仍然要改变西北地区的落后面貌，但如果发展水田或大规模灌溉，势必造成新的生态问题。如河西走廊，由于扩大耕地面积、抽取地下水，以往"人进沙退"，现在已是沙进人退，沙漠化日趋严重。[4] "粮食生产既是经济再生产，也是自然再生产的过程，必然存在着自然和市场的双重风险"[5]。从比较优势的角度看，西北地区比

---

① 《清史稿》卷一二九，《河渠志四》。
② 史培军、周武光：《西北地区可持续发展的几个关键问题》，《北京师范大学学报》2000年第5期。
③ 汪恕诚：《传统水利向可持续发展水利转变》，《经济日报》2001年1月23日。
④ 马军：《我们还要和自然拼多久》，《中国青年报》2003年2月1日。
⑤ 温家宝：《进一步深化粮食流通体制改革》，《宏观经济研究》2001年第10期。

粮食主产区发展粮食生产或提高粮食单产的生态和市场成本高。1998 年以来，国家改革粮食流通体制，通过国家调控解决西北的粮食，在生态脆弱区退耕还林（草），增加农民收入，这是解决西北经济、社会、生态落后面貌的积极政策。原先西北地区粮食生产的落后态势，可以成为生态建设的优势。以上两条，说明元明时期人们关注的问题，在新的条件下仍然存在，但有了新思路和新政策。同时，元明江南籍官员学者提出的发展西北水利的一些方法，如招募，如种植经济林木等，仍不失其价值。

第三，为保证粮食或其他物资的有效供应，要建设开放的交通运输系统。

陆运、漕运、海运其实就是交通问题，其间孰优孰劣，古人辨析过，元、明历史也提供了生动的证明。《管子·海王》说海王之国"因人之山海假之"，即没有海洋资源，可以借用别处的海洋资源。明代有些官员学者认为，北京有优越的海上交通条件。周弘祖说："广平以南，水陆毕会于临清，而天津又海运通衢也"；王宗沐说：明京师与南方财赋区的交通，"主于河而协以海……故都燕之受海，犹凭左臂从胁取物也"；李春芳说："两运并输，未为失策"。这些议论表明，明代人们认为北京左边有天津海港，具有海上交通优势。王宗沐"两漕并输国计益足"、李春芳"两运并输未为失策"的见解及思维方法，是值得肯定的，因为对于国家、首都、城市、集镇来说，开放的交通系统，比单一的交通条件，更有利，也更安全。

参考文献

一 历史文献

《管子》，北京燕山出版社，1995。

《战国策》，上海古籍出版社，1985。

《贾谊集》，上海人民出版社，1976 年点校本。

《史记》，中华书局，1959 年点校本。

《汉书》，中华书局，1962 年点校本。

《后汉书》，中华书局，1965 年点校本。

《晋书》，中华书局，1974 年点校本。

《宋书》，中华书局，1974 年点校本。

《隋书》，中华书局，1973 年点校本。

《旧唐书》，中华书局，1975 年点校本。

《新唐书》，中华书局，1975 年点校本。

《刘禹锡集》，上海人民出版社，1975 年点校本。

《韩昌黎集》，四部丛刊本。

《旧五代史》，中华书局，1976 年点校本。

《文苑英华》，中华书局，1966 年影印本。

《全唐文》，中华书局，1959 年排印本。

佚名：《册府元龟》，中华书局，1960 年影印本。

脱脱：《辽史》，中华书局，1974 年点校本。

脱脱：《宋史》，中华书局，1977 年点校本。

脱脱：《金史》，中华书局，1975 年点校本。

陈邦瞻：《宋史纪事本末》，中华书局，1977 年点校本。

包拯：《包拯集》，中华书局，1963 年排印本。

张方平：《乐全集》，四库珍本。

徐梦莘：《三朝北盟会编》，光绪三十四年刻本。

李心传：《建炎以来系年要录》，中华书局，1959 年重印本。

宇文懋昭著、崔文印校证《大金国志》，中华书局，1986。

叶隆礼著《契丹国志》，贾敬颜、林荣贵点校，上海古籍出版社，1985。

《元史》，中华书局，1976 年点校本。

《明史》，中华书局，1976 年点校本。

《清史稿》，中华书局，1977 年点校本。

《资治通鉴》，中华书局，1956 年点校本。

《通典》，中华书局，1988 年点校本。

《通志二十略》，王树民点校，中华书局，1995。

《文献通考》，中华书局，1986 年影印本。

《续文献通考》，现代出版社，影印北京师范大学图书馆藏明万历刻本，
1991 年。

张德辉：《塞北行》，见王恽《玉堂嘉话》卷 8，文渊阁四库全书电子版。

郝经：《都文忠公陵川集》，文渊阁四库全书电子版。

姚枢：《牧菴集》，文渊阁四库全书电子版。

胡祗遹：《紫山大全集》，文渊阁四库全书电子版。

吴澄：《草庐集》，文渊阁四库全书电子版。

许衡：《许文正公遗书》，文渊阁四库全书电子版。

王恽：《秋涧先生大全集》，文渊阁四库全书电子版。

虞集：《道园学古录》，文渊阁四库全书电子版。

揭傒斯：《文安集》，文渊阁四库全书电子版。

吴莱：《渊颖集》，文渊阁四库全书电子版。

蒲道源：《顺斋先生闲居丛稿》，中国社会科学院历史研究所图书馆藏
抄本。

许有壬：《至正集》，文渊阁四库全书电子版。

吴师道：《礼部集》，文渊阁四库全书电子版。

陈旅：《安雅堂集》，文渊阁四库全书电子版。

贡师泰：《玩斋集》，文渊阁四库全书电子版。

郑元祐：《侨吴集》，文渊阁四库全书电子版。

戴良：《九灵山房稿》，文渊阁四库全书电子版。

赵汸：《东山存稿》，文渊阁四库全书电子版。

杨维桢：《东维子集》，文渊阁四库全书电子版。

陈基：《夷白斋稿》，文渊阁四库全书电子版。

宋禧：《庸庵集》，文渊阁四库全书电子版。

欧阳玄：《圭斋集》，文渊阁四库全书电子版。

余阙：《青阳集》，文渊阁四库全书电子版。

周南瑞：《天下同文甲集》，雪堂丛刻本。

苏天爵：《元朝名臣事略》，中华书局，1996。

苏天爵：《元文类》，四部丛刊本。

元大司农司编撰、缪启愉校释《元刻农桑辑要》，农业出版社，1988。

王祯：《农书》，中华书局，1956 年印本。

《元典章》，海王村古籍从刊，中国书店，1990。

李好文：《长安图志》，中华书局，1990 年影印，宋元方志丛刊本。

《至正金陵新志》，中华书局，1990 年影印，宋元方志丛刊本。

《明太祖文集》，台湾商务印书馆影印文渊阁四库全书本。

《永乐大典》，中华书局，1959 年影印。

黄光升：《昭代典制》卷六，万历刻本。

郑晓：《今言》，中华书局，1984 年点校本。

谈迁：《国榷》，中华书局，1958 年铅印本。

叶盛：《水东日记》，中华书局，1980 年元明史料笔记丛刊。

叶子奇：《草木子》，中华书局，1980 年元明史料笔记丛刊。

顾起元：《客座赘语》，中华书局，1987 年元明史料笔记丛刊。

张瀚：《松窗梦语》，上海古籍出版社，1986 年点校本。

计六奇：《明季北略》，中华书局，1984 年点校本。

谷应泰：《明史纪事本末》，中华书局，1977 年点校本。

（嘉靖）《广平府志》，上海古籍书店，1963 年影印天一阁藏明代地方志选刊本。

（嘉靖）《雄乘》，上海古籍书店，1963 年影印天一阁藏明代地方志选刊本。

章潢：《图书编》，万历四十一年刻本。

《明实录》，台湾"中央"研究院历史语言研究所 1962 年校印本。

（万历）《明会典》，商务印书馆，国学基本丛书本。

徐贞明：《潞水客谈》，中华书局，1985 年丛书集成影印本。

陈子龙：《明经世文编》，中华书局，1962 年影印精装本。

王在晋：《通漕类编》，台湾学生书局影印明刊本。

王琼：《漕河图志》，台湾学生书局影印明刊本。

周之翰：《通粮厅志》，台湾学生书局影印明刊本。

郑若曾：《郑开阳杂记》，文渊阁四库全书电子版。

归有光：《震川先生集》，上海古籍出版社，2007；《震川先生别集》，人民文学出版社。

徐光启著《农政全书校注》，石声汉校注，上海古籍出版社，1979。

徐光启著《徐光启集》，王重民辑校，上海古籍出版社，1963。

顾炎武著《日知录集释》，黄汝诚集释，岳麓书社，1994。

顾炎武：《天下郡国利病书》，商务印书馆影印四部丛刊三编本。

顾炎武：《历代宅京记》，中华书局，1984 年点校本。

王夫之：《读通鉴论》，中华书局，1975 年点校本。

王夫之：《黄书》，岳麓书社，1992 年点校《船山全书》本。

顾祖禹：《读史方舆纪要》，中华书局，1955 年影印本。

黄宗羲：《明夷待访录》，许啸天整理，上海群学社，民国 15 年。

贺长龄、魏源：《清经世文编》，中华书局，1992 年影印光绪二年思补楼重校本。

魏源：《魏源集》，中华书局，1976 年点校本。

潘锡恩：《畿辅水利四案》，道光三年刻本。

吴邦庆：《畿辅河道水利丛书》，道光刻本。

康熙《畿辅通志》，康熙二十二年刻本。

清光绪《山东通志》，光绪刻本。

林则徐：《畿辅水利议》，光绪三年三山林氏刻本。

孙承泽：《天府广记》，北京古籍出版社，1982 年点校本。

于敏中等编纂《钦定日下旧闻考》，北京古籍出版社，1985 年点校本。

二　近人今人著作

冯柳堂：《中国历代民食政策史》，商务印书馆，1934。

郑肇经：《中国水利史》，商务印书馆，1936。

冀朝鼎：《中国历史上的基本经济区与农田水利事业的发展》，1936 年英文版，1981 年中国社会科学出版社中文版。

朱契：《中国运河史料选辑》，中华书局，1962。

胡寄窗：《中国经济思想史》中册，上海人民出版社，1963。

姚汉源：《中国水利史纲要》，水电科学出版社，1980。

竺可桢：《竺可桢科普创作选集》，科学普及出版社，1981。

陈高华：《中国史稿》（5），人民出版社，1983。

陈高华：《元大都》，北京出版社，1982。

陈高华：《元史研究论稿》，中华书局，1991。

周魁一：《中国科学技术史·水利卷》，科学出版社，2003。

蔡蕃：《北京古运河与城市供水研究》，北京出版社，1987。

陈桥驿主编《中国六大古都》，中国青年出版社，1983。

李干：《元代社会经济史稿》，湖北人民出版社，1985。

王育民：《中国历史地理概论》，人民教育出版社，1985。

韩儒林主编《元朝史》（上），人民出版社，1986。

《李仪祉水利科学论著选集》，水电科学出版社，1987。

王毓铨等：《中国屯垦史》下册，农业出版社，1991。

唐文基：《明代赋役制度史》，中国社会科学出版社，1991。

鲍彦邦：《明代漕运研究》，暨南大学出版社，1995。

李文治、江太新：《清代漕运》，中华书局，1995。

李治安主编《唐宋元明清中央与地方关系研究》，南开大学出版社，1996。

梁家勉主编《中国农业科学技术史稿》，农业出版社，1989。

巫宝三主编《中国经济思想史资料选辑》上册，中国社会科学出版社，1985。

钟祥财：《中国土地思想史稿》，上海社会科学院出版社，1995。

史念海：《河山集》，三联书店，1963。

史念海：《河山集》第二集，三联书店，1981。

史念海：《河山集》第三集，三联书店，1988。

史念海：《中国古都和文化》，中华书局，1998。

史念海：《中国的运河》，陕西人民出版社，1988。

刘志澄等：《中国粮食之研究》，中国农业科技出版社，1989。

白寿彝主编《史学概论》，宁夏人民出版社，1983。

白寿彝主编《中国通史》第一卷《导论》，上海人民出版社，1989。

白寿彝总主编．陈得芝主编《中国通史》第八卷《中古时代·元时期》（上下），上海人民出版社，1997。

白寿彝总主编．王毓铨主编《中国通史》第八卷《中古时代·明时期》（上下），上海人民出版社，1997。

孙达人：《中国农民变迁论》，中央编译社，1996。

陈文华：《中国古代农业科技史图谱》，农业出版社，1991。

李克让：《华北平原旱涝气候》，科学出版社，1990。

李克让：《中国气候变化及其影响》，海洋出版社，1992。

瞿林东：《中国史学散论》，湖南教育出版社，1992。

瞿林东：《中国史学史纲》，北京出版社，1999。

李小林：《万历官修本朝正史研究》，南开大学出版社，1999。

尹钧科：《北京历史自然灾害》，中国环境科学出版社，1997。

邹逸麟主编《黄淮海平原历史地理》，安徽教育出版社，1994。

葛剑雄：《中国人口发展史》，福建人民出版社，1991。

王育民：《中国人口史》，江苏人民出版社，1995。

梁方仲：《中国历代田赋户口土地统计》，上海人民出版社，1980。

吴慧：《中国历代粮食亩产》，中国农业出版社，1985。

吴存浩：《中国农业史》，警官教育出版社，1997。

吴宏岐：《元代农业地理），西安地图出版社，1997。

吴松弟：《中国古代都城》，商务印书馆，1998。

何炳棣：《中国古今土地数字的考释和评价》，中国社会科学出版社，1994。

三 近人今人论文

陈乐素：《三朝北盟考》，历史语言研究所集刊，第六本三四部分。

贺昌群：《再论历代建都与外患及国防之关系》，《思想与时代》第 42 期，1947。

谭其骧：《中国历史上的七大首都》（中），《历史教学问题》1982 年第 3 期。

谢邦俊：《明成祖国都北迁与明代漕运之关系——明代北方军政战略重心与南方经济重心的相互依赖》，《文史》第八辑，中华书局，1977 年 5 月。

徐自强：《试析北京成为首都：原因和过程（上、下）》《北京文物与考古》第一辑，第二辑，北京出版社，1983。

王玲：《试析辽金元建都北京之原因》，《学习与研究》1982 年第 3 期。

王玲、毛希圣：《辽代南京（燕京）的历史地位》，北京史研究会编印《北京史论文集》第 1 辑。北京出版社，1980。

王玲：《略论北京古代经济的几个特点》，《北京史苑》第一辑，北京出版社，1983。

王玲：《从中华民族大环境考察中国古代都城演变规律》，《中国古都研究》第八辑，中国书店，1993。

阎崇年：《明永乐帝迁都北京议》，中国古都学会编《中国古都研究》，浙江人民出版社，1986。

侯仁之：《元大都城与明清北京城》，《故宫博物院院刊》1979 年第

3 期。

侯仁之：《北京城的兴起——再论与北京建城有关的历史地理问题》，《燕都》1991 年第 4 期。

陈高华：《关于元大都研究的几点意见》，《北京社会科学》1988 年第 1 期。

徐苹芳：《元大都在中国都城史上的地位——纪念元大都建城 720 周年》，《北京社会科学》1988 年第 1 期。

唐晓峰：《长城内外是故乡》，《读书》1988 年第 2 期。

张展：《论北京从军事重镇上升为全为首都的背景：兼论北京建都的条件》，《北京文博》1997 年第 3 期。

北京市社会科学院：《北京与中外古都对比研究》，北京燕山出版社，1992。

毛希圣：《金海陵王迁都燕京原因初探》，北京史研究会编《北京史论文集》第 2 辑，北京出版社。

赵葆寓：《完颜亮南迁中都的原因》，《史苑》第 2 期，1983。

丁山：《论海陵王迁都燕京》，《首都博物馆丛刊》第 2 辑，1983。

景爱：《金中都与金上京比较研究》，《中国历史地理论丛》1991 年 2 月。

韩光辉：《金中都城衰落过程考》，《北京档案史料》1994 年第 2 期。

尹钧科：《元世祖以燕京为主要都城说》，《北京档案史料》1988 年第 3 期。

王岗：《元大都在中国历史上的作用和地位》，《北京社会科学》1988 年第 3 期。

万依：《论朱棣营建北京宫殿、迁都的主要动机及后果》，《故宫博物院院刊》1990 年第 3 期。

张德言：《明成祖迁都述论》，《江海学刊》1991 年第 3 期。

李文实：《北京与长安两古都今昔对比研究》，《青海民族学院学学报》1991 年第 3 期。

史卫民：《元代都城制度的研究与中都地区的历史地位》，《文物春秋》1998 年第 3 期。

郑师渠：《论道光朝河政》，《档案杂志》1996 年第 2 期。

郑师渠：《论道光漕政》，《历史档案》1997 年第 4 期。

郑师渠：《道光五年试行海运述略》，《历史档案》1999 年第 3 期。

蒙文通：《中国历代农业产量的扩大和赋役制度及学术思想的演变》，《四川大学学报》1957 年第 2 期。

彭雨新：《清代田赋起运存留制度的演进——读梁方仲先生〈田赋史上起运存留的划分和道路远近的关系〉一文书后》，《中国经济史研究》1992 年第 4 期。

瞿林东：《史学理论与历史理论》，《史学理论》1987 年第 1 期。

瞿林东：《关于地理条件与中国历史进程的几个问题》，《史学史研究》1999 年第 1 期。

师道刚：《从三部农书看元朝的农业生产)，《山西大学学报》（哲学社会科学版）1979 年第 3 期。

余也非：《中国历代粮食平均亩产量考略》，《重庆师范学院学报》1980 年第 3 期。

邹逸麟：《山东运河历史地理问题初探》，《历史地理》创刊号，上海人民出版社，1981。

邹逸麟：《从地理环境的角度考察我国运河的历史作用》，《中国史研究》1982 年第 3 期。

邹逸麟：《我国环境变化的历史过程及其特点初探》，《安徽师范大学学报》2002 年第 3 期。

董恺忱：《明清二代的"畿辅水利"》，《北京农业大学学报》1980 年第 3 期。

王毓瑚：《中国农业发展中的水和历史上的农田水利问题》，《中国农史》1981 年第 1 期。

杨学涯：《略论明代中后期北方地区的重役》，《河北师范大学学报》1985 年第 2 期。

周魁一：《水部式与唐代的农田水利管理》《历史地理》第四辑，上海人民出版社，1986。

施和金：《唐宋时期经济重心南移的地理基础》，《南京师大学报》1991年第3期。

万明：《明代两京制的形成及确立》，《中国史研究》1993年第1期。

田培栋：《论明代北方五省的赋役负担》，《首都师范大学学报》1995年第4期。

田培栋：《明代耕地数额考察》，《历史研究》1998年第5期。

赵蕙蓉：《晚清京师的粮食供应》，《北京社会科学》1996年第1期。

李晓娥、张景书：《明徐贞明西北兴修水利和垦荒思想初探》，《干旱区农业研究》1996年第14卷第2期。

王培华：《元明清时期的"西北水利议"》，《北京师范大学学报》1996年第6期。

王培华：《土地利用与可持续发展——元代农业与农学的启示》，《北京师范大学学报》1997年第3期。

王培华：《明中后期至清初江南学者的民生思想与实践》，《史学论衡》(3)，北京师范大学出版社，1997。

王培华：《虞集及元明清西北水利》，《文史知识》1999年第8期。

王培华：《元明清江南官员学者开发西北水利的思想与实践》，《河北学刊》2001年第4期。

王培华：《明中期吴中故家大族的盛衰》，《安徽史学》1997年第3期。

王培华：《中国古代灾害志的演变及其价值》，《中州学刊》1999年第5期。

王培华：《清代江南官员开发西北水利的思想与实践——潘锡恩〈畿辅水利四案〉及其学术价值》，《江海学刊》2004年第4期。

陈贤春：《元代粮食商户探析》，《历史研究》1995年第4期。

陈贤春：《元代农业生产的发展及其原因探讨》，《湖北大学学报》1996年第3期。

伊懋可：《三千年不可持续发展：中国从古至今的环境》，《亚洲研究》1995年第2期。

顾诚：《明代耕地数量》，《中国社会科学》1986年第2期。

曹树基：《我对明代耕地数字的认识》，《历史研究》1995 年第 1 期。

刘如臻：《元代江浙行省研究》，《元史论丛》第 6 辑，中国社会科学出版社，1997。

史培军、周武光：《西北地区可持续发展的几个关键问题》，《北京师范大学学报》2000 年第 5 期。

索丽生：《我国可持续发展水资源战略》，《科学新闻周刊》2002 年第 2 期。

刘溶沧、焦国华：《地区间财政能力差异与转移支付制度创新》2002 年第 3 期。

王双怀：《我国历史上开发西部的经验教训》，《陕西师范大学学报》2002 年第 3 期。

戴迎春：《我国粮食安全的经济目标》，《中国农村观察》2001 年第 5 期。

温家宝：《进一步深化粮食流通体制改革》，《宏观经济研究》2001 年第 10 期。

何自英：《关注水资源管理和制度创新——水资源政策论坛在京举行)，《科技日报》2000 年 6 月 16 日。

汪恕诚：《传统水利向可持续发展水利转变》，《经济日报》2001 年 1 月 23 日。

马军：《我们还要和自然拼多久》，《中国青年报》2003 年 2 月 1 日。

刘梦溪：《人文与社会科学研究的几个问题》，《文汇报》2002 年 7 月 10 日。

后　记

　　本书是在我的博士学位论文的基础上修改而成，导师瞿林东教授建议修改书稿题目为《元明北京建都与粮食供应》；根据北京市社科理论著作出版基金专家的意见，删去了原稿绪论中关于地理条件与历史发展的讨论。本书写作，源于 10 年前的一系列讲座和 8 年前的两个省部级项目。1994年，我听了著名地理学者张兰生先生主办的人口、资源和生态环境的系列讲座，很受启发。这些讲座使我多了一个新视角，可以从人口、资源和生态环境的角度，重新审视中国历史上资源、环境与政治经济社会发展的关系。1996 年，我以"元明北京粮食供应与生态环境变化"为课题申报北京市"九五"规划，又以"元明北方农田水利与生态环境变化"为课题申报教育部"九五"规划，两个课题都受到评审专家和基金管理部门领导的认可，获得了立项。感谢北京市社会科学办公室和教育部社科规划司及其聘请专家们对我课题研究的前期支持。

　　2001 年当我着手研究时，遇到多方困难。在课题研究的理论和基础方面，产生了三方面的难题。一是历史文献资料零散，收集困难。我查阅了古今文献近三百种。这些论著为本书奠定了基础。朱彝尊《日下旧闻·自序》说，他人著书惟恐不出于己，予此书惟恐不出于人，所抄群书一千六百余种，必分注于正文之下。我虽不敏，窃取其义，引用他人观点必须出注。二是两课题介于社会科学和自然科学交叉边缘，研究方法则是综合研究，需要新的知识结构，需要一些自然科学和应用社会科学的理论、知识和方法的训练。我从 1994 年开始有意识地借鉴生态学、历法和天文物理学、水利史、农史、都城史等方面的研究成果和理论方法。国内外关于中国历史资源和环境和可持续发展的研究成果颇多，关于中国生态环境与粮食安全的观点迥异。我了解国际社会对中国粮食供应问题的观点和看法。三是我的博士专业方向为中国古代历史理论，以上两个项目研究客观历史过程，属于中国古代史、历史地理、专门史，结合起来颇为困难。在导师瞿林东教授指导下，我终于完成了论文写作，通过外审专家的匿名评议和论文答辩，答辩委员会认为这是一篇优秀的博士学位论文。2003年8月申请并获得北京市哲学社会科学理论著作出版基金资助，我感谢北京市哲学社会科学理论著作出版基金资助本书出版。

书稿付梓之际，我要感谢导师瞿林东教授和北京师范大学副校长郑师渠教授。20年来，瞿林东教授在学术上给予我最多的指导和帮助。我在书中发表的叙述和见解，由我负责。10年来，郑师渠副校长，在工作上和生活上，都给予了我实际的关怀，此次又在百忙中为书稿作序，是对我的鼓励。北京市社科规划办的李建平副主任、北京市社科出版资助基金办的郑红霞女士、北京出版社出版集团龙杰副总编，支持了我的科研工作和书稿出版；历史系何兹全先生和地理系张兰生先生在8年前为我申报课题写了推荐意见，吴怀琪、陈其泰、曹大为、周少川、赵世瑜诸位先生是论文答辩委员会成员，他们阅读和评论过本书初稿，对修改书稿起了指导作用，吴教授还为我申报出版基金写了推荐意见，谨向诸位先生表示衷心感谢。史学所博士生尤学工，历史系本科生赵振兴，硕士生房桂红、宋惠敏、张勇做了一些技术性的工作，我向他（她）们表示诚挚的谢意。

王培华

2004年12月10日记于北京师范大学历史学系

再版后记

　　我于 1997 年考上北京师范大学史学史瞿林东教授的博士生，2003 年完成博士学位论文写作。2003 年获得北京市社科理论著作出版基金资助，2005 年 3 月在北京出版集团文津出版社出版。2005 年，被学校评选为 7 篇优秀博士论文之一。

　　此次再版得到社会科学文献出版社宋月华、张倩郢女士和赵子光先生的帮助。刘玉峰同志、马云同志协助我做了一些工作，特此致谢！

王培华

2019 年 4 月 15 日记于北京师范大学图书馆

图书在版编目（CIP）数据

　元明北京建都与粮食供应／王培华著 . -- 北京：
社会科学文献出版社，2019.10
　（京师史学书系）
　ISBN 978 - 7 - 5201 - 5300 - 3

　Ⅰ.①元…　Ⅱ.①王…　Ⅲ.①粮食—供应—关系—城
市史—研究—北京—元代　②粮食—供应—关系—城市史—
研究—北京—明代　Ⅳ.①K291

　中国版本图书馆 CIP 数据核字（2019）第 160438 号

·京师史学书系·

元明北京建都与粮食供应

著　　者／王培华

出　版　人／谢寿光
责任编辑／张倩郢

出　　　版／社会科学文献出版社·人文分社（010）59367215
　　　　　　地址：北京市北三环中路甲 29 号院华龙大厦　邮编：100029
　　　　　　网址：www.ssap.com.cn
发　　　行／市场营销中心（010）59367081　59367083
印　　　装／三河市龙林印务有限公司

规　　　格／开　本：787mm × 1092mm　1/16
　　　　　　印　张：17.5　字　数：264 千字
版　　　次／2019 年 10 月第 1 版　2019 年 10 月第 1 次印刷
书　　　号／ISBN 978 - 7 - 5201 - 5300 - 3
定　　　价／89.00 元